2024

ケアマネジャー試験

過去問でる順一問一答

一般社団法人神奈川県介護支援専門員協会 編集

中央法規

はじめに

さあ、スタートです！

これからケアマネジャーを目指そうとしている『あなた』。本書を手にした瞬間から、ケアマネジャーとしての第一歩は始まっています。どのような資格でも「この資格を取ろう！」と思ったとき、多くの方はインターネットや書籍で資格のことを調べると思います。そして次にその試験の過去問を見てみたり、どんな参考書があるのか探してみたりすることでしょう。まさに今の『あなた』の姿です。

ケアマネジャー（介護支援専門員）は、ケアマネジメントという手法を用いて、利用者の自立を支援します。主に介護を中心とした課題に対応していくことになりますが、介護とはそれだけで独立したものではなく、あくまで生活の一部です。そのため、ケアマネジャーには生活に関する幅広い知識が求められます。人と環境への理解、保健・医療・福祉にかかわる各種制度への理解、薬剤・栄養・リハビリテーションなども含めた多分野とそこに携わる多職種への理解など、ケアマネジャーに必要とされる知識は多岐にわたります。また、高齢者人口がピークを迎える2040（令和22）年に向けて、介護業界を取り巻く環境も変わりつつあります。医療分野においてはすでに電子カルテやオンライン診療などの電子化が進み、最近では介護分野においても AI（人工知能）や ICT（情報通信技術）の活用が求められるようになってきています。「援助者と AI の協働による、より根拠のある支援計画の作成」「データベースによる情報の収集・分析を踏まえた現場へのフィードバック」「ネットワークシステムを使ったオンライン会議」「認知症の行動・心理症状（BPSD）への対応」「記録のデータ化」など、少子高齢化による働き手人口の減少に合わせて、私たちの扱うツールも着実に変化しています。「私は機械に弱いから」と思っている方も、気がつけばシステムを使っているのが当たり前の時代となるでしょう。ケアマネジャーは、対話を通して、利用者や家族の力を活用しながら課題解決を図っていく仕事です。これからは AI や ICT も活用しながら、より人とのコミュニケーションに重点を置いた利用者支援を展開していく時代となっていきます。ケアマネジャーは時代に即した形で学び続けることが求められているのです。『あなた』は今、そのスタートラインに立っています。

さて、このたびは数多くの受験対策書のなかから、本書をお選びいただきましてありがとうございます。本書は、ケアマネジャーを目指す方々への支援の一環として、2004（平成16）年に前身となる書籍を創刊し、毎年ブラッシュアップを重ね、大きなリニューアルも行い、今年で21年目を迎えます。「曖昧になりがちな部分をしっかり確認することができた」「構成がわかりやすい」と好評をいただいております。本書はその題名にもあるように、一問一答形式の問題集です。過去の出題実績から出題頻度の高い順に問題を掲載し、繰り返し解くことで理解が深まる構成となっています。複雑な制度や用語を正しく覚えるためには、多くの問題をこなし、その内容を確実に理解することが重要です。また、本書のはじめに紹介している「試験勉強の12のヒント」や、各分野の冒頭にまとめている「図表で覚える！　重要ポイント」は、これから試験を受ける『あなた』の大切な道しるべとなるでしょう。これらを熟読したうえで問題を解くと学習効果がぐんと上がってきます（アプリ版もありますので、さっそくICTの活用としてどうぞ！）。

介護保険制度は2000（平成12）年に施行されて以降、定期的に法改正や報酬改定を行ってきました。近年では2024（令和６）年に介護保険制度改正がありますので、そちらも試験対策として確認するようにしましょう。主な内容については一覧で収載しています。

これから受験される『あなた』とお仲間になれる日を、心よりお待ちしています。そして晴れてケアマネジャーとして実務に就かれる際には、地域の連絡会や都道府県の介護支援専門員協会等に入会されることをお勧めします。研修の機会が得られるだけでなく、多職種との連携が円滑になる、すべての産業に求められるようになった感染・災害対策を具体的に立てられるなど、さまざまな面で頼りになる存在となります。仲間をつくり、研修や事例検討会等に参加することで、自身の専門性が高まり、援助の質が向上していきます。そして、質の高い実践を続けることで地域からの評判も高まり、プラスの循環が生まれるのです。

最後となりましたが、中央法規出版株式会社の編集ご担当者、一般社団法人神奈川県介護支援専門員協会の会員執筆者の皆さまやご協力いただいた皆さまには、大変お世話になりました。心よりお礼申し上げます。

2024年１月

一般社団法人神奈川県介護支援専門員協会
理事長　諏訪部弘之

ケアマネジャー試験
過去問でる順一問一答2024

目次

Ⅱ 保健医療サービスの知識等

Ⅲ 福祉サービスの知識等

本書の内容は、2024（令和６）年１月15日現在の法制度等（同日までに公布された法令、厚生労働省発出の通知等）に基づいています。

■2024年介護保険制度改正について

本書発刊後に明らかになった、2024（令和６）年施行の介護保険制度改正の内容のうち、本書に関連するものについて、弊社ホームページにおいて順次紹介していきます。下記URLでご確認ください。
https://www.chuohoki.co.jp/foruser/manager/

本書の使い方

本書は、第23回から第26回の４回分の試験問題を選択肢ごとに一問一答形式にし、各分野、出題実績の多い項目順に「1　絶対に覚えておこう！　とてもよくでる項目」「2　確実におさえておこう！　よくでる項目」「3　＋1点をつかみとろう！　差がつく項目」の３段階に分け、並べ替えて掲載しています。コラムの合格体験記などもぜひ参考にしてください。

●チェック欄
完全に覚えたもの、再度確認が必要なものなど、繰り返し解く際にチェックしたりして活用しましょう。

●問題
制度改正や統計の更新等により、試験当時から問題文を一部修正した選択肢は、改変マークを記載しています。

●試験回・問題番号
出題された試験回・問題番号を示しています。「23-5」は第23回試験の問題５を示します。問題番号がわかるので、過去問に戻って学習することもできます。

●重要語句
覚えておいたほうがよい重要語句や、解答の根拠となる語句を色文字で示しています。赤シートを使って［　］部分に入る内容を考えるなど、穴埋め問題としても活用できます。

④ 介護保険制度導入の背景等

介護保険制度が創設された背景やねらいを理解しよう。また、制度改正は、いつ、どのような考え方で行われてきたのかおさえておこう。被保険者数、認定者数、保険給付費など最新の動向にも注目！

001 25-4	2021（令和３）年度の第１号被保険者の状況では、前期高齢者数は、後期高齢者数の３倍を超えている。	改変
002 25-4	2021（令和３）年度の第１号被保険者は 3,000 万人を超えている。	改変
003 23-5	2017（平成 29）年の介護保険制度改正では、共生型居宅介護支援を創設した。	
004 23-5	2017（平成 29）年の介護保険制度改正では、施設サービスとして、介護医療院サービスを追加した。	

72

また、複雑な制度や難解な用語、頻出事項をわかりやすくまとめた「図表で覚える！　重要ポイント」を各分野の冒頭に掲載しました。問題を解きはじめる前に読んだり、また関連する問題には解説に重要ポイントの参照ページが入っていますので、振り返って学習したりすることもできます。

●出題実績グラフ
各項目の出題実績から出題傾向をつかみましょう。なお、制度改正等により現状にそぐわなくなった選択肢を削除しているため、実際の出題数と異なる場合があります。

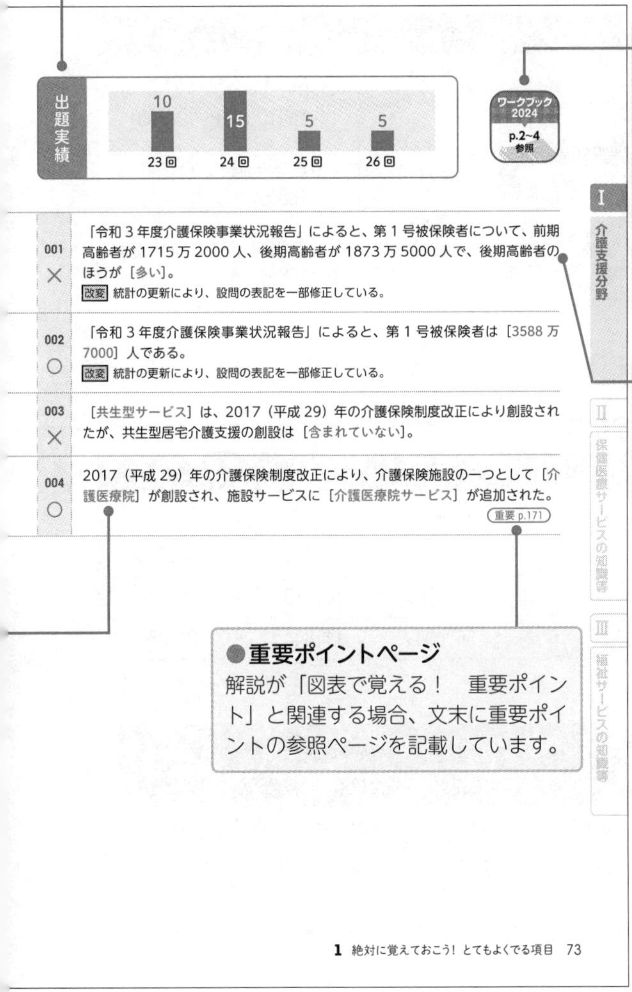

出題実績
23回	24回	25回	26回
10	15	5	5

ワークブック2024
p.2~4
参照

I 介護支援分野
II 保健医療サービスの知識等
III 福祉サービスの知識等

001
×
「令和3年度介護保険事業状況報告」によると、第1号被保険者について、前期高齢者が1715万2000人、後期高齢者が1873万5000人で、後期高齢者のほうが［多い］。
改変 統計の更新により、設問の表記を一部修正している。

002
○
「令和3年度介護保険事業状況報告」によると、第1号被保険者は［3588万7000］人である。
改変 統計の更新により、設問の表記を一部修正している。

003
×
［共生型サービス］は、2017（平成29）年の介護保険制度改正により創設されたが、共生型居宅介護支援の創設は［含まれていない］。

004
○
2017（平成29）年の介護保険制度改正により、介護保険施設の一つとして［介護医療院］が創設され、施設サービスに［介護医療院サービス］が追加された。
重要 p.171

1 絶対に覚えておこう！ とてもよくでる項目　73

●ワークブックページ
各項目に中央法規出版発行の『ケアマネジャー試験ワークブック2024』の参照ページを示しています。一緒に学習し理解を深めましょう（ただし、類似する項目の参照ページであり、すべての選択肢の解説と対応するわけではありません）。

●解答・解説
問題に対する解答（○・×）と解説を記述しています。また、改変があった場合、その旨を補足として示しています。

●重要ポイントページ
解説が「図表で覚える！　重要ポイント」と関連する場合、文末に重要ポイントの参照ページを記載しています。

介護支援専門員
実務研修受講試験の概要

1 出題方式および出題数

(1) 出題方式

5つの選択肢から正しいものを2つまたは3つ選んでマークする「五肢複択方式」です。

(2) 出題数、試験時間

区　分	問題数	試験時間
介護支援分野 介護保険制度の基礎知識 要介護認定等の基礎知識 居宅・施設サービス計画の基礎知識等	25問	120分 （原則10：00～12：00） ※点字受験者（1.5倍） 180分 ※弱視等受験者（1.3倍） 156分
保健医療福祉サービス分野 保健医療サービスの知識等 福祉サービスの知識等	 20問 15問	
合　計	60問	

2 過去4年間の結果

(1) 受験者数、合格者数、合格率

	受験者数	合格者数	合格率
第23回（2020年）	46,415人	8,200人	17.7%
第24回（2021年）	54,290人	12,662人	23.3%
第25回（2022年）	54,406人	10,328人	19.0%
第26回（2023年）	56,494人	11,844人	21.0%

(2) 合格基準

分　野	問題数	合格基準			
		第23回	第24回	第25回	第26回
介護支援分野	25問	13点	14点	18点	17点
保健医療福祉サービス分野	35問	22点	25点	26点	24点

注1：配点は1問1点である。
　2：介護支援分野、保健医療福祉サービス分野ごとに、正答率70％を基準とし、問題の難易度で補正する。

3 受験要件

(1) 受験要件

介護支援専門員実務研修受講試験の対象者は、(ⅰ)保健・医療・福祉に関する法定資格保有者(受験資格の表①)と(ⅱ)相談援助に従事する者(受験資格の表②～⑤)で、(ⅰ)及び(ⅱ)の期間が通算して5年以上であり、かつ当該業務に従事した日数が900日以上である者とされています。

(2) 受験資格(下記のいずれかの要件を満たす者)

<table>
<tr><td rowspan="2">① 法定資格保有者</td><td>保健・医療・福祉に関する以下の法定資格に基づく業務に従事した期間</td><td rowspan="6">通算して5年以上＋業務に従事した日数が900日以上</td></tr>
<tr><td>医師、歯科医師、薬剤師、保健師、助産師、看護師、准看護師、理学療法士、作業療法士、社会福祉士、介護福祉士、視能訓練士、義肢装具士、歯科衛生士、言語聴覚士、あん摩マッサージ指圧師、はり師、きゅう師、柔道整復師、栄養士(管理栄養士を含む)、精神保健福祉士</td></tr>
<tr><td>② 生活相談員</td><td>生活相談員として、(地域密着型)介護老人福祉施設・(地域密着型)特定施設入居者生活介護(介護予防を含む)において、要介護者等の日常生活の自立に関する相談援助業務に従事した期間</td></tr>
<tr><td>③ 支援相談員</td><td>支援相談員として、介護老人保健施設において、要介護者等の日常生活の自立に関する相談援助業務に従事した期間</td></tr>
<tr><td>④ 相談支援専門員</td><td>障害者総合支援法第5条第18項及び児童福祉法第6条の2の2第7項に規定する事業の従事者として従事した期間</td></tr>
<tr><td>⑤ 主任相談支援員</td><td>生活困窮者自立支援法第2条第2項に規定する事業の従事者として従事した期間</td></tr>
</table>

4 試験期日

2024年10月頃(2024年2～3月頃に公表予定)

試験勉強の12のヒント

1 受験することを公表する

試験を受けることを仲間に伝えたがらない受験者がいます。その理由の多くは「落ちたら恥ずかしいから」というものでしょう。考えてみれば当たり前の感情のようですが、あまりお勧めはできません。可能な限り「公表」して仲間と励まし合いながら、ときに勉強を一緒にすることがよいと思います。仕事をしながら勉強することは、決して楽なことではありません。だからこそ、仲間との励まし合いが力になります。

2 参考書を買うことで満足しない

試験を受けるには「参考書」は必須でしょう。しかし、参考書を多数買うことで満足しないようにしましょう。本書『**過去問でる順一問一答**』と長寿社会開発センター発行の『**介護支援専門員基本テキスト**』。まずはこの2冊にじっくり取り組んでいただきたいと思います。また、中央法規出版発行の『**ケアマネジャー試験ワークブック2024**』の参照ページも項目ごとに示していますので、本書と一緒にご活用いただけます。多くの参考書を買うことを否定するものではありませんが、「読みこなす」「読み倒す」ことが大切です。

3『基本テキスト』は1ページ目から読まない

多くの受験者は、仕事をしながら試験勉強をしていることでしょう。このような状況では、いかに効率的・効果的な勉強を行うかが合否の決め手となります。人は、どうしても教科書（本）を読むときには、最初のページから読みたくなります。もちろん小説など、1ページ目から読み進めなければストーリーがわからなくなってしまうものもありますが、試験勉強の場合は効果的とはいえません。ケアマネジャーにとって『介護支援専門員基本テキスト』に記載されている内容はすべて大切ですが、「試験対策」という視点で考えてみると、何度も出題されている**「頻出項目」から学ぶこと**が、より効率的・効果的な勉強法といえます。本書は、**分野ごとに、出題実績の多い項目順に三段階に分けて並べ、問題を収載**しています。まずは**「頻出項目」**をおさえましょう。また、本書16〜21ページの**「出題実績分布表」**も参考にしながら、限られた時間を有効に活用してください。

4 アプリを活用する

アプリを活用しながら効率的に学習を進めることもお勧めです。本書に掲載されている問題は中央法規**「ケアマネジャー合格アプリ2024」**のなかに含まれており、○×式の問題を約1200問収載しています。分野別にも購入できるので、苦手分野に特化して学習することもできます。移動時間や仕事の休憩時間など、スキマ時間を有効に活用してください。

アプリの詳細はこちらから

※スマートフォンやタブレットなどのカメラで、右の QR コードを読み込んでください。

5 特定の地域だけでなく、日本全体を考える

介護保険制度は、地域の特性を活かしながらも日本全体で行われている制度であるということを常に頭に入れておくことが大切です。例えば、「要介護認定の基準は、都道府県の要介護者の傾向によって柔軟に決めることができる」というような記述は、一見、正しいように思われませんか？　しかし、「要介護認定は、全国一律の客観的基準（要介護認定基準）に基づいて行われるもの」です。都道府県や市町村の自由があるものとないもの等をきちんと整理して理解しておく必要があります。

6 介護保険制度には「ただし……」が多い

社会保障制度全体にいえることですが、人の暮らしを支えるにはさまざまなケースが考えられるため、「ただし……」という**例外規定が多い**という特徴があります。例えば介護保険料を支払わない場合には、保険給付の支払方法の変更など、一定の措置がとられることになっていますが、「ただし、災害等市町村の条例で定める場合には減免、猶予がある」という例外規定があります。原則を覚えたうえで、例外規定もしっかりおさえましょう。

7 現場の経験を過信しない

介護保険にかかわりのある業務に就いている人は、試験問題を読んだときに、自分の勤める施設やかかわっている利用者の様子が浮かぶこともあるでしょう。しかし、現場で起きていることは、**「例外」**であることもあり、場合によっては、試験で誤った解答を導き出してしまうことになるので注意が必要です。「経験的に正しい」と思っていても、実は**「制度的には誤り」**ということもあります。現場での経験は非常に貴重な財産ですが、試験対策ではそれだけに頼らず、**確かな知識**を身につけることが大切です。

8 専門分野でも甘く見ない

自分の専門分野だからできるだろうとタカをくくらず、専門分野だからこそ、確実に得点できるようしっかりと勉強するという心構えが必要です。

9 試験は「○×問題」と理解する！

ケアマネジャー試験では、最終的にその選択肢が「○」か「×」かを判断します。現在のところは記述式ではなくマークシート方式なので、確率論からいえば、１つの選択肢につき50%は正解するということになります。もちろんすべての選択肢の内容を理解しなくてもよいということではありませんが、仮にわからない言葉が出てきたとしても、「○」か「×」かの判断ができればよいともいえます。しかしながら、その言葉や内容を正しく理解していることが望ましいことはいうまでもありません。

10 マークシートは必ず記入する

答えに迷ったときに「後でよく考えよう」と思うことがあります。このときも、とりあえずマークシートには何かしら記入することをお勧めします。実際に受験者に聞いた話ですが、後で記入しようといくつか空欄にしておき、最終的に見直したところ解答欄が１つずつずれていたそうです。気づいたときには残り時間はわずかで、結果的には不合格となってしまいました。頑張った成果をもったいない形で終わらせないように気をつけてください。

11「おっちょこちょい」な人は要注意

勉強を重ねていくとまったく歯が立たないという問題は少なくなってくると思います。しかし、不合格だった人からは、「できたと思ったのに……」という言葉を多く聞きます。そのような人の共通点は、問題を最後までよく読まないこと、途中まで読んで理解したと思い込んでしまうこと……などが考えられます。問題は、落ち着いて、最後まで読んでから解答してください。

12 1問目で焦らない

試験会場の雰囲気には誰もが緊張します。緊張のなか、全国一斉に試験が開始されますが、１問目で難しいと感じても、**焦らない**ことが大切です。大きく深呼吸をして「冷静に、冷静に」と言い聞かせてから、改めて問題に取り組んでみてください。試験の一番の敵は冷静さを失うことです。

出題実績分布表

第23回から第26回の４回分の試験問題について、出題回ごとの出題選択肢数を表にしました。

毎年出題される項目、出題数の多い項目、最近出題されるようになった項目などをチェックして得点アップにつなげてください。なお、制度改正等により現状にそぐわなくなった選択肢を削除していますので、選択肢数の合計が、実際の出題数と異なる場合があります。

Ⅰ 介護支援分野

出題項目	九訂基本テキスト							
	巻	ページ	23回	24回	25回	26回	合計	
1　絶対に覚えておこう！　とてもよくでる項目								
①要介護認定および要支援認定	上	71～87	15	15	20	10	60	ワークブック p. 28～40
②居宅介護支援	上	263～340	15	15	16	10	56	ワークブック p. 135～147 p. 148～158
③財政構造と保険料	上	61～70	10	10	10	5	35	ワークブック p. 91～98
④介護保険制度導入の背景等	上	21～38	10	15	5	5	35	ワークブック p. 6～8
⑤保険者および被保険者等	上	43～60	5	10	10	10	35	ワークブック p. 12～19 p. 20～27
⑥サービス提供事業者・施設	上	127～146	6	10	8	10	34	ワークブック p. 69～83 p. 118～120
⑦地域支援事業等	上	147～164	5	5	10	10	30	ワークブック p. 99～116
2　確実におさえておこう！　よくでる項目								
①高齢化の進展と高齢者を取り巻く状況	上	3～20	5	0	5	10	20	
②介護保険制度の目的等	上	39～42	5	5	5	5	20	ワークブック p. 8～11
③保険給付の種類・内容等	上	88～103	5	10	0	5	20	ワークブック p. 47～53 p. 54～55 p. 57～60
④介護保険事業計画等	上	165～172	5	5	0	10	20	ワークブック p. 84～90
⑤審査請求および雑則	上	176～182	8	0	0	10	18	ワークブック p. 56 p. 125～127

⑥利用者負担	上	104～115	15	0	0	0	15	ワークブック p. 61～68
⑦介護支援専門員	上	122～126	0	5	5	0	10	ワークブック p. 129～131
⑧介護予防支援	上	341～376	5	0	5	0	10	ワークブック p. 160～168
3　＋1点をつかみとろう！　差がつく項目								
①国民健康保険団体連合会の業務	上	173～175	0	0	7	0	7	ワークブック p. 121～124
②他の法令等による給付調整等その他の規定	上	116～121	1	0	0	5	6	ワークブック p. 41～45
③介護保険施設にかかる運営基準（施設）の共通事項	上	693～702	0	0	1	5	6	ワークブック p. 174～176
④施設における介護支援	上	377～416	0	5	0	0	5	ワークブック p. 170～173
⑤指定居宅サービス事業にかかる運営基準（居宅）の共通事項	上	419～426	0	0	2	0	2	ワークブック p. 178～183
今後出題の可能性のある項目								
●介護保険制度におけるケアマネジメント	上	185～196	0	0	0	0	0	
●ケアマネジメントの基本的理念、意義等	上	197～228	0	0	0	0	0	
●介護支援専門員の基本姿勢	上	229～240	0	0	0	0	0	ワークブック p. 132～133
●介護支援専門員の役割・機能	上	241～250	0	0	0	0	0	
●ケアマネジメントの記録	上	251～262	0	0	0	0	0	
●指定介護予防サービス事業にかかる運営基準（予防）の共通事項	上	565～569	0	0	0	0	0	
●指定地域密着型サービス事業にかかる運営基準（密着）の共通事項	上	603～606	0	0	0	0	0	
●指定地域密着型介護予防サービス事業にかかる運営基準（密着予防）の共通事項	上	677～680	0	0	0	0	0	

※事例問題は、第23回試験で2問、第24回試験から第26回試験で3問出題されている。

Ⅱ 保健医療サービスの知識等

出題項目	九訂基本テキスト							
	巻	ページ	23回	24回	25回	26回	合計	
1　絶対に覚えておこう！　とてもよくでる項目								
①バイタルサインと検査	下	67～80	10	11	10	13	44	ワークブック p. 203～210
②医学的診断・予後予測・医療との連携	下	23～66	10	10	10	12	42	ワークブック p. 192～193 p. 194～202
③介護技術の展開	下	377～410	15	11	9	5	40	ワークブック p. 279～287
④高齢者に多い疾病	下	81～168	5	12	11	6	34	ワークブック p. 211～238
⑤急変時の対応と感染症予防	下	169～200	10	8	3	11	32	ワークブック p. 239～243 p. 244～247
2　確実におさえておこう！　よくでる項目								
①認知症高齢者の介護	下	201～260	5	5	5	5	20	ワークブック p. 248～256
②ターミナルケア	下	309～334	5	5	5	5	20	ワークブック p. 265～268
③介護老人保健施設	上	714～725	5	5	5	5	20	ワークブック p. 324～331
④精神に障害のある場合の介護	下	261～278	5	5	5	3	18	ワークブック p. 257～259
⑤栄養・食生活からの支援と介護	下	357～376	3	5	5	4	17	ワークブック p. 276～278
⑥訪問看護	上	453～465	5	5	5	0	15	ワークブック p. 288～292
⑦看護小規模多機能型居宅介護	上	669～676	5	5	0	5	15	ワークブック p. 319～323
⑧介護医療院	上	726～734	5	5	0	5	15	ワークブック p. 332～338
⑨通所リハビリテーション	上	492～503	4	0	5	5	14	ワークブック p. 302～308
⑩高齢者の心身機能の特徴	下	3～22	5	2	0	4	11	ワークブック p. 186～191
⑪ケアにおけるリハビリテーション	下	279～308	0	0	5	6	11	ワークブック p. 260～264
⑫短期入所療養介護	上	515～524	0	0	5	5	10	ワークブック p. 310～312
3　＋1点をつかみとろう！　差がつく項目								
①薬の知識	下	335～356	0	1	7	1	9	ワークブック p. 269～275
②訪問リハビリテーション	上	466～477	0	5	0	0	5	ワークブック p. 294～297

③定期巡回・随時対応型訪問介護看護	上	607～614	0	0	5	0	5	ワークブック p. 314～318
④介護予防通所リハビリテーション	上	581～585	1	0	0	0	1	ワークブック p. 308
今後出題の可能性のある項目								
●居宅療養管理指導	上	478～481	0	0	0	0	0	ワークブック p. 299～301
●介護予防訪問看護	上	573～575	0	0	0	0	0	ワークブック p. 292
●介護予防訪問リハビリテーション	上	576～578	0	0	0	0	0	ワークブック p. 297
●介護予防居宅療養管理指導	上	579～580	0	0	0	0	0	ワークブック p. 301
●介護予防短期入所療養介護	上	589～591	0	0	0	0	0	ワークブック p. 312

Ⅲ 福祉サービスの知識等

出題項目	九訂基本テキスト							
	巻	ページ	23回	24回	25回	26回	合計	
1　絶対に覚えておこう！　とてもよくでる項目								
①ソーシャルワークとケアマネジメント	下	413～456	20	20	20	20	80	ワークブック p. 340～348
②社会資源の活用および関連諸制度	下	457～520	15	15	15	15	60	ワークブック p. 349～396
2　確実におさえておこう！　よくでる項目								
①訪問介護	上	427～441	5	5	5	5	20	ワークブック p. 397～404
②訪問入浴介護	上	442～452	5	5	5	5	20	ワークブック p. 405～407
③通所介護	上	482～491	5	5	5	5	20	ワークブック p. 410～416
④短期入所生活介護	上	504～514	5	5	5	5	20	ワークブック p. 417～420
⑤介護老人福祉施設	上	703～713	5	5	5	5	20	ワークブック p. 475～483
⑥小規模多機能型居宅介護	上	640～649	5	0	5	5	15	ワークブック p. 454～459
3　＋1点をつかみとろう！　差がつく項目								
①福祉用具	上	536～554	5	0	5	0	10	ワークブック p. 427～432
②住宅改修	上	555～564	0	5	0	5	10	ワークブック p. 434～436
③認知症対応型通所介護	上	634～639	0	5	0	5	10	ワークブック p. 448～453
④認知症対応型共同生活介護	上	650～657	5	0	5	0	10	ワークブック p. 460～463
⑤夜間対応型訪問介護	上	615～622	0	5	0	0	5	ワークブック p. 437～440
今後出題の可能性のある項目								
●特定施設入居者生活介護	上	525～535	0	0	0	0	0	ワークブック p. 422～425
●介護予防訪問入浴介護	上	570～572	0	0	0	0	0	ワークブック p. 408
●介護予防短期入所生活介護	上	586～588	0	0	0	0	0	ワークブック p. 420
●介護予防特定施設入居者生活介護	上	592～594	0	0	0	0	0	ワークブック p. 425～426
●介護予防福祉用具	上	595～599	0	0	0	0	0	ワークブック p. 432
●介護予防住宅改修	上	600～602	0	0	0	0	0	ワークブック p. 436

●地域密着型通所介護	上	623～633	0	0	0	0	0	ワークブック p. 441～444 p. 445～447
●地域密着型特定施設入居者生活介護	上	658～662	0	0	0	0	0	ワークブック p. 464～466
●地域密着型介護老人福祉施設入所者生活介護	上	663～668	0	0	0	0	0	ワークブック p. 467～470
●介護予防認知症対応型通所介護	上	681～684	0	0	0	0	0	ワークブック p. 471～472
●介護予防小規模多機能型居宅介護	上	685～688	0	0	0	0	0	ワークブック p. 472～473
●介護予防認知症対応型共同生活介護	上	689～692	0	0	0	0	0	ワークブック p. 473

第24回～第26回・直近３回の出題傾向

第24回試験から第26回試験の直近３回で、どのような項目・内容が出題されていたのかを整理しました。24～26ページの出題テーマの表と併せて、出題傾向をつかむのに役立ててください。

●各科目の近年の出題傾向

Ⅰ 介護支援分野

介護支援分野では、介護保険制度の背景やしくみ、ケアマネジメント等について多岐にわたる問題が25問出題されます。よく出題される項目としては、**「要介護認定および要支援認定」「居宅介護支援」「財政構造と保険料」「保険者および被保険者等」**などがあげられます。こうした項目は今後も出題されることが予想されます。

また、2023（令和５）年に介護保険法の改正がありました。改正の後は、試験で改正内容が問われる傾向があるため、法制度改正等の動向に注目しておきましょう。

介護支援分野には**事例問題**があり、第24回試験以降は毎年３問出題されています。最近は、利用者だけでなく家族への対応を問う問題もあり、多様化・複雑化する社会のなかで、今後も利用者を取り巻く家族や環境への対応が問われる可能性は高いでしょう。現場で働く人にとっては、知識を問う問題よりも事例問題のほうが正解しやすいかもしれません。得点源にできるように過去問を解いて対策をしましょう。

Ⅱ 保健医療サービスの知識等

保健医療サービス分野では、「高齢者保健医療の基礎知識」と「介護保険サービス」が20問出題されます。

保健医療の基礎知識は、**「バイタルサインと検査」**や**「高齢者に多い疾病」**をはじめ、覚えることが多く、出題範囲が幅広いといえます。しかし、試験では同じようなポイントが問われる傾向があり、出題傾向をつかむことができれば対策が立てやすい分野です。ここ数年は**「認知症」**や**「ターミナルケア」**についての問題も続けて出題されています。

介護保険サービスに関する問題は、毎年５問出題されています。４年連続で出題されている**「介護老人保健施設」**や、出題頻度の高い**「訪問看護」「看護小規模多機能型居宅介護」「介護医療院」「短期入所療養介護」**などを重点的に勉強しておきましょう。

Ⅲ 福祉サービスの知識等

福祉サービス分野では、15問のうち「ソーシャルワーク」が４問、「介護保険サービス」が８問、「社会資源の活用および関連諸制度」が３問の構成が続いています。特にソーシャルワークでは**「コミュニケーション技術」**、関連諸制度では**「生活保護制度」「成年後見制度」**が出題されやすいです。

介護保険サービスについては、**「訪問介護」「訪問入浴介護」「通所介護」「短期入所生活介護」「介護老人福祉施設」**が毎年出題されています。また、**「住宅改修」**と**「福祉用具」**はどちらかが必ず試験に出ているので、それぞれの種類を確認しておきましょう。

●【第26回】の出題傾向

介護支援分野は、各項目からバランスよく出題されました。基本的な知識を問う問題が多くありましたが、問題１は統計データ、問題２は地域福祉や地域共生社会についての問題で、近年の動向をおさえておく必要がありました。ケアマネジャー試験は最初のほうに解きづらい問題が出題される傾向があるので、わからない問題が出ても焦らずに落ち着いて解答することが大切です。

保健医療サービス分野では、高齢者保健医療の基礎知識について、出題実績のある内容が多く出題されました。この分野は範囲が広いので、過去に出題されたところを中心にポイントをおさえて学習することが重要といえます。

福祉サービス分野では、３年連続で出題されている項目が９つありました。頻出項目は繰り返し解いて、確実に身につけましょう。一方で、「高齢者虐待防止法」については３年ぶりに出題されました。このように定期的に出題される項目もありますので、関連諸制度の基本的な内容はおさえるようにしましょう。

介護保険サービスに関する問題については、保健医療サービス分野も福祉サービス分野も、定員や床面積などの数字を問う選択肢が多くみられました。

どの分野でも例年出題されている項目は多く、「どの項目がよく出るか」を知っておくことの大切さがわかる試験内容でした。また、近年の社会状況を踏まえた問題も増えています。医療、介護、福祉分野の最新情報には、より一層アンテナを張っておきましょう。

Ⅰ 介護支援分野

問題	第24回（2021年）	第25回（2022年）	第26回（2023年）
1	2020（令和２）年法改正	介護保険制度の考え方	高齢化の状況
2	介護保険給付の状況	重層的支援体制整備事業	地域福祉・地域共生社会
3	社会保険方式の特徴	介護保険法第５条	社会保険
4	第２号被保険者	第１号被保険者の状況	介護保険法第２条
5	介護保険法第４条	介護保険の被保険者資格の取得及び喪失	住所地特例
6	市町村の条例	介護支援専門員	介護保険の適用除外者
7	区分支給限度基準額	介護保険施設	介護保険と他制度との関係
8	共生型サービス	要介護認定の仕組み	現物給付化されている保険給付
9	都道府県知事が指定する事業者が行うサービス	介護保険財政	指定居宅サービス事業者の責務
10	介護支援専門員	第１号被保険者の保険料	介護保険等関連情報の調査及び分析
11	財政安定化基金	介護予防・生活支援サービス事業	地域医療介護総合確保基金
12	介護保険の費用負担	包括的支援事業	社会保険診療報酬支払基金の介護保険関係業務
13	市町村介護保険事業計画	国民健康保険団体連合会が行う業務	包括的支援事業
14	介護予防・日常生活支援総合事業	介護サービス情報の公表制度	地域ケア会議の機能
15	介護サービス情報の公表制度	介護サービスに関する苦情処理	介護サービス情報の公表制度
16	要介護認定の認定調査	主治医意見書	審査請求
17	要介護認定の更新認定	特定疾病	消滅時効
18	要介護認定	要介護認定	要介護認定の申請
19	指定居宅介護支援事業	指定居宅介護支援事業の基準第13条	要介護認定
20	指定居宅介護支援のアセスメント	指定居宅介護支援事業者の記録の整備	指定居宅介護支援
21	居宅サービス計画の作成	指定居宅介護支援のモニタリング	居宅サービス計画の作成
22	施設サービス計画書	介護予防サービス計画	指定介護老人福祉施設の施設サービス計画

23	事例　生活保護世帯の夫婦が二人一緒に施設入所を希望するときの対応	事例　若年性認知症の利用者と家族への対応	事例　認知症高齢者と家族への対応
24	事例　アセスメントに拒否的な利用者への対応	事例　要介護の利用者と障害のある家族への対応	事例　閉じこもりがちな高齢者への対応
25	事例　パーキンソン病患者への家族介護の不安がみられる事例	事例　認知症の利用者への対応	事例　がん末期の高齢者と家族への対応

Ⅱ 保健医療サービスの知識等

問題	第24回（2021年）	第25回（2022年）	第26回（2023年）
26	高齢者にみられる疾病・病態	疾病の特徴	高齢者に多い疾病等
27	バイタルサイン	高齢者の精神障害	バイタルサイン
28	検査	バイタルサイン	検査
29	排泄	検査項目	褥瘡
30	睡眠障害・口腔ケア等	介護技術	リハビリテーション
31	認知症のケアや支援	口腔機能・口腔ケア	認知症
32	高齢者の精神疾患	認知症	高齢者の心身機能の特徴、精神障害
33	診察や治療	リハビリテーション	傷病（医学的診断・予後予測）
34	高齢者にみられる疾病・病態	薬	退院支援等（医療との連携）
35	栄養に関するアセスメント	医学的診断、医療等との連携	高齢者の栄養・食生活
36	感染予防	高齢者の栄養・食生活	呼吸、在宅酸素療法
37	在宅医療管理	在宅医療管理	感染症
38	高齢者の病状・病態	急変時の対応等	急変時の対応
39	高齢者に多い疾病	高齢者に多い疾病	高齢者に多い疾病等
40	臨死期のケア	臨死期	ターミナルケア
41	指定訪問看護	訪問看護	指定通所リハビリテーション
42	指定訪問リハビリテーション	指定通所リハビリテーション	指定短期入所療養介護
43	指定看護小規模多機能型居宅介護	指定短期入所療養介護	指定看護小規模多機能型居宅介護
44	介護老人保健施設	指定定期巡回・随時対応型訪問介護看護	介護老人保健施設
45	介護医療院	介護老人保健施設	介護医療院

Ⅲ 福祉サービスの知識等

問題	第24回（2021年）	第25回（2022年）	第26回（2023年）
46	面接場面におけるコミュニケーション技術	面接場面におけるコミュニケーション技術	面接場面におけるコミュニケーション技術
47	支援困難事例への対応	インテーク面接	ソーシャルワーク
48	ソーシャルワーク	ソーシャルワーク	相談援助者の基本姿勢
49	ソーシャルワークにおける地域援助技術	ソーシャルワークにおける集団援助	ソーシャルワークにおける集団援助
50	訪問介護	訪問介護	訪問介護
51	通所介護	通所介護	訪問入浴介護
52	訪問入浴介護	訪問入浴介護	通所介護
53	短期入所生活介護	短期入所生活介護	短期入所生活介護
54	住宅改修	福祉用具	住宅改修
55	夜間対応型訪問介護	小規模多機能型居宅介護	小規模多機能型居宅介護
56	認知症対応型通所介護	認知症対応型共同生活介護	認知症対応型通所介護
57	指定介護老人福祉施設	指定介護老人福祉施設	指定介護老人福祉施設
58	生活保護制度	生活保護制度	成年後見制度
59	生活困窮者自立支援法	成年後見制度	高齢者虐待防止法
60	成年後見制度	障害者総合支援法	生活保護制度

2024年介護保険制度改正のポイント

2023（令和５）年５月19日に公布された「全世代対応型の持続可能な社会保障制度を構築するための健康保険法等の一部を改正する法律」により、介護保険法が改正されました。一部を除き、2024（令和６）年４月１日に施行されます。主な内容は以下のとおりです。

2024年介護保険制度改正の主な内容

Ⅰ．介護情報基盤の整備	介護保険者が被保険者等にかかる医療・介護情報の収集・提供等を行う事業を医療保険者と一体的に実施 ・被保険者、介護事業者その他の関係者が当該被保険者にかかる介護情報等を共有・活用することを促進する事業を介護保険者である市町村の地域支援事業として位置づけ ・市町村は、当該事業について、医療保険者等と共同して国民健康保険団体連合会・社会保険診療報酬支払基金に委託できることとする（※2023（令和５）年５月19日から４年以内の政令で定める日から施行）
Ⅱ．介護サービス事業者の財務状況等の見える化	介護サービス事業所等の詳細な財務状況等を把握して政策立案に活用するため、事業者の事務負担にも配慮しつつ、財務状況を分析できる体制を整備 ・各事業所・施設に対して詳細な財務状況（損益計算書等の情報）の報告を義務づけ（※職種別の給与（給料・賞与）は任意事項） ・国が、当該情報を収集・整理し、分析した情報を公表
Ⅲ．介護サービス事業所等における生産性の向上に資する取り組みにかかる努力義務	介護現場における生産性の向上に関して、都道府県を中心に一層取り組みを推進 ・都道府県に対し、介護サービス事業所・施設の生産性の向上に資する取り組みが促進されるよう努める旨の規定を新設　など
Ⅳ．看護小規模多機能型居宅介護のサービス内容の明確化	看護小規模多機能型居宅介護（以下「看多機」）について、サービス内容の明確化等を通じて、さらなる普及を進める ・看多機のサービス内容について、サービス拠点での「通い」「泊まり」における看護サービス（療養上の世話または必要な診療の補助）が含まれる旨を明確化　など
Ⅴ．地域包括支援センターの体制整備等	地域の拠点である地域包括支援センターが地域住民への支援をより適切に行うための体制を整備 ・要支援者に行う介護予防支援について、居宅介護支援事業所（ケアマネ事業所）も市町村からの指定を受けて実施可能とする　など

介護保険制度改正の変遷

これまでの改正内容

改正年	主な施行年	主な改正内容
2005年 （平成17年）	2006年 （平成18年）	○新予防給付の創設 ○地域密着型サービスの創設 ○地域包括支援センターの創設 ○介護サービス情報の公表制度の創設 ○居住費・食費の見直し
2008年 （平成20年）	2009年 （平成21年）	○介護サービス事業者に対する法令遵守などの業務管理体制の整備
2011年 （平成23年）	2012年 （平成24年）	○定期巡回・随時対応型訪問介護看護、複合型サービスの創設 ○介護予防・日常生活支援総合事業の創設 ○介護福祉士による喀痰吸引の実施
2014年 （平成26年）	2015年 （平成27年）	○地域支援事業の充実（在宅医療・介護連携推進事業や認知症総合支援事業などの創設、地域ケア会議の創設） ○介護予防訪問介護・介護予防通所介護の地域支援事業への移行 ○介護老人福祉施設の新規入所者を原則、要介護３以上に重点化 ○第１号被保険者のうち一定以上の所得のある利用者の自己負担を２割に引き上げ ○「補足給付」の要件に資産などを追加
2017年 （平成29年）	2018年 （平成30年）	○保険者機能の強化等の取り組みの推進 ○医療・介護の連携の推進等（介護医療院の創設等） ○地域共生社会の実現に向けた取り組みの推進等（共生型サービス事業者の指定の特例等） ○現役世代並みの所得のある層の負担割合を３割に（第１号被保険者に限る） ○介護給付費・地域支援事業支援納付金への総報酬割の導入
2020年 （令和２年）	2021年 （令和３年）	○地域生活課題の解決に資する市町村の包括的な支援体制の構築の支援 ○地域の特性に応じた認知症施策や介護サービス提供体制の整備等の推進 ○医療・介護のデータ基盤の整備の推進 ○介護人材確保および業務効率化の取り組みの強化

I

介護支援分野

- 文中の「市町村」は、「市町村及び特別区」の意味となります。
- 指定居宅サービス、指定施設サービス、指定地域密着型サービス、指定介護予防サービス、指定地域密着型介護予防サービス、指定居宅介護支援、指定介護予防支援についての人員・設備・運営などの基準に関する設問は、厚生労働省令で定める指定基準によります。
- 「障害者総合支援法」は、「障害者の日常生活及び社会生活を総合的に支援するための法律（平成17年法律第123号）」のことをいいます。
- 「高齢者虐待防止法」は、「高齢者虐待の防止、高齢者の養護者に対する支援等に関する法律（平成17年法律第124号）」のことをいいます。

図表で覚える! 重要ポイント

● 介護保険制度の仕組み

介護保険は、**市町村**を保険者とし、基本的にその市町村に住所を有する**40**歳以上の者を被保険者として、被保険者が要介護状態又は要支援状態となった場合に、介護サービスの提供を行う**社会保険**です。

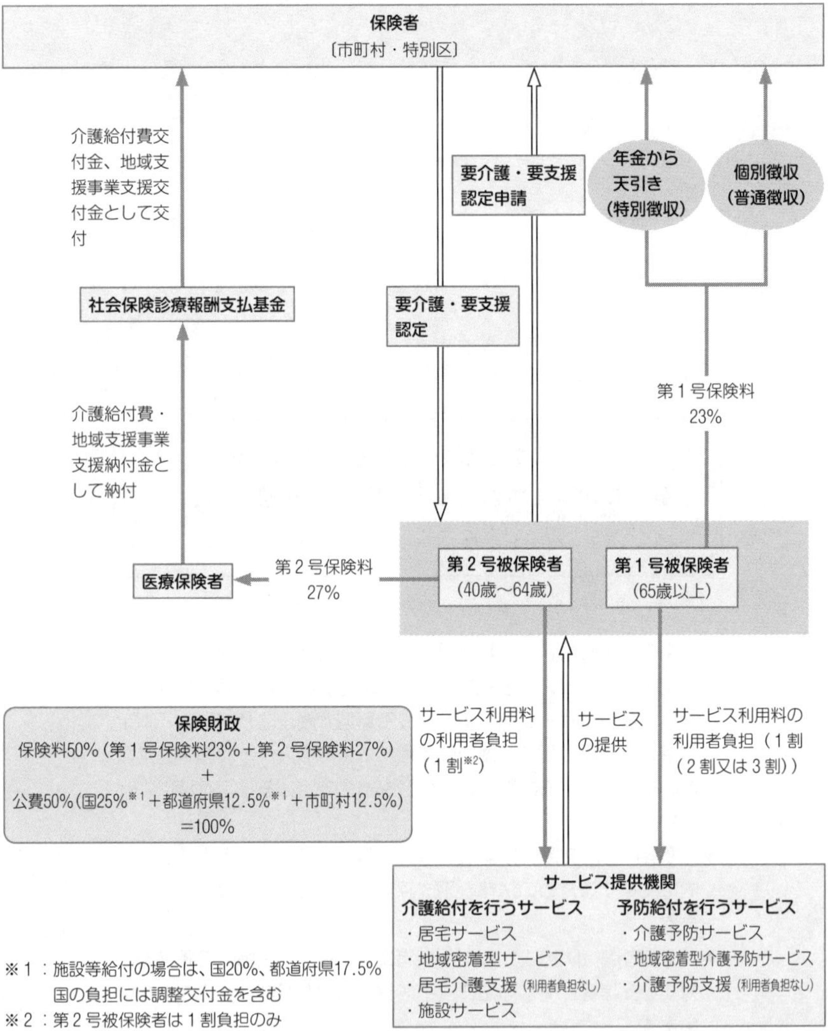

※１：施設等給付の場合は、国20%、都道府県17.5%
国の負担には調整交付金を含む

※２：第２号被保険者は１割負担のみ

● 被保険者

	第１号被保険者	第２号被保険者
対象者	市町村の区域内に住所を有する**65歳以上の者**	市町村の区域内に住所を有する**40歳以上65歳未満の医療保険加入者**
受給権者	要介護者・要支援者	左のうち、初老期における認知症、脳血管疾患等の老化に起因する疾病によるもの（**特定疾病**（37ページ参照））
被保険者証	原則すべての人に交付	要介護・要支援認定の申請を行った人と、被保険者証交付を申請した人に対して交付

- **強制適用**：介護保険は社会保険であるため、一定の要件に該当する者は、本人の意思にかかわらず被保険者となる。
- **資格要件**：市町村の区域内に住所を有すること。外国人でも一定の条件を満たせば、被保険者となり得る。
- **資格喪失**：市町村の区域内に住所を有しなくなった日の**翌日**から資格を喪失するが、住所を有しなくなった日にほかの市町村の区域内に住所を有するに至った場合は、**当日**から資格を喪失する。
- **住所地特例**：①**介護保険施設**、②**特定施設**、③**養護老人ホーム**に入所する被保険者については、施設所在地に住所を移す前の住所地であった市町村を保険者とする特例措置がとられる（32ページ参照）。

● 介護保険の適用除外者

・障害者総合支援法上の生活介護及び施設入所支援を受けて**指定障害者支援施設**に入所している身体障害者
・身体障害者福祉法に基づく措置により障害者総合支援法上の**障害者支援施設**（生活介護を行うものに限る）に入所している身体障害者
・児童福祉法上の**医療型障害児入所施設**の入所者
・生活保護法上の**救護施設**の入所者
・知的障害者福祉法に基づく措置により障害者総合支援法上の**障害者支援施設**に入所している知的障害者
・障害者総合支援法上の生活介護及び施設入所支援を受けて**指定障害者支援施設**に入所している知的障害者及び精神障害者　等

● 住所地特例の概要

介護保険の被保険者には住所要件があり、原則、住所地市町村が保険者となります。しかし、住所地特例対象施設に入所・入居し、住所を当該住所地特例対象施設に移した場合、特例として住所地特例対象施設に入所・入居前の住所地の市町村を保険者とします。これを**住所地特例**といいます。住所地特例対象施設所在地の市町村に、介護保険財政の負担が集中するのを防ぐ目的で設けられた制度です。

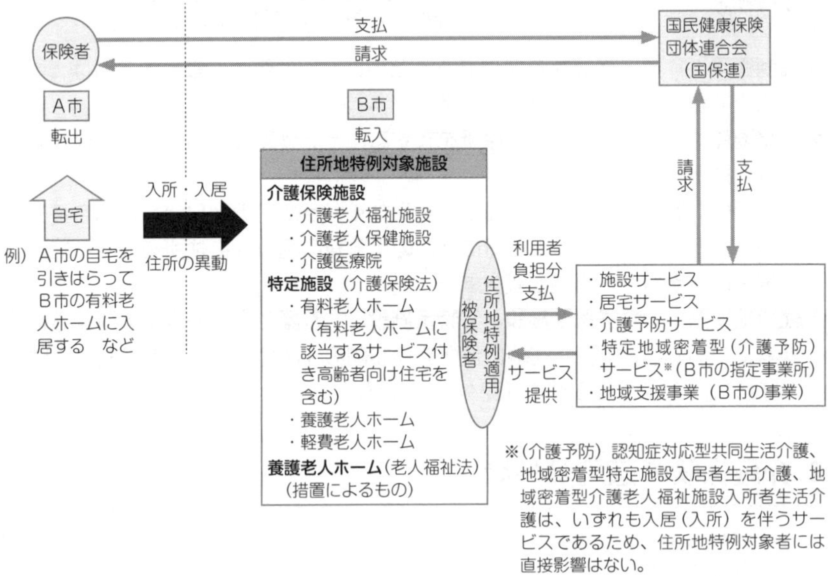

● 被保険者種別の保険料徴収方法等

被保険者種別	徴収方法	徴収者	保険料算定	納付管理
第１号被保険者	普通徴収※１	市町村	市町村	市町村
	特別徴収※２	年金保険者	市町村	市町村
第２号被保険者	医療保険料に上乗せ	医療保険者	医療保険者	医療保険者

※１：年額18万円に満たない老齢年金等の受給者について、市町村が納入通知書を送付し、保険料を徴収する。
※２：年額18万円以上の老齢年金等の受給者について、年金保険者が年金から天引きし、市町村に納入する。

● 介護サービスの種類

都道府県知事(※1)が指定・監督を行うサービス

介護給付を行うサービス

◎居宅サービス

【訪問サービス】
- 訪問介護（ホームヘルプサービス）
- 訪問入浴介護
- 訪問看護
- 訪問リハビリテーション
- 居宅療養管理指導(※5)

【短期入所サービス】
- 短期入所生活介護
- 短期入所療養介護（ショートステイ）

【通所サービス】
- 通所介護（デイサービス）
- 通所リハビリテーション

- 特定施設入居者生活介護(※6)
- 特定福祉用具販売(※7)
- 福祉用具貸与

◎施設サービス(※2)(※8)
- 介護老人福祉施設(※3)
- 介護老人保健施設
- 介護医療院

予防給付を行うサービス

◎介護予防サービス

【訪問サービス】
- 介護予防訪問入浴介護
- 介護予防訪問看護
- 介護予防訪問リハビリテーション
- 介護予防居宅療養管理指導(※5)

【短期入所サービス】
- 介護予防短期入所生活介護
- 介護予防短期入所療養介護（ショートステイ）

【通所サービス】
- 介護予防通所リハビリテーション

- 介護予防特定施設入居者生活介護(※5)
- 特定介護予防福祉用具販売(※7)
- 介護予防福祉用具貸与

市町村長が指定・監督を行うサービス

介護給付を行うサービス

◎地域密着型サービス
- 定期巡回・随時対応型訪問介護看護
- 夜間対応型訪問介護
- 地域密着型通所介護（療養通所介護も含む）
- 認知症対応型通所介護
- 小規模多機能型居宅介護
- 認知症対応型共同生活介護（グループホーム）(※6)
- 地域密着型特定施設入居者生活介護(※6)
- 地域密着型介護老人福祉施設入所者生活介護(※3)(※5)
- 看護小規模多機能型居宅介護（複合型サービス）

◎居宅介護支援(※8)

予防給付を行うサービス

◎地域密着型介護予防サービス
- 介護予防認知症対応型通所介護
- 介護予防小規模多機能型居宅介護
- 介護予防認知症対応型共同生活介護（グループホーム）(※4)(※6)

◎介護予防支援(※8)

資料：厚生労働省資料を一部改変
※1：指定都市・中核市の市長も含む。
※2：介護療養型医療施設は、2024（令和6）年3月31日をもって廃止されることとなった。
※3：原則、要介護3以上の者が入所できる。
※4：介護予防認知症対応型共同生活介護は、要支援2の者だけが対象であり、要支援1の者は利用できない。
※5：区分支給限度基準額に含まれないサービスである。
※6：利用期間を定めて行うものを除き、区分支給限度基準額に含まれないサービスである。
※7：（介護予防）福祉用具購入費支給限度基準額が設定されている。
※8：区分支給限度基準額は設定されていない。

● 保険者（市町村）・都道府県の責務

介護保険の保険者である市町村は保険運営の責任主体として、被保険者を把握・管理し、保険事故が発生した場合には被保険者に対し保険給付を行います。一方、都道府県の責務は、広域的な地方公共団体として市町村を支援することが求められています。

保険者（市町村）

被保険者の資格管理に関する事務

- ●被保険者の資格管理・被保険者台帳の作成
- ●被保険者証の発行・更新
- ●住所地特例の管理

要介護認定・要支援認定に関する事務

- ●認定事務
- ●介護認定審査会の設置

保険給付に関する事務

- ●介護報酬の審査・支払（国保連（＊）に委託）
- ●被保険者が居宅サービス計画の作成を居宅介護支援事業者に依頼する旨の届出の受付等
- ●償還払いの保険給付の支給
- ●区分支給限度基準額の上乗せ及び管理
- ●種類支給限度基準額の設定
- ●市町村特別給付の実施
- ●第三者行為求償事務（国保連（＊）に委託）

サービス提供事業者に関する事務

- ●地域密着型サービス事業者、居宅介護支援事業者、地域密着型介護予防サービス事業者、介護予防支援事業者に対する指定・指定更新・指導監督、運営に関する基準等の設定
- ●事業者への報告等の命令と立入検査
- ●都道府県知事が介護保険施設等の指定を行う際の意見提出
- ●定期巡回・随時対応型訪問介護看護等の見込量を確保するための指定居宅サービス事業者の指定についての都道府県知事への協議の要求

＊国民健康保険団体連合会

地域支援事業及び保健福祉事業に関する事務

- ●地域支援事業の実施
- ●地域包括支援センターの設置等
- ●第１号事業を行う事業者の指定・指定更新・指定取消
- ●保健福祉事業の実施

市町村介護保険事業計画に関する事務

- ●市町村介護保険事業計画の策定・変更

保険料に関する事務

- ●第１号被保険者の保険料率の決定
- ●保険料の普通徴収
- ●保険料の特別徴収に係る対象者の確認・通知
- ●保険料滞納被保険者に対する各種措置

制度の運営に必要な条例・規則等の制定、改正等に関する事務

財政運営に関する事務

- ●特別会計の設置・管理
- ●公費負担の申請・収納
- ●介護給付費交付金、地域支援事業支援交付金の申請・収納
- ●財政安定化基金への拠出、交付・貸付申請、借入金の返済　等

都道府県

要介護認定・要支援認定業務の支援に関する事務

- 市町村による介護認定審査会の共同設置等の支援
- 要介護認定等に係る審査判定業務の市町村からの受託及び受託した場合の都道府県介護認定審査会の設置
- 指定市町村事務受託法人の指定

財政支援に関する事務

- 保険給付、地域支援事業に対する財政負担
- 財政安定化基金の設置・運営
- 市町村相互財政安定化事業の支援

サービス提供事業者に関する事務

- 居宅サービス事業、介護予防サービス事業、介護保険施設等の人員・設備・運営に関する基準の設定
- 居宅サービス事業者、介護保険施設、介護予防サービス事業者に対する指定（許可）・指定更新・指導監督等
- 市町村が行う地域密着型特定施設入居者生活介護の指定に際しての助言・勧告

介護サービス情報の公表に関する事務

- 介護サービス情報の公表及び必要と認める場合の調査
- 介護サービス情報の公表に関する介護サービス事業者に対しての指導監督

介護支援専門員に関する事務

- 介護支援専門員の登録・登録更新
- 介護支援専門員証の交付
- 介護支援専門員の試験及び研修の実施

介護サービス基盤の整備に関する事務

- 都道府県介護保険事業支援計画の策定・変更
- 市町村介護保険事業計画作成上の技術的事項についての助言
- 市町村が行う自立支援等施策に係る取組等の支援

その他の事務

- 介護保険審査会の設置・運営
- 市町村に対する介護保険事業の実施状況に関する報告請求
- 市町村が行うサービス提供事業者等に対する指導監督業務等についての報告請求・助言・勧告
- 医療保険者が行う介護給付費・地域支援事業支援納付金の納付関係業務に関する報告徴収・実地検査
- 社会保険診療報酬支払基金が行う介護保険関係業務に関する報告徴収・実地検査
- 国保連（＊）が行う介護保険事業関係業務に関する指導監督
- 指定都道府県事務受託法人の指定　等

● 要介護・要支援の申請から認定まで

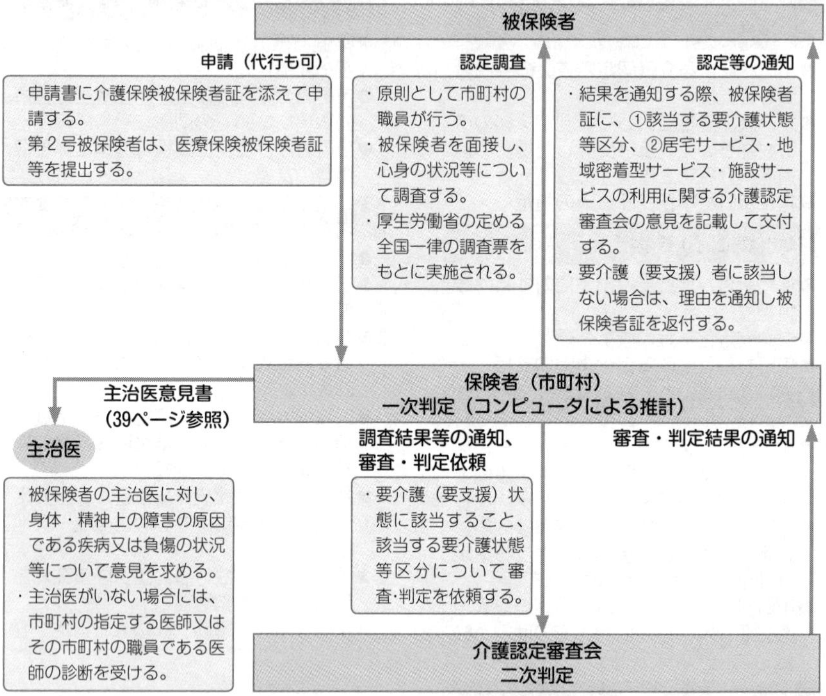

- 認定が行われた場合、その効力は申請日までさかのぼるため、認定申請時点からサービスの利用がなされた場合についても保険給付の対象となる。
- 認定結果の通知が届いていない段階においても、市町村に届出の上、暫定的なケアプランを作成することで、申請日から認定日の間でも介護保険のサービスを現物給付で受けることができる。
- 申請から30日以内に審査の延期について通知がない場合は、申請が却下されたと判断できる。

● 特定疾病

介護保険では、第２号被保険者が介護保険の申請をする際の要件として「要介護（要支援）状態の原因である身体上又は精神上の障害が加齢に伴って生ずる心身の変化に起因する疾病であって政令で定めるもの（**特定疾病**）」が挙げられています。これに該当する疾病が認定申請時の申請書及び医師の意見書に記載されていれば、第２号被保険者は要介護（要支援）認定を受けることができます。

「厚生労働大臣が定める疾病等」や「難病の患者に対する医療等に関する法律（難病法）に基づく指定難病」と間違えないよう、注意が必要です。

① がん（医師が一般に認められている医学的知見に基づき回復の見込みがない状態に至ったと判断したものに限る）
② 関節リウマチ
③ 筋萎縮性側索硬化症
④ 後縦靭帯骨化症
⑤ 骨折を伴う骨粗鬆症
⑥ 初老期における認知症
⑦ 進行性核上性麻痺、大脳皮質基底核変性症及びパーキンソン病
⑧ 脊髄小脳変性症
⑨ 脊柱管狭窄症
⑩ 早老症
⑪ 多系統萎縮症
⑫ 糖尿病性神経障害、糖尿病性腎症及び糖尿病性網膜症
⑬ 脳血管疾患
⑭ 閉塞性動脈硬化症
⑮ 慢性閉塞性肺疾患
⑯ 両側の膝関節又は股関節に著しい変形を伴う変形性関節症

● 申請代行・認定調査の実施機関

	市町村	指定市町村事務受託法人※5	地域包括支援センター	指定居宅介護支援事業者	地域密着型介護老人福祉施設	介護保険施設
申請代行※1		×	○	○※2	○※2	○※2
新規認定調査	○	○	×	×	×	×
更新認定調査※4	○	○	○※3	○※3	○※3	○※3

※１：成年後見人・民生委員・社会保険労務士等も申請代行できる。利用者の家族は申請を代理できる。
※２：認定申請に係る援助義務違反がないこと。
※３：利益の収受・供与の禁止について違反したことがないこと。
※４：介護支援専門員（公正かつ誠実な業務遂行その他の介護支援専門員の義務に違反したことがないこと）も更新認定調査を行うことができる。
※５：認定調査員は、市町村職員のほか介護支援専門員であることが原則である。なお、指定市町村事務受託法人における認定調査については、介護支援専門員のほか「保健、医療又は福祉に関する専門的知識を有する者」が行うことも認められている。

● 認定調査票の基本調査の項目

	個別調査項目
1　身体機能・起居動作に関連する項目	麻痺等の有無／拘縮の有無／寝返り／起き上がり／座位保持／両足での立位／歩行／立ち上がり／片足での立位／洗身／つめ切り／視力／聴力
2　生活機能に関連する項目	移乗／移動／嚥下／食事摂取／排尿／排便／口腔清潔／洗顔／整髪／上衣の着脱／ズボン等の着脱／外出頻度
3　認知機能に関連する項目	意思の伝達／毎日の日課を理解／生年月日を言う／短期記憶／自分の名前を言う／今の季節を理解／場所の理解／徘徊／外出して戻れない
4　精神・行動障害に関連する項目	被害的／作話／感情が不安定／昼夜逆転／同じ話をする／大声を出す／介護に抵抗／落ち着きなし／一人で出たがる／収集癖／物や衣類を壊す／ひどい物忘れ／独り言・独り笑い／自分勝手に行動する／話がまとまらない
5　社会生活への適応に関連する項目	薬の内服／金銭の管理／日常の意思決定／集団への不適応／買い物／簡単な調理
6　特別な医療に関連する項目（※）	過去14日間に受けた特別な医療
7　日常生活自立度に関連する項目	障害高齢者の日常生活自立度（寝たきり度）／認知症高齢者の日常生活自立度

（※）特別な医療（過去14日間以内に受けた医療のすべてにチェック）
処置内容：点滴の管理、中心静脈栄養、透析、ストーマ（人工肛門）の処置、酸素療法、レスピレーター（人工呼吸器）、気管切開の処置、疼痛の看護、経管栄養
特別な対応：モニター測定（血圧、心拍、酸素飽和度等）、褥瘡の処置、カテーテル（コンドームカテーテル、留置カテーテル、ウロストーマ等）

● 主治医意見書の項目

0．基本情報

申請者氏名等（性別・生年月日）／主治医意見書が介護サービス計画作成等に利用されることの主治医としての同意／医師・医療機関名等／最終診察日／意見書作成回数（□初回　□２回目以上）／他科受診の有無（□内科　□精神科　□外科　□整形外科　□脳神経外科　□皮膚科　□泌尿器科　□婦人科　□眼科　□耳鼻咽喉科　□リハビリテーション科　□歯科　□その他）

1．傷病に関する意見

⑴診断名　⑵症状としての安定性　⑶生活機能低下の直接の原因となっている傷病または特定疾病の経過及び投薬内容を含む治療内容

2．特別な医療（過去14日間以内に受けた医療）

処置内容
　□点滴の管理　□中心静脈栄養　□透析　□ストーマの処置　□酸素療法　□レスピレーター
　□気管切開の処置　□疼痛の看護　□経管栄養
特別な対応
　□モニター測定（血圧、心拍、酸素飽和度等）　□褥瘡の処置
失禁への対応
　□カテーテル（コンドームカテーテル、留置カテーテル　等）

3．心身の状態に関する意見

⑴日常生活の自立度等について
・障害高齢者の日常生活自立度（寝たきり度）　・認知症高齢者の日常生活自立度
⑵認知症の中核症状（認知症以外の疾患で同様の症状を認める場合を含む）
・短期記憶　・日常の意思決定を行うための認知能力　・自分の意思の伝達能力
⑶認知症の行動・心理症状（BPSD）（認知症以外の疾患で同様の症状を認める場合を含む）
　□幻視・幻聴　□妄想　□昼夜逆転　□暴言　□暴行　□介護への抵抗　□徘徊　□火の不始末
　□不潔行為　□異食行動　□性的問題行動　□その他
⑷その他の精神・神経症状（専門医受診の有無）
⑸身体の状態
・利き腕　・身長　・体重（過去６か月の体重の変化）
　□四肢欠損　□麻痺　□筋力の低下　□関節の拘縮　□関節の痛み　□失調・不随意運動　□褥瘡
　□その他の皮膚疾患

4．生活機能とサービスに関する意見

⑴移動
・屋外歩行　・車いすの使用　・歩行補助具・装具の使用
⑵栄養・食生活
・食事行為　・現在の栄養状態
⑶現在あるかまたは今後発生の可能性の高い状態とその対処方針
　□尿失禁　□転倒・骨折　□移動能力の低下　□褥瘡　□心肺機能の低下　□閉じこもり　□意欲低下　□徘徊　□低栄養　□摂食・嚥下機能低下　□脱水　□易感染性　□がん等による疼痛
　□その他
⑷サービス利用による生活機能の維持・改善の見通し
⑸医学的管理の必要性
　□訪問診療　□訪問看護　□訪問歯科診療　□訪問薬剤管理指導　□訪問リハビリテーション
　□短期入所療養介護　□訪問歯科衛生指導　□訪問栄養食事指導　□通所リハビリテーション
　□老人保健施設　□介護医療院　□その他の医療系サービス　□特記すべき項目なし
⑹サービス提供時における医学的観点からの留意事項
　□血圧　□摂食　□嚥下　□移動　□運動　□その他　□特記すべき項目なし
⑺感染症の有無

5．特記すべき事項（情報提供書や障害者手帳の申請に用いる診断書等の写しの添付でも可）

● 要介護認定等基準時間の推計に係る行為

要介護認定等における一次判定の基準となる**要介護認定等基準時間**は、認定調査の基本調査項目を次の５つの行為に区分し、それぞれの行為に要する**１日当たりの時間**として推計されます。なお、要介護認定等基準時間は、実際に家庭等で行われる介護時間そのものではなく、一定の方法により推計された客観的な基準です。

①入浴、排泄、食事等の介護※1	直接生活介助 食事／排泄／移動／清潔保持
②洗濯、掃除等の家事援助等	間接生活介助
③徘徊に対する探索、不潔な行為に対する後始末等	認知症の行動・心理症状関連行為
④歩行訓練、日常生活訓練等の機能訓練	機能訓練関連行為
⑤輸液の管理、褥瘡の処置等の診療の補助等※2	医療関連行為
	特別な医療

※１：「直接生活介助」として、食事、排泄、移動、清潔保持の行為ごとに算定された時間を合計する。
※２：医療関連行為及び特別な医療について算定された時間を合計する。
特別な医療とは、点滴の管理、透析、ストーマの処置、疼痛の看護などをいう。

● 要介護認定等の有効期間

申請区分等	原則の認定有効期間	設定可能な認定有効期間の範囲
新規申請・区分変更申請	６月	３～12月
更新申請	12月	原則３～36月 （要介護度・要支援度が変わらない場合は３～48月）

● 介護認定審査会・介護保険審査会・介護給付費等審査委員会の違い

名称	介護認定審査会	介護保険審査会	介護給付費等審査委員会
役割	要介護認定等に係る審査・判定（二次判定）を行い、結果を市町村に通知する	市町村の行った処分に対する不服申立の審理・裁決について中立・公正な立場から審査を行う	介護給付費請求書及び介護予防・日常生活支援総合事業費請求書の審査を行う
設置	市町村（保険者）	都道府県	国民健康保険団体連合会
委員	保健、医療又は福祉に関する学識経験を有する者	①被保険者代表委員 3人 ②市町村代表委員 3人 ③公益代表委員 3人以上	①介護給付等対象サービス担当者又は介護予防・日常生活支援総合事業担当者代表委員 ②市町村代表委員 ③公益代表委員
委員の任命	市町村長	都道府県知事	国民健康保険団体連合会
任期	2年 （ただし、市町村条例により2年を超え3年以下の期間とすることができる）	3年	2年
その他	・合議体を構成する委員の定数は、5人を標準として市町村が定める数。更新認定の場合等は、5人より少ない人数を定めることができるが、3人を下回ってはいけない ・複数の市町村が共同設置することもできる ・都道府県への委託も可	・審査は、原則として、介護保険審査会が指名する委員で構成する合議体により行われるが、要介護（要支援）認定に関する処分の審査請求は、公益代表委員からなる合議体で取り扱う ・要介護（要支援）認定に関する処分の審査請求を迅速に行うため、専門調査員をおくことができる	・介護給付費請求書等の審査を行うため必要があると認めるときは、都道府県知事又は市町村長の承認を得て、事業者・施設等に対して報告等を、開設者・管理者・サービス担当者等に対して、出頭・説明を求めることができる

● 利用者負担

介護保険の保険給付における利用者の負担は応益負担（サービスを受けた分に応じた負担）が原則とされ、施設サービス、居宅サービスともに、原則としてサービス費用の定率１割を利用者が負担し、９割が保険給付されます。なお、一定以上の所得のある第１号被保険者の場合は、２割又は３割を利用者が負担します。

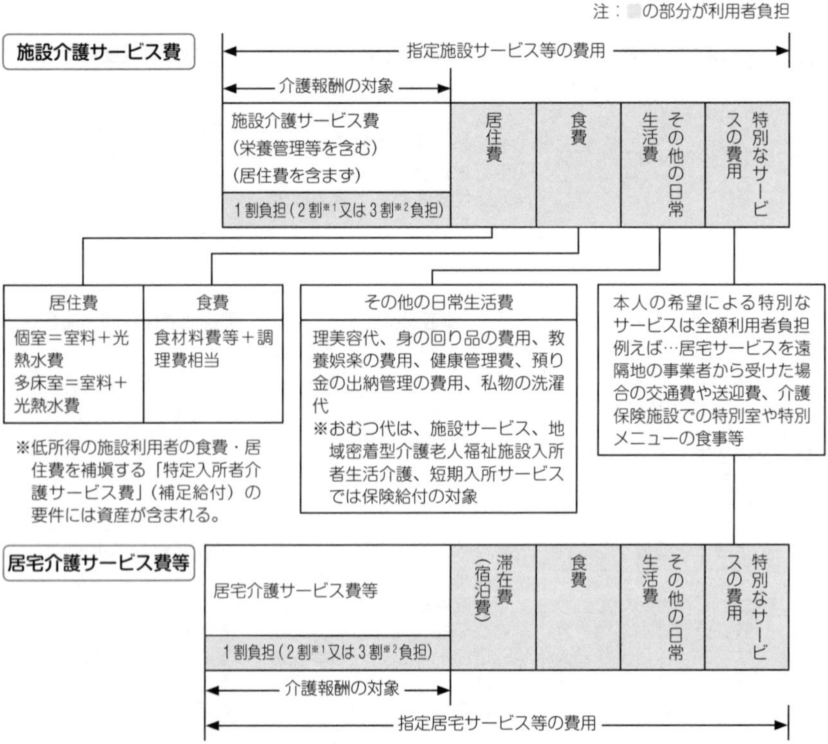

※１：合計所得金額160万円以上かつ、「年金収入＋その他合計所得金額」が単身280万円以上、夫婦346万円以上の第１号被保険者の自己負担は２割となる。
※２：合計所得金額220万円以上かつ、「年金収入＋その他合計所得金額」が単身340万円以上、夫婦463万円以上の第１号被保険者の自己負担は３割となる。

● 保険給付の方法

介護保険法においては、利用者の利便等を考慮し、一定の要件を満たす場合は、法定代理受領方式による**現物給付**が認められています。この場合、利用者はサービス利用時に1割（2割又は3割）の利用者負担分をサービス提供事業者等に支払い、**現物給付**でサービスを受けることができます。

現物給付が認められているもの

・居宅介護サービス費
・地域密着型介護サービス費
・居宅介護サービス計画費
・施設介護サービス費
・特定入所者介護サービス費

● 高額介護サービス費

高額介護サービス費は、要介護被保険者がサービスを利用した結果、利用者負担の額が著しく高額となった場合に支給されます。利用者負担の合計が一定額を超えた場合に、超えた部分について**償還払い**の形で支払われます。また、高額介護サービス費は所得区分ごとに世帯単位で上限額が設定されています。

高額介護サービス費の対象

対象となる	対象とならない
居宅介護サービス費 地域密着型介護サービス費 施設介護サービス費	居宅介護福祉用具購入費 居宅介護住宅改修費

● 他の法令による給付との調整

労働者災害補償保険法（労災保険法）などによって、介護保険の介護給付・予防給付に相当する給付を受けられるときは、労災保険法など**他法令の給付が優先**し、一定限度で介護保険の給付は行われません。**介護保険より優先される給付**としては、次のようなものがあります。

分類	法令
労働災害に対する補償の給付（療養補償、介護補償等）を行う法律	・労働者災害補償保険法（労災保険法） ・船員保険法 ・労働基準法　等
公務災害に対する補償の給付（療養補償、介護補償等）を行う法律	・国家公務員災害補償法 ・地方公務員災害補償法 ・警察官の職務に協力援助した者の災害給付に関する法律　等
国家補償的な給付（療養の給付等）を行う法律	・戦傷病者特別援護法 ・原子爆弾被爆者に対する援護に関する法律　等

また、他の法令により介護保険の給付と類似の給付が行われる場合に、**介護保険の給付が優先される法令**については、次のとおりです。

・老人福祉法
（虐待等のやむを得ない場合は、老人福祉法に基づく措置による）
・医療保険各法
・生活保護法の介護扶助
・障害者総合支援法の自立支援給付
（障害者施策固有のサービスについては、障害者総合支援法による）
・保険優先の公費負担医療

● 介護サービス情報の公表制度

介護サービス事業者は、①介護サービスの提供を開始しようとするとき、②都道府県知事が毎年定める計画で定めるときは、介護サービス情報を**都道府県知事**に報告しなければなりません。**都道府県知事**は、介護サービス情報の報告に関する計画を毎年定め、公表することとされています。

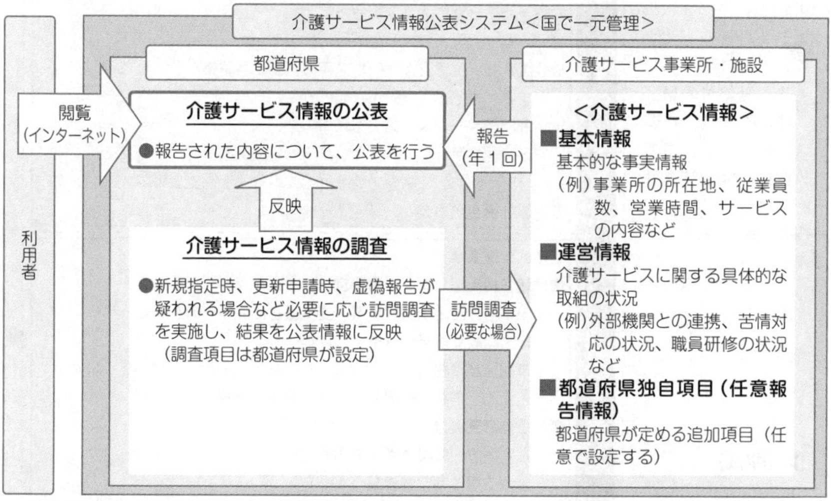

情報公表の主な内容

ⓐ介護サービスの提供開始時	・法人等の名称、所在地、連絡先等 ・事業所・施設の名称、所在地、連絡先等 ・サービス従業者に関する情報（職種別の従業者の数等） ・事業所の運営方針、介護サービスの内容、苦情対応窓口の状況、サービス内容の特色、第三者による評価の実施状況等 ・利用料 ・その他都道府県知事が必要と認める事項
ⓑ都道府県の報告計画策定時	ⓐに加え下記の事項 ・利用者等の権利擁護等のために講じている措置 ・介護サービスの質の確保のために講じている措置 ・相談・苦情等の対応のために講じている措置 ・介護サービスの内容の評価・改善等のために講じている措置 ・適切な事業運営確保のために講じている措置 ・安全管理及び衛生管理のために講じている措置 ・情報管理・個人情報保護等のために講じている措置 ・その他都道府県知事が必要と認める事項

● 地域支援事業

地域支援事業の全体像

【財源構成】
国　25%(＊)
都道府県　12.5%(＊)
市町村　12.5%
第１号保険料　23%
第２号保険料　27%
＊施設等給付の場合は、国20%、都道府県17.5%。国の負担には調整交付金を含む

介護給付（要介護１～５）

予防給付（要支援１～２）

地域支援事業

介護予防・日常生活支援総合事業
（要支援１～２、それ以外の者）
●介護予防・生活支援サービス事業（第１号事業）
・訪問型サービス（第１号訪問事業）
・通所型サービス（第１号通所事業）
・その他生活支援サービス（第１号生活支援事業）
・介護予防ケアマネジメント（第１号介護予防支援事業）
●一般介護予防事業

【財源構成】
国　38.5%
都道府県　19.25%
市町村　19.25%
第１号保険料　23%

包括的支援事業
●地域包括支援センターの運営
・第１号介護予防支援事業（要支援者に係るものを除く）
・総合相談支援業務（※１）
・権利擁護業務
・包括的・継続的ケアマネジメント支援業務
●社会保障充実分
・在宅医療・介護連携推進事業（※２）
・生活支援体制整備事業（※２）
（生活支援コーディネーターの配置、協議体の設置、就労的活動支援コーディネーターの配置）
・認知症総合支援事業（※２）
（認知症初期集中支援チームの配置、認知症地域支援推進員の配置、チームオレンジコーディネーターの配置）
・地域ケア会議推進事業

任意事業
・介護給付等費用適正化事業
・家族介護支援事業
・その他の事業

※１：2024（令和６）年４月１日より、地域包括支援センターの設置者は、指定居宅介護支援事業者等に対し、総合相談支援業務の一部を委託することができることとなった。
※２：市町村は、地域包括支援センター以外にも委託できる。

介護予防・日常生活支援総合事業の構成

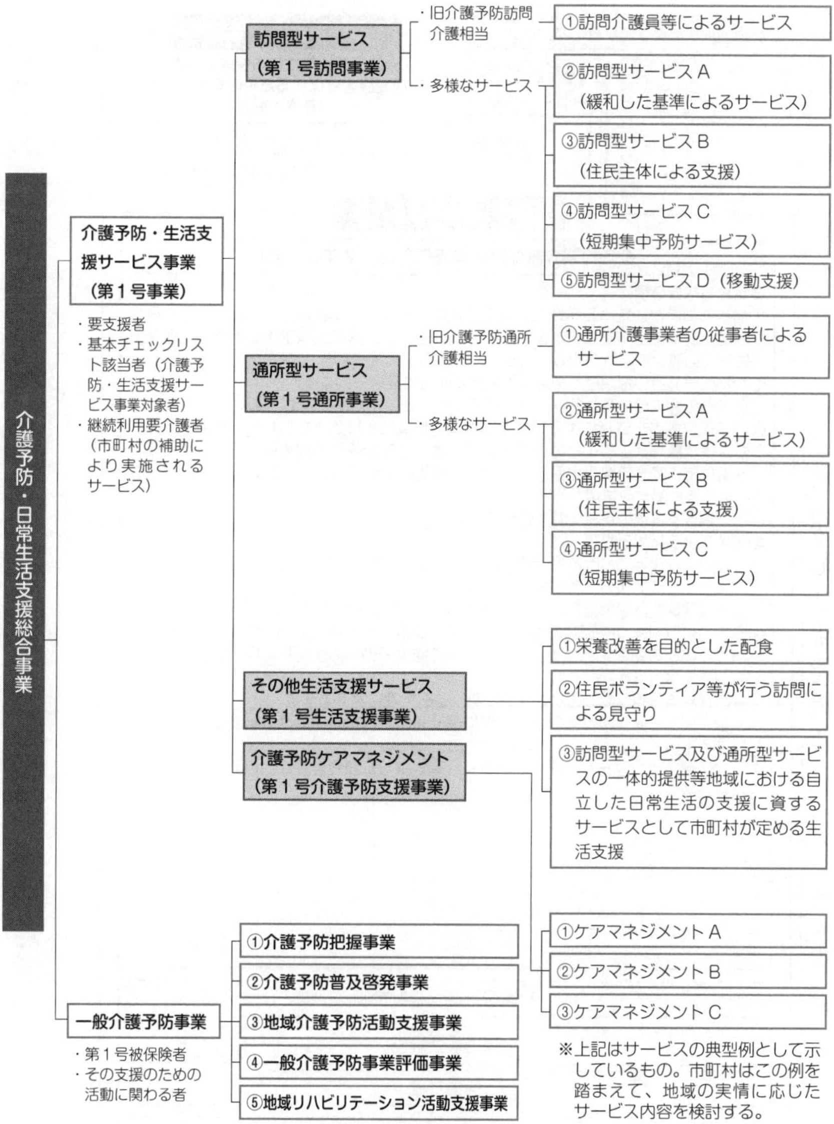

● 介護保険事業計画

計画の提出
計画の実績に関する評価の結果の報告

計画への助言

情報提供・援助

国（厚生労働大臣）

介護保険事業に係る保険給付の円滑な実施を確保するための基本的な指針（基本指針）

計画の提出、意見の聴取、計画の実績に関する評価の結果の報告

計画への助言、情報分析の援助

都道府県

一体のものとして作成するべき計画

都道府県介護保険事業支援計画（3年を1期）

●定めるべき事項

①当該都道府県が定める区域における各年度の介護専用型特定施設入居者生活介護、地域密着型特定施設入居者生活介護、地域密着型介護老人福祉施設入所者生活介護に係る必要利用定員総数の見込み
②介護保険施設の種類ごとの必要入所定員総数の見込み
③その他の介護給付等対象サービスの量の見込み
④都道府県内の市町村によるその被保険者の地域における自立した日常生活の支援、要介護状態等となることの予防又は要介護状態等の軽減若しくは悪化の防止及び介護給付等に要する費用の適正化に関する取組への支援に関し、都道府県が取り組むべき施策に関する事項
⑤④に掲げる事項の目標に関する事項

●定めるよう努める事項

①介護保険施設等における生活環境の改善を図るための事業に関する事項
②介護サービス情報の公表に関する事項
③介護支援専門員等の確保及び資質の向上に資する事業に関する事項
④介護給付等対象サービスの提供又は地域支援事業の実施のための事業所又は施設における業務の効率化、介護サービスの質の向上その他の生産性の向上に資する事業に関する事項（＊）
⑤介護保険施設相互間の連携の確保に関する事業等に関する事項
⑥介護予防・日常生活支援総合事業等に関する市町村相互間の連絡調整を行う事業に関する事項
⑦①の区域ごとの届出が行われている有料老人ホーム及び登録住宅のそれぞれの入居定員総数

都道府県老人福祉計画

※1
都道府県計画
医療計画

※2
都道府県地域福祉支援計画
都道府県高齢者居住安定確保計画
要介護者等の保健・医療・福祉・居住に関する計画

＊2024（令和6）年4月1日施行

情報提供

情報提供・援助

被保険者

意見を反映させる措置

※１：整合性の確保が図られた計画
※２：調和が保たれた計画

市町村

一体のものとして作成するべき計画

市町村介護保険事業計画（３年を１期）

●定めるべき事項

①当該市町村が定める区域における各年度の認知症対応型共同生活介護、地域密着型特定施設入居者生活介護、地域密着型介護老人福祉施設入所者生活介護に係る必要利用定員総数の見込み

②その他の介護給付等対象サービスの種類ごとの量の見込み

③各年度における地域支援事業の量の見込み

④被保険者の地域における自立した日常生活の支援、要介護状態等となることの予防又は要介護状態等の軽減若しくは悪化の防止及び介護給付等に要する費用の適正化に関し、市町村が取り組むべき施策に関する事項

⑤④に掲げる事項の目標に関する事項

●定めるよう努める事項

①定めるべき事項①②の見込量の確保のための方策

②各年度における地域支援事業に要する費用の額及び見込量の確保のための方策

③介護給付等対象サービスの種類ごとの量、保険給付に要する費用の額、地域支援事業の量、地域支援事業に要する費用の額及び保険料の水準に関する中長期的な推計

④介護支援専門員等の確保及び資質の向上に資する都道府県と連携した取組に関する事項

⑤介護給付等対象サービスの提供又は地域支援事業の実施のための事業所又は施設における業務の効率化、介護サービスの質の向上その他の生産性の向上に資する都道府県と連携した取組に関する事項（＊）

⑥指定居宅サービス事業等を行う者相互間の連携の確保に関する事業その他の介護給付等対象サービスの円滑な提供を図るための事業に関する事項

⑦指定介護予防サービス事業等を行う者相互間の連携の確保に関する事業その他の介護給付等対象サービスの円滑な提供及び地域支援事業の円滑な実施を図るための事業に関する事項

⑧認知症である被保険者の地域における自立した日常生活の支援に関する事項等、認知症に関する施策の総合的な推進に関する事項

⑨①の区域ごとの届出が行われている有料老人ホーム及び登録住宅のそれぞれの入居定員総数

⑩地域支援事業と高齢者保健事業及び国民健康保険保健事業の一体的な実施に関する事項、居宅要介護・要支援被保険者に係る医療その他の医療との連携に関する事項、高齢者の居住に係る施策との連携に関する事項等

市町村老人福祉計画

市町村計画 ※1

市町村地域福祉計画

市町村高齢者居住安定確保計画

要介護者等の保健・医療・福祉・居住に関する計画

※2

● ケアマネジメント

介護保険サービスは、ケアマネジメントの手法を用い、原則としてケアプランに基づいて実施されます。

ケアマネジメントの流れは、居宅サービス、介護予防サービス、施設サービスともに、①課題分析（アセスメント）→②計画原案の作成→③サービス担当者会議→④計画の作成・交付→⑤サービス提供→⑥モニタリングとなっています。しかし、厚生労働省令で定める基準では、サービスにより少しずつ違いがあります。

	居宅サービス計画	介護予防サービス計画	施設サービス計画
計画作成者	指定居宅介護支援事業所の介護支援専門員	指定介護予防支援事業所※の担当職員	介護保険施設の計画担当介護支援専門員
課題分析（アセスメント）	利用者の居宅を訪問 利用者及び家族に面接	利用者の居宅を訪問 利用者及び家族に面接	入所者及び家族に面接
計画原案の作成	あり	あり	あり
サービス担当者会議	利用者・家族、サービス担当者、主治医等	利用者・家族、サービス担当者、主治医等	サービスの提供に当たる担当者
計画の作成・交付	利用者又は家族に対し説明 利用者の文書による同意 計画の交付義務	利用者又は家族に対し説明 利用者の文書による同意 計画の交付義務	入所者又は家族に対し説明 入所者の文書による同意 計画の交付義務
サービス提供	事業者	事業者	介護保険施設の職員
モニタリング	1月に1回 利用者の居宅を訪問 利用者に面接	3月に1回 利用者の居宅を訪問 利用者に面接 訪問しない月は電話等でサービスの状況確認	定期的に入所者に面接
モニタリングの結果の記録	1月に1回	1月に1回	定期的に行う

※2024（令和6）年4月1日より、介護予防支援について、地域包括支援センターに加えて、指定居宅介護支援事業所も市町村から指定を受けて実施できることとなった。

● 課題分析標準項目（23項目）

【基本情報に関する項目】

1	基本情報（受付、利用者等基本情報）	6	日常生活自立度（認知症）
2	これまでの生活と現在の状況	7	主訴・意向
3	利用者の社会保障制度の利用情報	8	認定情報
4	現在利用している支援や社会資源の状況	9	今回のアセスメントの理由
5	日常生活自立度（障害）		

【課題分析（アセスメント）に関する項目】

10	健康状態	17	清潔の保持に関する状況
11	ADL	18	口腔内の状況
12	IADL	19	食事摂取の状況
13	認知機能や判断能力	20	社会との関わり
14	コミュニケーションにおける理解と表出の状況	21	家族等の状況
15	生活リズム	22	居住環境
16	排泄の状況	23	その他留意すべき事項・状況

1 絶対に覚えておこう！

① 要介護認定および要支援認定

毎年出題されている重要項目。認定調査（認定調査票や主治医意見書）、要介護認定の流れについては、必ずおさえておこう！　また、介護認定審査会や認定有効期間などもよく問われるため、整理しておこう。

001	25-17	関節リウマチは、介護保険における特定疾病である。	
002	25-17	慢性肝疾患は、介護保険における特定疾病である。	
003	25-17	潰瘍性大腸炎は、介護保険における特定疾病である。	
004	25-17	脳血管疾患は、介護保険における特定疾病である。	
005	25-17	骨折を伴う骨粗鬆症は、介護保険における特定疾病である。	
006	26-18	被保険者は、介護認定審査会に要介護認定の申請をしなければならない。	
007	25-8	介護保険の被保険者証が交付されていない第２号被保険者が要介護認定を申請するときは、医療保険被保険者証等を提示する。	
008	23-19	要介護認定を受けようとする被保険者は、申請書に要介護認定に係る主治医意見書を添付しなければならない。	
009	26-18	地域包括支援センターは、要介護認定の申請に関する手続を代行することができる。	

とてもよくでる項目

重要 p.○ は本書「重要ポイント」の参照ページを示しています。

出題実績

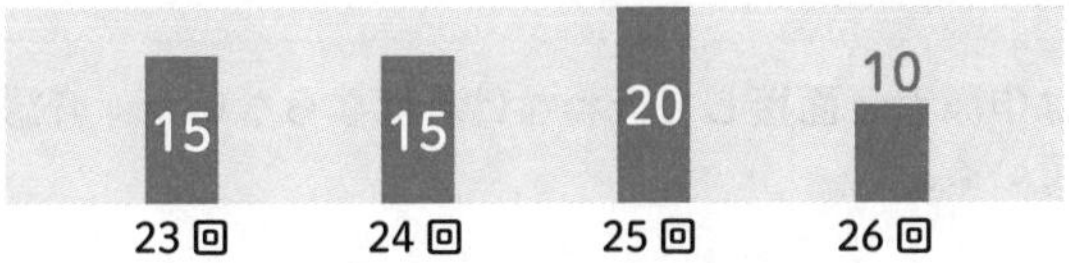

ワークブック 2024 p.28~40 参照

001 ○	関節リウマチは、介護保険における［特定疾病である］。 重要 p.37
002 ×	慢性肝疾患は、介護保険における［特定疾病ではない］。 重要 p.37
003 ×	潰瘍性大腸炎は、介護保険における［特定疾病ではない］。 重要 p.37
004 ○	脳血管疾患は、介護保険における［特定疾病である］。 重要 p.37
005 ○	骨折を伴う骨《こつ》粗《そ》鬆症《しょうしょう》は、介護保険における［特定疾病である］。 重要 p.37
006 ×	要介護認定を受けようとする被保険者は、申請書に介護保険被保険者証を添えて［市町村］に申請をする。 重要 p.36
007 ○	介護保険の被保険者証が交付されていない第 2 号被保険者が要介護認定を申請するときは、原則として［医療保険被保険者証］等を提示する。 重要 p.36
008 ×	要介護認定を受けようとする被保険者は、申請書に［介護保険被保険者証］を添えて市町村に申請を行う。市町村は、当該申請に係る被保険者の主治の医師に対し、当該被保険者の身体上又は精神上の障害の原因である疾病又は負傷の状況等につき意見を求めるものとする。 重要 p.36
009 ○	要介護認定の申請は、本人・家族が行うほか、地域包括支援センター等が代行することが［できる］。 重要 p.37

010 26-18	介護保険施設は、入所者の更新認定の申請に限って代行することができる。	
011 24-17	被保険者は、地域包括支援センターに更新認定の申請手続きを代わって行わせることができる。	
012 26-19	認定調査は申請者と面接して行わなければならないと、介護保険法に規定されている。	
013 26-19	申請者が遠隔地に居住する場合には、認定調査を他の市町村に嘱託することができる。	
014 24-16	新規認定の調査は、市町村の担当職員が行う。	
015 26-19	新規認定の調査は、指定市町村事務受託法人に委託することができない。	
016 25-8	市町村は新規認定の調査について、指定市町村事務受託法人に委託することができる。	
017 25-18	指定居宅介護支援事業者は、新規認定の調査を行える。	
018 24-24	認定調査は、介護保険法に基づき都道府県に委託することができる。	
019 24-24	更新認定の調査は、介護支援専門員に委託することができる。	
020 24-17	更新認定の調査は、介護保険施設に委託できない。	
021 25-8	主治医がいない場合には、介護認定審査会が指定する医師が主治医意見書を作成する。	

010	×	介護保険施設は、更新認定に限らず新規認定や区分変更認定の申請も代行することが［できる］。 重要 p.37
011	○	地域包括支援センターは、要介護認定の更新について、被保険者に代わって申請を行うことが［できる］。 重要 p.37
012	○	要介護認定の申請があったとき、市町村は当該職員をして、当該申請に係る被保険者に［面接］させ、その心身の状況、その置かれている環境その他厚生労働省令で定める事項について調査をさせるものとすると規定されている。
013	○	申請をした被保険者が遠隔地に居住する場合には、認定調査を被保険者の居住市町村に嘱託することが［できる］。
014	○	新規認定の調査は、その適正を期するため［市町村］が実施することとされている。実際の調査を行う認定調査員は、［市町村］職員のほか介護支援専門員であることが原則である。 重要 p.37
015	×	新規認定の調査は、その適正を期するため［市町村］が実施することとされており、［市町村］は指定市町村事務受託法人（当該事務を適正に実施することができると都道府県知事が認めて指定する法人）に委託することが［できる］。 重要 p.37
016	○	新規認定の調査は、その適正を期するため［市町村］が実施することとされており、［市町村］は指定市町村事務受託法人に委託することが［できる］。 重要 p.37
017	×	指定居宅介護支援事業者は、新規認定の調査を行うことが［できない］。 重要 p.37
018	×	認定調査は、都道府県に委託することが［できない］。 重要 p.37
019	○	更新認定の調査は、介護支援専門員に委託することが［できる］。 重要 p.37
020	×	更新認定の調査は、介護保険施設に委託することが［できる］。 重要 p.37
021	×	主治医がいない場合には、［市町村］の指定する医師又はその市町村の職員である医師の［診断］を受ける。 重要 p.36

022 24-24	被保険者が正当な理由なく認定調査に応じない場合には、市町村は要介護認定の申請を却下することができる。	
023 26-19	審査及び判定の基準は、市町村が定める。	
024 25-8	介護保険料を滞納している者は、要介護認定を受けることができない。	
025 25-18	認定調査票の特記事項は、一次判定で使用する。	
026 24-18	介護認定審査会は、都道府県が定める基準に従い、審査判定を行う。	
027 24-18	一次判定で非該当となった者についても、二次判定を行う。	
028 24-18	一次判定は市町村が行い、二次判定は都道府県が行う。	
029 26-19	一次判定は、認定調査票の基本調査の結果及び特記事項と主治医意見書に基づいて行う。	
030 25-16	「自分の意思の伝達能力」は、要介護認定に係る主治医意見書における「認知症の中核症状」の項目である。	
031 25-16	「徘徊」は、要介護認定に係る主治医意見書における「認知症の中核症状」の項目である。	
032 25-16	「幻視・幻聴」は、要介護認定に係る主治医意見書における「認知症の中核症状」の項目である。	

022 ○

被保険者が、正当な理由なしに、認定に必要な調査に応じない場合、又は、市町村の指定する医師等の診断を受けないときは、市町村は要介護認定の申請を却下することが［できる］。

023 ×

審査及び判定の基準は、［厚生労働大臣］が定める。その基準に従い、被保険者について、審査及び判定を行い、その結果を市町村に通知する。

024 ×

市町村は、第１号被保険者である要介護被保険者等が介護保険料を滞納している場合には、①［保険給付の支払方法の変更］、②［保険給付の支払の一時差し止め］、③［滞納している保険料額の保険給付額からの控除］の措置を、段階的に行う。要介護認定を受けることができないという規定は［ない］。

025 ×

認定調査票の特記事項は、認定調査票の基本調査、主治医意見書に記載された主治医の意見とともに［二次判定］で使用する。

026 ×

介護認定審査会は、市町村の求めに応じて、［厚生労働大臣］が定める全国共通の客観的な判定基準に従って審査・判定を行う。

027 ○

介護認定審査会は、一次判定の結果を原案として、特記事項や主治医の意見を加味して原案の妥当性を検討し、要介護認定の可否等の最終的な判定となる二次判定を行う。

028 ×

要介護認定に関する事務は、［市町村］の役割である。一次判定は、認定調査票のうち基本調査のデータから算定される要介護認定等基準時間をベースとして判定される。二次判定は、［市町村］に設置された独立の機関である［介護認定審査会］に委託して行われる。 重要 p.36、p.41

029 ×

一次判定は、認定調査票のうち［基本調査］の結果から算定される要介護認定等基準時間をベースとして判定される。認定調査票の［特記事項］と［主治医意見書］は、基本調査の結果とともに［二次判定］で使用する。

030 ○

「自分の意思の伝達能力」は、要介護認定に係る主治医意見書における［認知症の中核症状］の項目である。 重要 p.39

031 ×

「徘徊」は、要介護認定に係る主治医意見書における［認知症の行動・心理症状（BPSD）］の項目である。 重要 p.39

032 ×

「幻視・幻聴」は、要介護認定に係る主治医意見書における［認知症の行動・心理症状（BPSD）］の項目である。 重要 p.39

□□	033 25-16	「短期記憶」は、要介護認定に係る主治医意見書における「認知症の中核症状」の項目である。	
□□	034 25-16	「妄想」は、要介護認定に係る主治医意見書における「認知症の中核症状」の項目である。	
□□	035 23-19	要介護認定に係る主治医意見書の項目には、認知症の中核症状が含まれる。	
□□	036 23-19	要介護認定に係る主治医意見書の項目には、サービス利用による生活機能の維持・改善の見通しが含まれる。	
□□	037 23-19	要介護認定に係る主治医意見書の項目には、社会生活への適応が含まれる。	
□□	038 25-18	要介護認定等基準時間は、実際の介護時間とは異なる。	
□□	039 25-18	要介護認定等基準時間は、同居家族の有無によって異なる。	
□□	040 25-18	要介護認定等基準時間の算出根拠は、1分間タイムスタディである。	
□□	041 24-18	第2号被保険者の二次判定では、要介護状態の原因である身体上又は精神上の障害が特定疾病によって生じたものかどうかも審査する。	
□□	042 23-19	要介護認定に係る主治医意見書は、介護認定審査会に通知される。	

033 ○

「短期記憶」は、要介護認定に係る主治医意見書における［認知症の中核症状］の項目である。 重要 p.39

034 ×

「妄《もう》想《そう》」は、要介護認定に係る主治医意見書における［認知症の行動・心理症状（BPSD）］の項目である。 重要 p.39

035 ○

主治医意見書の「3. 心身の状態に関する意見」に、「(2) 認知症の中核症状」が［含まれる］。 重要 p.39

036 ○

主治医意見書の「4. 生活機能とサービスに関する意見」に、「(4) サービス利用による生活機能の維持・改善の見通し」が［含まれる］。 重要 p.39

037 ×

主治医意見書の項目には、社会生活への適応は［含まれない］。認定調査票の基本調査項目には、「5　社会生活への適応に関連する項目」が含まれる。 重要 p.38、p.39

038 ○

要介護認定等基準時間は、実際に家庭等で行われる介護時間そのものではなく、あくまでも介護の必要性を判断するための尺度として一定の方法により推計される客観的な基準である。 重要 p.40

039 ×

要介護認定等基準時間の審査判定基準には同居家族に関する項目はなく、同居家族の有無によって［異ならない］。同居家族に関しては認定調査票の概況調査で記載される。

040 ○

要介護認定等基準時間は、調査票の個別の調査項目による分岐等と、［1 分間タイムスタディ・データ］を組み合わせた樹形モデルを用いて、基本調査の結果得られた当該申請者の心身の状況に最も近いデータを選び、合算していくことで算定される。

041 ○

介護認定審査会は、二次判定として①要介護状態に該当するか否か、②該当する要介護状態区分（要介護度）を審査・判定する。また、第 2 号被保険者については、③要介護状態の原因である身体上又は精神上の障害が［特定疾病］によって生じたものかどうかを審査・判定する。

042 ○

市町村は、認定調査の結果（一次判定結果）や主治医の意見等を［介護認定審査会］に通知し、審査及び判定（二次判定）を求めることとなる。 重要 p.36

□□	043 24-18	介護認定審査会は、被保険者の要介護状態の軽減又は悪化の防止のために必要な療養について、市町村に意見を述べることができる。	
□□	044 23-18	介護認定審査会は、審査及び判定の結果を申請者に通知する。	
□□	045 23-18	介護認定審査会の委員は、要介護者等の保健、医療又は福祉に関する学識経験を有する者のうちから任命される。	
□□	046 23-18	介護認定審査会は、必要があると認めるときは、主治の医師の意見を聴くことができる。	
□□	047 23-18	介護認定審査会の委員は、職務上知り得た秘密を漏らしてはならない。	
□□	048 23-18	介護認定審査会は、要介護認定の有効期間を定める。	
□□	049 24-24	要介護認定の申請後、認定調査の前に受けた介護サービスは、保険給付の対象にならない。	
□□	050 24-17	更新認定の有効期間は、原則として、12 月間である。	
□□	051 26-18	更新認定の申請は、有効期間満了の日の 60 日前から行うことができる。	
□□	052 24-17	更新認定の申請ができるのは、原則として、有効期間満了の日の 30 日前からである。	

043 ○

介護認定審査会は、必要があると認める場合は、市町村に対して、①被保険者の要介護状態の軽減又は悪化の防止のために必要な療養に関する事項、②サービス等の適切かつ有効な利用等に関し被保険者が留意すべき事項について意見を述べることが［できる］。

044 ×

介護認定審査会は、市町村の求めに応じて、審査・判定を行い、その結果を［市町村］に通知する。 重要 p.36、p.41

045 ○

介護認定審査会は、［要介護者等の保健、医療又は福祉に関する学識経験を有する者］によって構成される専門機関で、市町村の附属機関として設置され、委員は市町村長が任命する。 重要 p.41

046 ○

介護認定審査会は、審査・判定に当たり必要があると認めるときは、［被保険者］、［その家族］、［主治の医師］等の関係者の意見を聴くことができる。

047 ○

介護認定審査会の委員には、職務上知り得た秘密についての［守秘義務］が課せられている。

048 ×

要介護認定の有効期間は、原則として、新規申請が6月間、更新申請が12月間であるが、介護認定審査会の意見に基づき特に必要と認める場合にあっては、月を単位として［市町村］が定める期間となる。

049 ×

要介護認定の効力は、その申請のあった日に［さかのぼって］生ずる。したがって、認定申請時点からサービスの利用がなされていた場合についても保険給付の［対象となり得る］。 重要 p.36

050 ○

更新認定の有効期間は、原則として、［12］月間である。ただし、市町村が介護認定審査会の意見に基づき特に必要と認める場合にあっては、原則として、［3］月間から［36］月間（ただし要介護度・要支援度が変わらない場合は［3］月間から［48］月間）までの範囲内で月を単位として、市町村が定めることができる。 重要 p.40

051 ○

要介護認定を受けた被保険者は、有効期間満了後も要介護状態が続くと見込まれるときは、原則として有効期間満了の日の［60］日前から満了の日までの間に、市町村に対し、要介護更新認定の申請を行うことができる。

052 ×

要介護認定を受けた被保険者は、有効期間満了後も要介護状態が続くと見込まれるときは、原則として有効期間満了の日の［60］日前から満了の日までの間に、市町村に対し、要介護更新認定の申請を行うことができる。

053	24-17	更新認定の効力は、更新のための認定調査を受けた日から生じる。
054	26-18	要介護状態区分の変更申請には、医師の診断書を添付しなければならない。
055	23-17	要介護者に該当しなくなったと認めるときは、被保険者の要介護認定を市町村が取り消すことができる。
056	23-17	正当な理由なしに、職権による要介護状態区分の変更認定を行うための市町村による調査に応じないときは、被保険者の要介護認定を市町村が取り消すことができる。
057	23-17	正当な理由なしに、介護給付等対象サービスの利用に関する指示に従わないことにより、要介護状態の程度を増進させたときは、被保険者の要介護認定を市町村が取り消すことができる。
058	23-17	災害などの特別の事情がある場合を除き、1年間介護保険料を納付しないときは、被保険者の要介護認定を市町村が取り消すことができる。
059	23-17	正当な理由なしに、市町村による文書の提出の求めに応じないときは、被保険者の要介護認定を市町村が取り消すことができる。
060	25-8	要介護者が他市町村に所在する介護老人福祉施設に入所する場合には、その施設所在地の市町村の認定を改めて受ける必要はない。

053 ×	更新認定の効力は、更新前の認定の有効期間満了日の［翌日］から生じる。
054 ×	要介護状態区分の変更申請には、［介護保険被保険者証］を添付しなければならない。
055 ○	市町村は、要介護認定を受けた被保険者が、要介護者に該当しなくなったと認めるときには、有効期間満了前であっても、要介護認定を取り消すことが［できる］。
056 ○	市町村は、正当な理由なしに、職権による要介護状態区分の変更認定又は認定の取消を行うための市町村による調査に応じないときは、要介護認定を取り消すことが［できる］。市町村は、その被保険者に対し被保険者証の提出を求め、認定にかかる記載を消除した上で返還する。
057 ×	事業者等は、正当な理由なしに、介護給付等対象サービスの利用に関する指示に従わないことにより、要介護状態の程度を増進させたと認められるときは、遅滞なく意見を付してその旨を市町村に通知しなければならない。この場合、要介護認定を取り消すことは［できない］。
058 ×	市町村は、第1号被保険者である要介護被保険者等が介護保険料を滞納している場合には、①［保険給付の支払方法の変更］、②［保険給付の支払の一時差し止め］、③［滞納している保険料額の保険給付額からの控除］の措置を、段階的に行う。要介護認定を取り消すことは［できない］。
059 ×	介護給付等を受ける者が、正当な理由なしに、介護保険法の規定に基づく文書の提出等を拒んだ場合には、市町村は、［介護給付等の全部又は一部を行わない］ことができる。要介護認定を取り消すことは［できない］。
060 ○	他市町村に所在する介護老人福祉施設に入所する場合には、［住所地特例］が適用され、要介護者がその施設所在地の市町村の認定を改めて受ける［必要はない］。

② 居宅介護支援

毎年出題されている居宅介護支援の基本方針や運営基準の内容は必ず覚えておこう！　特にアセスメントや居宅サービス計画の作成などはよく問われるのでおさえておこう。

061 24-20	指定居宅介護支援におけるアセスメントは、利用者との初回面接から居宅サービス計画の作成・交付までの一連の流れを指す。
062 24-20	課題分析標準項目には、現在利用している支援や社会資源の状況について記載する項目が含まれる。 改変
063 26-21	課題分析の結果は、居宅サービス計画書に記載しない。
064 26-21	総合的な援助の方針は、利用者及び家族を含むケアチームが確認、検討の上、居宅サービス計画書に記載する。
065 26-21	居宅サービス計画の長期目標は、基本的に個々の解決すべき課題に対応して設定するものである。
066 26-21	週間サービス計画表には、提供されるサービス以外に主な日常生活上の活動も記載する。
067 26-21	サービス担当者会議の要点には、出席できないサービス担当者に対して行った照会の内容について記載しなくてよい。
068 24-19	指定居宅介護支援事業では、利用者の数が 20 人の場合には、常勤の介護支援専門員を 1 人以上置かなければならない。

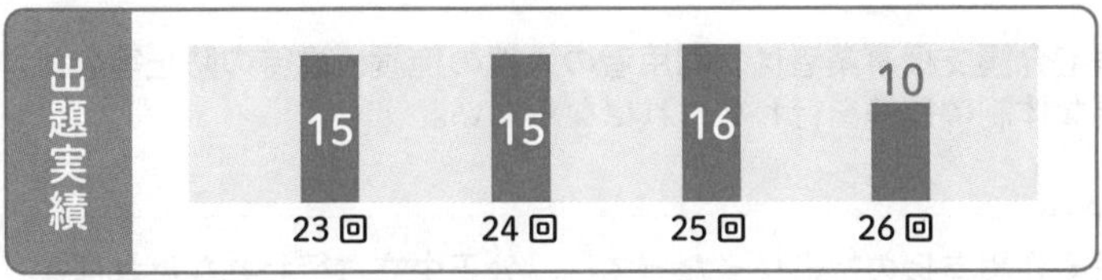

ワークブック 2024
p.135~147
p.148~158
参照

061 ×

アセスメント（課題分析）は、[情報収集と分析] のプロセスである。利用者の残存能力や可能性を含めた身体・心理的な状態、生活環境、すでに提供されているサービスなどの評価を通じて利用者の実情を整理し、個別化されたケアマネジメントを実践するための手続きである。

062 ○

課題分析標準項目には、利用者が現在利用している支援や社会資源（介護保険サービス、フォーマルサービス以外の生活支援サービスなどを含む）の状況について記載する項目が [含まれる]。 重要 p.51

改変 制度改正等により、設問の表記を一部修正している。

063 ×

居宅サービス計画書は、利用者のニーズを解決し、利用者の望む暮らしを実現するために、課題分析（アセスメント）の結果に基づき作成する。特に第 1 表には、「利用者及び家族の生活に対する意向を踏まえた課題分析の結果」欄があり、課題分析の結果を記載する [必要がある]。

064 ○

居宅サービス計画書には、利用者及び家族を含むケアチームが確認、検討の上、[総合的な援助の方針] を記載する。

065 ○

居宅サービス計画の長期目標は、基本的には [個々の解決すべき課題] に対応して設定するものである。一方、短期目標は、解決すべき課題及び長期目標に [段階的に] 対応し、解決に結びつけるものである。

066 ○

週間サービス計画表には、[主な日常生活上の活動] として、利用者の起床や就寝、食事、排泄などの平均的な一日の過ごし方について記載する。

067 ×

サービス担当者会議の要点には、サービス担当者会議を開催しない場合や会議に出席できない場合に、サービス担当者に対して行った照会の内容等についても [記載する]。

068 ○

指定居宅介護支援事業者は、介護支援専門員を、指定居宅介護支援事業所ごとに [1 人以上常勤で] 置かなければならない。また、利用者の数が [35] 人又はその端数を増すごとに [1] 人を増員とする。ただし、増員する介護支援専門員については、[非常勤] でもよいとされている。

069 26-20	指定居宅介護支援事業者は、利用者の人権の擁護、虐待の防止等のため必要な体制の整備を行わなければならない。	
070 26-20	指定居宅介護支援の提供に当たっては、公正中立に行われなければならない。	
071 26-20	指定居宅介護支援事業者の連携の対象には、障害者総合支援法の指定特定相談支援事業者は含まれない。	
072 24-19	指定居宅介護支援事業では、通常の事業の実施地域を越えて、指定居宅介護支援を行ってはならない。	
073 23-21	指定居宅介護支援事業者は、指定居宅介護支援の提供の開始に際し、複数の指定居宅サービス事業者を必ず紹介しなければならない。	
074 23-21	指定居宅介護支援事業者は、指定居宅介護支援の提供の開始に際し、利用者に入院する必要が生じたときは、介護支援専門員の氏名と連絡先を入院先の病院又は診療所に伝えるよう、あらかじめ利用者や家族に求めなければならない。	
075 23-21	指定居宅介護支援事業者は、指定居宅介護支援の提供の開始に際し、要介護認定申請が行われていない場合は、利用申込者の意思にかかわらず、速やかに申請が行われるよう援助を行わなければならない。	
076 23-21	指定居宅介護支援事業者は、通常の事業の実施地域等を勘案し、自ら適切な指定居宅介護支援を提供することが困難なときは、他の指定居宅介護支援事業者を紹介するなど必要な措置を講じなければならない。	
077 23-21	指定居宅介護支援事業者は、利用者の選定により通常の事業の実施地域以外の地域で指定居宅介護支援を行うときは、要した交通費の支払を利用者から受けることができる。	

069	○	指定居宅介護支援事業者は、利用者の人権の擁護、虐待の防止等のため、必要な体制の整備を行うとともに、その従業者に対し、研修を実施する等の措置を講じなければならない。
070	○	指定居宅介護支援の提供に当たっては、サービスが特定の種類や事業者に偏らないよう、公正中立に行われなければならない。
071	×	指定居宅介護支援事業者は、事業の運営に当たっては、市町村、地域包括支援センター、老人介護支援センター、他の指定居宅介護支援事業者、指定介護予防支援事業者、介護保険施設、障害者総合支援法に規定する［指定特定相談支援事業者］等との連携に努めなければならないと定められている。
072	×	指定居宅介護支援事業者は、通常の事業の実施地域を越えて、指定居宅介護支援を行うことが［できる］。
073	×	指定居宅介護支援事業者は、指定居宅介護支援の提供の開始に際し、複数の指定居宅サービス事業者を［必ず紹介しなければならないのではない］。あらかじめ、利用者は複数の指定居宅サービス事業者等を［紹介するよう求めることができること］等につき十分［説明］を行い、理解を得なければならない。
074	○	指定居宅介護支援事業者は、指定居宅介護支援の提供の開始に際し、利用者が病院又は診療所に入院する必要が生じたときは、介護支援専門員の氏名と連絡先を入院先の病院又は診療所に伝えるよう、あらかじめ利用者や家族に［求めなければならない］。
075	×	指定居宅介護支援事業者は、指定居宅介護支援の提供の開始に際し、要介護認定申請が行われていない場合は、当該利用申込者の［意思を踏まえて］、速やかに当該申請が行われるよう必要な援助を行わなければならない。
076	○	指定居宅介護支援事業者は、通常の事業の実施地域等を勘案し、利用申込者に対し自ら適切な指定居宅介護支援を提供することが困難であると認めた場合は、他の指定居宅介護支援事業者の紹介その他の必要な措置を［講じなければならない］。
077	○	指定居宅介護支援事業者は、利用者の選定により通常の事業の実施地域以外の地域の居宅を訪問して指定居宅介護支援を行うときは、それに要した交通費の支払を利用者から受けることが［できる］。

□□	**078** 24-19	指定居宅介護支援事業では、サービス担当者会議において利用者の個人情報を用いる場合には、あらかじめ本人の同意を文書により得ておかなければならない。	
□□	**079** 24-19	指定居宅介護支援事業では、提供した指定居宅介護支援の質の評価に関する事項を保険者に報告しなければならない。	
□□	**080** 25-15	利用者が国民健康保険団体連合会に苦情を申し立てる場合、指定居宅介護支援事業者は、利用者に対して必要な援助を行わなくてもよい。	
□□	**081** 25-20	居宅介護支援台帳は、書面による記録と電磁的記録の両方を整備しなければならない。	
□□	**082** 25-20	指定居宅介護支援事業者は、従業者に関する記録を整備しておかなければならない。	
□□	**083** 25-20	指定居宅介護支援事業者は、会計に関する記録を整備しておかなければならない。	
□□	**084** 25-20	指定居宅介護支援事業者は、事故の状況及び事故に際して採った処置についての記録を整備しなければならない。	
□□	**085** 25-19	介護支援専門員は、利用者の心身又は家族の状況等に応じ、継続的かつ計画的に指定居宅サービス等の利用が行われるようにしなければならない。	
□□	**086** 26-20	介護支援専門員は、居宅サービス計画書の作成に当たっては、地域の住民による自発的な活動によるサービス等の利用も含めて居宅サービス計画上に位置付けるよう努めなければならない。	
□□	**087** 24-21	居宅サービス計画には、地域の住民による自発的な活動によるサービスは含めない。	

078	○	指定居宅介護支援事業者は、サービス担当者会議において、利用者の個人情報を用いる場合は利用者の同意を、あらかじめ［文書］により得ておかなければならない。
079	×	指定居宅介護支援事業者は、自らその提供する指定居宅介護支援の質の評価を行い、常にその改善を図らなければならないとされているが、保険者への報告については［定められていない］。
080	×	居宅サービス計画に位置づけた居宅サービス等について、利用者が国民健康保険団体連合会に苦情の申し立てを行う場合、指定居宅介護支援事業者は、利用者に対して必要な援助を［行わなければならない］。
081	×	居宅介護支援台帳は、書面による記録に代えて［電磁的記録］を用いることができる。また、相手方の承諾を得て、書面に代えて［電磁的方法による交付・説明等］を行うことができる。
082	○	指定居宅介護支援事業者は、従業者に関する記録を［整備しておかなければならない］。また、設備･備品･会計に関する記録も［整備しておかなければならない］。
083	○	指定居宅介護支援事業者は、会計に関する記録を［整備しておかなければならない］。
084	○	指定居宅介護支援事業者は、事故が発生した場合は、速やかに市町村、利用者の家族等に連絡を行うとともに必要な措置を講じ、事故の状況及び事故に際して採った処置についての記録を［整備しなければならない］。
085	○	介護支援専門員は、居宅サービス計画の作成に当たっては、利用者の心身又は家族の状況等に応じ、［継続的］かつ［計画的］に指定居宅サービス等の利用が行われるようにしなければならない。
086	○	介護支援専門員は、居宅サービス計画書の作成に当たっては、利用者の日常生活全般を支援する観点から、介護給付等対象サービス以外の保健医療サービス又は福祉サービス、当該［地域の住民による自発的な活動によるサービス］等の利用も含めて居宅サービス計画上に位置付けるよう努めなければならない。
087	×	利用者の日常生活全般を支援する観点から、介護給付等対象サービス以外の保健医療サービス又は福祉サービス、当該［地域の住民による自発的な活動によるサービス］等の利用も含めて居宅サービス計画上に位置付けるよう努めなければならない。

088
24-20

指定居宅介護支援におけるアセスメントでは、現在利用しているサービスの状況について、介護保険給付以外のものを含めて把握する。

089
25-19

介護支援専門員は、その地域における指定居宅サービス事業者等に関するサービスの内容、利用料等の情報を適正に利用者又はその家族に対して提供するものとする。

090
24-21

居宅サービス計画には、利用者の選択を求めることなく、同一事業主体が提供する複数のサービスのみを組み合わせる。

091
24-20

指定居宅介護支援におけるアセスメントでは、いかなる場合であっても必ず利用者の居宅を訪問し、利用者及びその家族に面接して行わなければならない。

092
24-20

指定居宅介護支援におけるアセスメントの結果の記録は、2 年間保存しなければならない。

093
24-21

居宅サービス計画には、地域におけるサービス提供体制にかかわらず、利用者が希望するサービスを最優先に位置付ける。

094
24-21

居宅サービス計画には、生活全般の解決すべき課題を記載する。

095
24-19

指定居宅介護支援事業では、サービス担当者会議には、利用者及びその家族を必ず参加させなければならない。

096
23-22

指定居宅介護支援におけるサービス担当者会議は、家庭内暴力がある場合には、必ずしも利用者や家族の参加を求めるものではない。

088	○	利用者の日常生活全般を支援する観点から、介護給付等対象サービス以外の保健医療サービス又は福祉サービス、当該［地域の住民による自発的な活動によるサービス］等の利用も含めて居宅サービス計画上に位置付けるよう努めなければならない。
089	○	介護支援専門員は、居宅サービス計画の作成の開始に当たっては、その地域における指定居宅サービス事業者等に関する［サービスの内容］、［利用料等の情報］を適正に利用者又はその家族に対して提供するものとする。
090	×	介護支援専門員は、居宅サービス計画の作成の開始に当たっては、利用者の選択を求めることなく同一の事業主体のサービスのみによる居宅サービス計画原案を最初から提示するようなことがあってはならない。
091	×	介護支援専門員は、アセスメント（解決すべき課題の把握）に当たっては、利用者の居宅を訪問し、利用者及びその家族に面接して行わなければならない。ただし、利用者が入院中であることなど物理的な理由がある場合は、［この限りでない］。
092	○	介護支援専門員は、アセスメントの結果について記録するとともに、アセスメントの結果の記録は、その完結の日から［2］年間保存しなければならない。
093	×	居宅サービス計画は、利用者が希望するサービスを最優先に［位置付けるものではない］。利用者の希望及び利用者についてのアセスメントの結果による専門的見地に基づき、利用者の家族の希望及び当該地域における指定居宅サービス等が提供される体制を［勘案した上で］、実現可能な計画を作成する必要がある。
094	○	介護支援専門員は、利用者の希望及び利用者についてのアセスメントの結果に基づき、利用者及びその家族の生活に対する意向、総合的な援助の方針、［生活全般の解決すべき課題］等を記載した居宅サービス計画の原案を作成しなければならない。
095	×	サービス担当者会議（テレビ電話装置等を活用して行うことができる。利用者又は家族が参加する場合は、その活用について同意を得なければならない）は、利用者及びその家族の参加を基本としつつ、居宅サービス計画の原案に位置付けた指定居宅サービス等の担当者を招集して開催するが、利用者やその家族の参加が望ましくない場合（家庭内暴力等）には、必ずしも参加を［求めるものではない］。
096	○	サービス担当者会議は、利用者やその家族の参加が望ましくない場合（家庭内暴力等）には、必ずしも参加を［求めるものではない］。

	No.	出題	問題	
□□	097	23-22	指定居宅介護支援におけるサービス担当者会議は、開催の日程調整を行ったが、サービス担当者の事由により参加が得られなかったときは、サービス担当者への照会等により意見を求めることができる。	
□□	098	23-22	指定居宅介護支援におけるサービス担当者会議は、末期の悪性腫瘍の利用者について、日常生活上の障害が1か月以内に出現すると主治の医師が判断した場合には、その助言を得た上で、サービス担当者への照会等により意見を求めることができる。	
□□	099	25-19	介護支援専門員は、居宅サービス計画の原案の内容について利用者やその家族に対して説明し、口頭で利用者の同意を得るものとする。	
□□	100	25-20	サービス担当者会議等の記録は、その完結の日から5年間保存しなければならない。	
□□	101	23-22	指定居宅介護支援におけるサービス担当者会議の記録は、要介護認定の有効期間に合わせて最長3年間保存しなければならない。	
□□	102	25-19	介護支援専門員は、作成した居宅サービス計画は、利用者から求めがなければ、利用者に交付しなくてもよい。	
□□	103	26-20	介護支援専門員の連絡調整の対象は、指定居宅サービス事業者に限定される。	
□□	104	25-21	指定居宅介護支援に係るモニタリングには、利用者についての継続的なアセスメントは、含まれる。	
□□	105	25-21	指定居宅介護支援に係るモニタリングには、目標の達成度の把握は、含まれる。	
□□	106	25-21	指定居宅介護支援に係るモニタリングでは、指定居宅サービス事業者等との連絡を継続的に行う。	

097 ○
開催の日程調整を行ったが、サービス担当者の事由により、サービス担当者会議への参加が得られなかった場合など、やむを得ない理由がある場合については、サービス担当者に対する照会等により意見を求めることが［できる］。

098 ○
末期の悪性腫瘍の利用者については、主治の医師等が日常生活上の障害が1か月以内に出現すると判断した時点以降において、主治の医師等の助言を得た上で、介護支援専門員がサービス担当者に対する照会等により意見を求めることが必要と判断した場合に、サービス担当者への照会等により意見を求めることが［できる］。

099 ×
介護支援専門員は、居宅サービス計画の原案の内容について利用者又はその家族に対して説明し、［文書］により利用者の同意を得なければならない。

100 ×
介護支援専門員は、サービス担当者会議の要点又は居宅サービス計画の原案に位置付けた指定居宅サービス等の担当者への照会内容について記録するとともに、サービス担当者会議の記録は、その完結の日から［2］年間保存しなければならない。
重要 p.270～271

101 ×
サービス担当者会議の記録は、その完結の日から［2］年間保存しなければならない。
重要 p.270～271

102 ×
介護支援専門員は、居宅サービス計画を作成した際には、当該居宅サービス計画を利用者及び担当者に［交付しなければならない］。

103 ×
介護支援専門員は、［指定居宅サービス事業者等］との連絡調整その他の便宜の提供を行うものとされており、連絡調整の対象は、指定居宅サービス事業者に［限定されていない］。

104 ○
モニタリングには、利用者についての継続的なアセスメントが［含まれる］。

105 ○
モニタリングでは、それぞれの社会資源が、［長期目標・短期目標の達成］のために機能しているかどうかを把握する。

106 ○
モニタリングに当たっては、利用者及びその家族、指定居宅サービス事業者等との［連絡］を継続的に行い、実施状況の把握を行っていく。

107	25-21	指定居宅介護支援に係るモニタリングでは、少なくとも１月に１回、主治の医師に意見を求めなければならない。
108	25-21	指定居宅介護支援に係るモニタリングでは、地域ケア会議に結果を提出しなければならない。
109	23-22	要介護更新認定の結果、要介護状態区分に変更がなかった場合には、サービス担当者会議を開催する必要はない。
110	25-19	介護支援専門員は、介護保険施設等から退院又は退所しようとする要介護者から依頼があった場合には、あらかじめ、居宅サービス計画の作成等の援助を行うものとする。
111	23-20	介護支援専門員は、居宅サービス計画に地域ケア会議で定めた回数以上の訪問介護を位置付けるときは、それが必要な理由を居宅サービス計画に記載しなければならない。
112	23-20	介護支援専門員は、利用者が通所リハビリテーションの利用を希望しているときは、利用者の同意を得て主治の医師等の意見を求めなければならない。
113	23-20	介護支援専門員は、継続して居宅サービス計画に福祉用具貸与を位置付けるときは、貸与が必要な理由を記載しなくてもよい。
114	24-21	被保険者証に認定審査会意見の記載がある場合には、これに沿って居宅サービス計画を作成する。
115	23-20	介護支援専門員は、被保険者証に認定審査会意見の記載があるときは、利用者の理解を得た上で、その内容に沿って居宅サービス計画を作成しなければならない。

107	×	モニタリングに当たっては、主治の医師に1月に1回意見を求める［義務はない］。なお、介護支援専門員が実施するモニタリングは、特段の事情がない限り、①少なくとも1月に1回、利用者の居宅を［訪問］し、利用者に［面接］すること、②少なくとも1月に1回、モニタリングの結果を［記録］することと規定されている。 重要 p.50
108	×	モニタリングの結果は、地域ケア会議に提出する［義務はない］。
109	×	サービス担当者会議は、①要介護認定を受けている利用者が要介護更新認定を受けた場合、②要介護認定を受けている利用者が要介護状態区分の変更の認定を受けた場合に開催する。要介護更新認定の結果、要介護状態区分に変更がなかった場合においても、サービス担当者会議を開催する必要が［ある］。
110	○	介護支援専門員は、介護保険施設等から退院又は退所しようとする要介護者から依頼があった場合には、居宅における生活へ円滑に移行できるよう、あらかじめ、［居宅サービス計画の作成等の援助］を行うものとする。
111	×	介護支援専門員は、居宅サービス計画に［厚生労働大臣］が定める回数以上の訪問介護を位置付ける場合にあっては、その利用の妥当性を検討し、当該居宅サービス計画に訪問介護が必要な理由を記載するとともに、市町村に届け出なければならない。
112	○	介護支援専門員は、利用者が訪問看護、通所リハビリテーション等の医療サービスの利用を希望している場合その他必要な場合には、利用者の同意を得て［主治の医師等］の意見を求めなければならない。
113	×	介護支援専門員は、継続して福祉用具貸与を受ける必要性について検証した上で、継続して福祉用具貸与を受ける必要がある場合にはその理由を居宅サービス計画に［記載しなければならない］。
114	○	介護支援専門員は、被保険者証に介護認定審査会意見の記載がある場合には、利用者にその趣旨について説明し、理解を得た上で、［その内容に沿って］居宅サービス計画を作成しなければならない。
115	○	介護支援専門員は、被保険者証に介護認定審査会意見の記載がある場合には、利用者にその趣旨について説明し、理解を得た上で、［その内容に沿って］居宅サービス計画を作成しなければならない。

□□	**116** 23-20	介護支援専門員は、要介護認定を受けている利用者が要支援認定を受けたときは、指定介護予防支援事業者と当該利用者に係る必要な情報を提供する等の連携を図るものとする。

③ 財政構造と保険料

第 1 号被保険者と第 2 号被保険者の保険料の算定方法や徴収方法の違いなどに注意しよう！　また、介護保険の費用負担割合も頻出。市町村への財政支援の体制や財政安定化基金の役割も理解しておこう。

□□	**117** 25-9	国は、介護給付及び予防給付に要する費用の 30%を負担する。
□□	**118** 25-9	国は、介護保険の財政の調整を行うため、市町村に対して調整交付金を交付する。
□□	**119** 24-12	介護給付及び予防給付に要する費用の 50%は、公費により賄われる。
□□	**120** 24-12	施設等給付に係る都道府県の負担割合は、17.5%である。
□□	**121** 24-12	調整交付金は、国が全額負担する。
□□	**122** 24-12	普通調整交付金は、すべての市町村に一律に交付される。
□□	**123** 24-12	特別調整交付金は、第 1 号被保険者総数に占める後期高齢者の加入割合などにより、市町村ごとに算定される。

116 ○ 介護支援専門員は、要介護認定を受けている利用者が要支援認定を受けた場合には、速やかに適切な介護予防サービス計画の作成に着手できるよう、指定介護予防支援事業者と当該利用者に係る必要な情報を提供する等の［連携を図る］ものとされている。

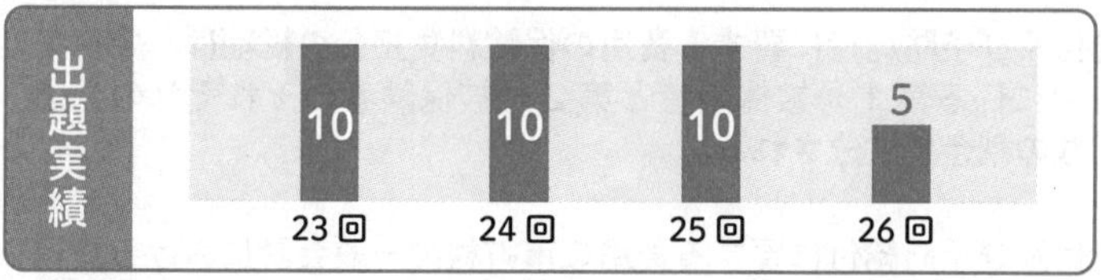

ワークブック2024
p.91~98
参照

117 × 国は、介護給付及び予防給付に要する費用（介護給付費）の［25］%（調整交付金を含む）を負担する。ただし、施設等給付（介護保険施設及び（介護予防）特定施設入居者生活介護に係る給付）については［20］%（調整交付金を含む）を負担する。重要 p.30

118 ○ 国は、介護保険の財政の調整を行うため、［第1号被保険者］の［年齢階級別］の分布状況（75歳以上の者の割合）や［所得］の分布状況等を考慮して、市町村に対して［調整交付金］を交付する。

119 ○ 介護給付及び予防給付に要する費用（介護給付費）の総額は、公費と保険料によりそれぞれ［50］%ずつ賄われる。重要 p.30

120 ○ 施設等給付に係る負担割合は、国［20］%（調整交付金を含む）、都道府県［17.5］%、市町村［12.5］%である。それ以外の給付は、国［25］%（調整交付金を含む）、都道府県［12.5］%、市町村［12.5］%である。重要 p.30

121 ○ 調整交付金は、介護保険の財政の調整を行うため、［国］が［市町村］に対して交付する。

122 × 普通調整交付金は、介護保険の財政の調整を行うため、［第1号被保険者］の［年齢階級別］の分布状況（75歳以上の者の割合）や［所得］の分布状況等を考慮して、市町村に［傾斜的に］交付される。

123 × 特別調整交付金は、［災害その他特別の事情がある］市町村に対し交付される。第1号被保険者総数に占める75歳以上の後期高齢者の加入割合などにより交付されるのは、［普通調整交付金］である。

☐☐	**124** 23-12	介護給付及び予防給付に要する費用の国の負担分は、すべての市町村について同率である。	
☐☐	**125** 23-12	介護給付及び予防給付に要する費用の総額は、公費と保険料によりそれぞれ 50%ずつ賄われる。	
☐☐	**126** 23-12	介護給付及び予防給付に要する費用の保険料負担分の総額は、すべての市町村に係る第 1 号被保険者と第 2 号被保険者のそれぞれの見込数の総数の割合で按分される。	
☐☐	**127** 23-12	介護給付及び予防給付に要する費用の市町村の一般会計における負担分は、すべての市町村において同率である。	
☐☐	**128** 25-9	都道府県は、介護保険事業に要する費用に充てるため、保険料を徴収しなければならない。	
☐☐	**129** 25-9	第 1 号被保険者の保険料の賦課期日は、当該年度の初日である。	
☐☐	**130** 25-10	第 1 号被保険者の保険料は、政令で定める基準に従い市町村が条例で定める。	
☐☐	**131** 25-10	第 1 号被保険者の保険料率は、おおむね 5 年を通じ財政の均衡を保つことができるものでなければならない。	
☐☐	**132** 23-11	第 2 号被保険者負担率は、市町村が条例で定める。	
☐☐	**133** 23-11	所得段階別定額保険料の所得区分は原則として 9 段階であるが、市町村の条例でさらに細分化することができる。	
☐☐	**134** 23-11	第 1 号被保険者の保険料に係る特別徴収は、社会保険診療報酬支払基金が行う。	

124	×	国の負担は、すべての市町村に一律に交付される［20］％（施設等給付については［15］％）の定率負担と、市町村の財政力の強弱に応じて［傾斜的に］交付される［調整交付金］（総額で保険給付費の［5］％）で構成されている。
125	○	介護給付及び予防給付に要する費用（介護給付費）の総額は、公費と保険料によりそれぞれ［50］％ずつ賄われる。重要 p.30
126	○	保険料の負担は、第１号被保険者と第２号被保険者の１人当たりの平均的な保険料が同じ水準になるよう、それぞれの見込数の総数の割合で按分して負担する考え方がとられている。
127	○	市町村は、［一般会計］において、介護給付及び予防給付に要する費用（介護給付費）の［12.5］％を負担する。
128	×	［市町村］は、介護保険事業に要する費用に充てるため、保険料を徴収しなければならない。重要 p.30
129	○	第１号被保険者の保険料の賦課期日は、当該年度の［初日］である。
130	○	第１号被保険者の保険料は、政令で定める基準に従い［市町村］が条例で定める。重要 p.34～35
131	×	第１号被保険者の保険料率は、各市町村の給付水準（サービス供給見込量）等を踏まえて、［3］年に１度設定されている。
132	×	第２号被保険者負担率（第２号被保険者の費用負担割合）の設定は、［国］の事務である。
133	○	所得区分が原則として［9］段階の所得段階別定額保険料は、市町村の［条例］で所得段階をさらに細分化することや、各段階の保険料率を変更することが認められている。
134	×	第１号被保険者の保険料に係る特別徴収は、［年金保険者］が行う。第１号被保険者が年額［18］万円以上の公的な老齢年金（又は退職年金）、遺族年金、障害年金を受給している場合には、［特別徴収］の対象となり、［年金保険者］が年金を支給する際に年金から天引きする形で保険料を徴収し、市町村に納入する。重要 p.32

135	25-10	普通徴収の方法によって徴収する第１号被保険者の保険料については、世帯主に連帯納付義務がある。
136	25-10	普通徴収の方法によって徴収する第１号被保険者の保険料の納期は、政令で定める。
137	23-11	普通徴収による第１号被保険者の保険料については、その配偶者に連帯納付義務がある。
138	25-10	第１号被保険者の保険料は、条例で定めるところにより、特別の理由がある者に対し、保険料を減免し、又はその徴収を猶予することができる。
139	25-9	地域支援事業支援交付金は、社会保険診療報酬支払基金が医療保険者から徴収する納付金をもって充てる。
140	23-11	国民健康保険に加入する第２号被保険者の保険料は、都道府県が徴収する。
141	23-12	介護給付及び予防給付に要する費用の第２号被保険者の保険料負担分は、各医療保険者から各市町村に交付される。
142	26-12	社会保険診療報酬支払基金は、介護保険関係業務として、医療保険者から介護給付費・地域支援事業支援納付金を徴収する。
143	26-12	社会保険診療報酬支払基金は、介護保険関係業務として、都道府県に対し介護給付費交付金を交付する。
144	26-12	社会保険診療報酬支払基金は、介護保険関係業務として、市町村に対し地域支援事業支援交付金を交付する。
145	26-12	社会保険診療報酬支払基金は、介護保険関係業務として、第１号被保険者の保険料に係る特別徴収を行う。
146	26-12	社会保険診療報酬支払基金は、介護保険関係業務として、介護保険サービスに関する苦情への対応を行う。

135 ○
普通徴収の場合、生計の同一性等に着目し、第 1 号被保険者の配偶者及び世帯主は、保険料を［連帯して納付する義務］を負う。

136 ×
第 1 号被保険者について、普通徴収により徴収する保険料の納期は、［市町村の条例］で定める。

137 ○
普通徴収の場合、生計の同一性等に着目し、第 1 号被保険者の配偶者及び世帯主は、保険料を［連帯して納付する義務］を負う。

138 ○
第 1 号被保険者の保険料は、市町村の条例により特別の理由がある者に対し、［減免］や［徴収猶予］をすることができる。

139 ○
地域支援事業支援交付金は、［社会保険診療報酬支払基金］が医療保険者から徴収する納付金をもって充てる。 重要 p.30

140 ×
第 2 号被保険者の保険料は、［医療保険］の各保険者が、医療保険料の一部として被保険者から徴収する。国民健康保険に加入する第 2 号被保険者の保険料は、［市町村］又は［国民健康保険組合］が徴収する。

141 ×
第 2 号被保険者の保険料は、［医療保険］の各保険者が、医療保険料の一部として被保険者から徴収して［社会保険診療報酬支払基金］に納付し、［社会保険診療報酬支払基金］が所要額を各市町村に交付する。

142 ○
社会保険診療報酬支払基金の介護保険関係業務として、医療保険者からの［介護給付費・地域支援事業支援納付金］の徴収がある。

143 ×
社会保険診療報酬支払基金の介護保険関係業務として、［市町村］に対する介護給付費交付金の交付がある。

144 ○
社会保険診療報酬支払基金の介護保険関係業務として、市町村に対する［地域支援事業支援交付金］の交付がある。

145 ×
第 1 号被保険者の保険料に係る特別徴収は、［年金保険者］（厚生労働大臣、共済組合等）が行う。 重要 p.32

146 ×
介護保険サービスに関する苦情処理等の業務は、都道府県単位で設立された［国民健康保険団体連合会］の業務である。

147 24-11	財政安定化基金から生ずる収入は、すべて財政安定化基金に充てなければならない。	
148 24-11	市町村は、財政安定化基金を設けるものとする。	
149 24-11	財政安定化基金は、給付費の増大により市町村の介護保険財政に不足が見込まれる場合には、必要な額を貸し付ける。	
150 24-11	財政安定化基金の財源の負担割合は、国 2 分の 1、都道府県 4 分の 1、市町村 4 分の 1 である。	
151 24-11	財政安定化基金の財源には、第 2 号被保険者の保険料も充当する。	

④ 介護保険制度導入の背景等

介護保険制度が創設された背景やねらいを理解しよう。また、制度改正は、いつ、どのような考え方で行われてきたのかおさえておこう。被保険者数、認定者数、保険給付費など最新の動向にも注目！

152 24-3	社会保険方式は、国民の参加意識や権利意識を確保し、加入者に受給権を保障する仕組みである。	
153 24-3	社会保険方式は、リスク分散の考え方に立つことで、社会保障の対象を一定の困窮者から国民全体に拡大した普遍的な制度となっている。	
154 24-3	社会保険制度の財源は、原則として公費である。	
155 24-3	保険料を納付しない者や制度への加入手続をとらない者は、給付を受けられないことがある。	
156 24-3	社会保険方式の給付は、受給者があらゆる資産を活用することを要件として行われる。	

147 ○ 財政安定化基金から生ずる収入は、すべて財政安定化基金に充てなければならない。

148 × ［都道府県］は、市町村の介護保険財政の安定化を図るため、財政安定化基金を設けるものとする。

149 ○ 財政安定化基金は、給付費の増大等により市町村の介護保険財政に不足が見込まれる場合には、必要な額を貸し付ける。

150 × 財政安定化基金の財源の負担割合は、国、都道府県、市町村それぞれ［3 分の 1 ずつ］である。

151 × 財政安定化基金の財源のうち市町村の負担分は、［第 1 号被保険者］の保険料が充当される。

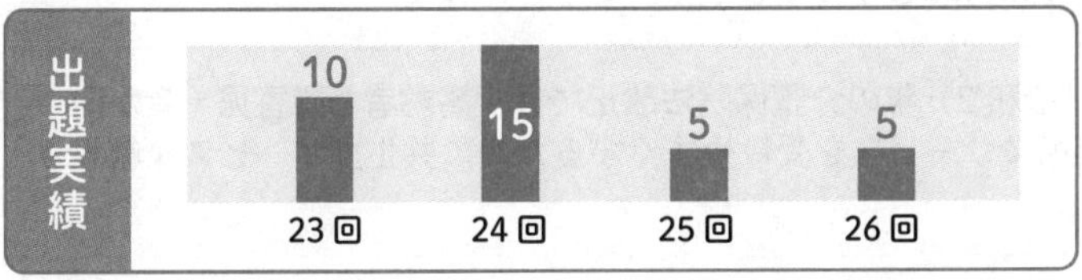

ワークブック 2024 p.6~8 参照

152 ○ 社会保険方式は、保険料を負担する見返りとして介護サービス等に係る給付を受けるという権利が明確になるとともに、給付の水準と保険料負担との関係が可視化できるため、国民の参加意識を確保できる仕組みである。

153 ○ 社会保険方式は、リスク分散の考え方に立つことで、社会保障の対象を一定の困窮者から国民一般に拡大した制度である。

154 × 社会保険制度の財源は、［保険料］と［公費］を組み合わせたものである。

155 ○ 社会保険方式は、保険料を負担することで介護サービス等の給付を受けることができるものなので、保険料を納付しない者や制度への加入手続をとらない者への給付は行われないことがある。

156 × 社会保険方式の給付は、受給者が保険料の納付をしていることなどを要件として行われる。

157	26-3	雇用保険は、社会保険に含まれない。	
158	26-3	社会保険の財源は、加入者や事業主が払う保険料が中心であるが、国・地方公共団体や利用者も負担している。	
159	26-3	年金保険は、基本的に任意加入である。	
160	26-3	自営業者は、介護保険の被保険者にならない。	
161	26-3	医療保険は、労働者災害補償保険法の業務災害以外の疾病、負傷等を保険事故とする。	
162	24-1	2020（令和 2）年の介護保険法改正では、市町村は、地域ケア会議を置くように努めなければならないこととされた。	
163	24-1	2020（令和 2）年の介護保険法改正では、高齢者と障害児・者が同一の事業所でサービスを受けやすくするための共生型サービスが創設された。	
164	24-1	2020（令和 2）年の介護保険法改正では、一定以上の所得がある第 1 号被保険者の介護給付及び予防給付の利用者負担割合が 3 割とされた。	
165	23-5	2017（平成 29）年の介護保険制度改正では、共生型居宅介護支援を創設した。	
166	23-5	2017（平成 29）年の介護保険制度改正では、施設サービスとして、介護医療院サービスを追加した。	
167	23-5	2017（平成 29）年の介護保険制度改正の趣旨は、地域包括ケアシステムの強化である。	
168	23-5	2017（平成 29）年の介護保険制度改正では、市町村介護保険事業計画に、自立支援、介護予防・重度化防止等への取組を記載することとした。	

157	×	雇用保険は、社会保険に［含まれる］。
158	○	社会保険の主たる財源は［社会保険料］であるが、財源の一部は［租税（公費）］で賄われている。
159	×	年金保険は、［強制加入］である。
160	×	自営業者は、介護保険の被保険者に［なる］。
161	○	医療保険は、労働者災害補償保険法の［業務災害以外］の疾病、負傷等を保険事故とする。
162	×	［地域ケア会議］は、2014（平成 26）年の介護保険制度改正により市町村への設置が努力義務とされた。
163	×	［共生型サービス］は、2017（平成 29）年の介護保険制度改正により創設された。
164	×	一定以上の所得がある第 1 号被保険者の介護給付及び予防給付の利用者負担割合の［2］割から［3］割への引き上げは、2017（平成 29）年の介護保険制度改正の内容である。
165	×	［共生型サービス］は、2017（平成 29）年の介護保険制度改正により創設されたが、共生型居宅介護支援の創設は［含まれていない］。
166	○	2017（平成 29）年の介護保険制度改正により、介護保険施設の一つとして［介護医療院］が創設され、施設サービスに［介護医療院サービス］が追加された。 重要 p.163
167	○	2017（平成 29）年の介護保険制度改正の趣旨は、［地域包括ケアシステムの強化］である。
168	○	2017（平成 29）年の介護保険制度改正により、自立支援、介護予防・重度化防止等に関して市町村が取り組むべき施策とその目標に関する事項が、市町村介護保険事業計画に記載されることとなった。

169 23-5	2017（平成 29）年の介護保険制度改正では、第 1 号被保険者の保険料に総報酬割を導入した。	
170 24-1	2020（令和 2）年の介護保険法改正では、国及び地方公共団体は、地域住民が相互に人格と個性を尊重し合いながら、参加し、共生する地域社会の実現に資するよう努めなければならないこととされた。	
171 24-1	2020（令和 2）年の介護保険法改正では、厚生労働大臣は、要介護者等に提供されるサービスの内容について調査及び分析を行い、その結果を公表するよう努めるものとされた。	
172 25-4	2021（令和 3）年度の第 1 号被保険者の状況では、前期高齢者数は、後期高齢者数の 3 倍を超えている。 改変	
173 25-4	2021（令和 3）年度の第 1 号被保険者は 3,000 万人を超えている。 改変	
174 25-4	2021（令和 3）年度の第 1 号被保険者の状況では、要介護及び要支援の認定者が占める割合は、40％を超えている。 改変	
175 25-4	2021（令和 3）年度の第 1 号被保険者の状況では、要介護及び要支援の認定者のうち、要介護 3 以上の者が占める割合は、50％を超えている。 改変	
176 23-1	2021（令和 3）年度末における全国の要介護（要支援）認定者のうち、約 1 割が第 2 号被保険者である。 改変	

169 ×
2017（平成29）年の介護保険制度改正により、総報酬割が導入されたのは、[第2号被保険者] の保険料である。医療保険の各保険者が納付する介護納付金（介護給付費・地域支援事業支援納付金）に総報酬割が導入された。

170 ○
2020（令和2）年の介護保険法改正により、介護保険法第5条第4項に「国及び地方公共団体の責務」として、地域住民が相互に人格と個性を尊重し合いながら、参加し、共生する地域社会の実現に資するよう努めなければならない旨が追加された。

171 ○
2020（令和2）年の介護保険法改正により、厚生労働大臣は、介護サービスを利用する要介護者等の心身の状況等やこれらの者に提供されるサービス内容等について調査・分析を行い、その結果を公表するよう努めるものとされた。

172 ×
「令和3年度介護保険事業状況報告」によると、第1号被保険者について、前期高齢者が1715万2000人、後期高齢者が1873万5000人で、後期高齢者のほうが [多い]。
改変 統計の更新により、設問の表記を一部修正している。

173 ○
「令和3年度介護保険事業状況報告」によると、第1号被保険者は [3588万7000] 人である。
改変 統計の更新により、設問の表記を一部修正している。

174 ×
「令和3年度介護保険事業状況報告」によると、第1号被保険者数3588万7000人に対し、要介護（要支援）認定者数は676万6000人となっており、第1号被保険者に占める要介護（要支援）認定者の割合は、[18.9] %となっている。
改変 統計の更新により、設問の表記を一部修正している。

175 ×
「令和3年度介護保険事業状況報告」によると、第1号被保険者について、要介護及び要支援の認定者のうち、要介護3以上の者が占める割合は、約 [34] %である。
改変 統計の更新により、設問の表記を一部修正している。

176 ×
「令和3年度介護保険事業状況報告」によると、要介護（要支援）認定者数は689万6000人、そのうち第2号被保険者は13万人となっており、[2] %程度で [1] 割にも満たない。
改変 統計の更新により、設問の表記を一部修正している。

177
23-1

2021（令和 3）年度末における全国の女性の要介護（要支援）認定者数は、男性の認定者数の約 2 倍である。

改変

178
23-1

2021（令和 3）年度末における全国の要介護（要支援）認定者数は、前年度末に比べ、第 1 号被保険者、第 2 号被保険者ともに増加している。

改変

179
23-1

2021（令和 3）年度末における全国の第 1 号被保険者に占める要介護（要支援）認定者の割合は、25%を超えている。

改変

180
23-1

2021（令和 3）年度末において、要介護（要支援）状態区分別でみると、全国で認定者数が最も多いのは、要介護 1 である。

改変

181
24-2

2021（令和 3）年度の介護保険給付（介護給付及び予防給付）の状況では、給付費は、約 14 兆円となっている。

改変

182
25-4

2021（令和 3）年度の第 1 号被保険者の状況では、保険給付費のうち、居宅サービス及び地域密着型サービスが占める割合は、50%を超えている。

改変

183
24-2

2021（令和 3）年度の介護保険給付（介護給付及び予防給付）の状況では、給付費は、前年度に比べて増加している。

改変

184
24-2

2021（令和 3）年度の介護保険給付（介護給付及び予防給付）の状況では、居宅サービス、地域密着型サービス及び施設サービスのうち、施設サービスに係る給付費が最も多い。

改変

177	○	「令和３年度介護保険事業状況報告」によると、女性の要介護（要支援）認定者数は470万9000人となっており、男性の認定者数218万7000人の約［2］倍である。 改変 統計の更新により、設問の表記を一部修正している。
178	○	「令和３年度介護保険事業状況報告」によると、要介護（要支援）認定者数は、前年度末に比べ、第１号被保険者数は７万7000人、第２号被保険者数は100人［増加している］。 改変 統計の更新により、設問の表記を一部修正している。
179	×	「令和３年度介護保険事業状況報告」によると、第１号被保険者数3588万7000人に対し、要介護（要支援）認定者数は676万6000人となっており、第１号被保険者に占める要介護（要支援）認定者の割合は、［18.9］％となっている。 改変 統計の更新により、設問の表記を一部修正している。
180	○	「令和３年度介護保険事業状況報告」によると、要介護（要支援）状態区分別でみると、認定者数が最も多いのは、［要介護１］で142万9000人となっている。 改変 統計の更新により、設問の表記を一部修正している。
181	×	「令和３年度介護保険事業状況報告」によると、2021（令和３）年度の介護保険給付費は、10兆4317億円となっている。 改変 統計の更新により、設問の表記を一部修正している。
182	○	「令和３年度介護保険事業状況報告」によると、第１号被保険者の保険給付費のうち、居宅サービスが占める割合は［50.4］％、地域密着型サービスが占める割合は［17.2］％である。 改変 統計の更新により、設問の表記を一部修正している。
183	○	「令和３年度介護保険事業状況報告」によると、2021（令和３）年度の介護保険給付費は10兆4317億円で、前年度の10兆2311億円から［増加している］。 改変 統計の更新により、設問の表記を一部修正している。
184	×	「令和３年度介護保険事業状況報告」によると、2021（令和３）年度の介護保険給付費では、居宅サービスが４兆9604億円、地域密着型サービスが１兆6925億円、施設サービスが３兆1938億円となっており、［居宅サービス］に係る給付費が最も多い。 改変 統計の更新により、設問の表記を一部修正している。

185 24-2	2021（令和 3）年度の介護保険給付（介護給付及び予防給付）の状況では、地域密着型サービスに係る給付費は、居宅サービスに係る給付費よりも少ない。 改変	
186 24-2	2021（令和 3）年度の介護保険給付（介護給付及び予防給付）の状況では、第 1 号被保険者 1 人当たりの給付費は、平均約 27 万円である。 改変	

⑤ 保険者および被保険者等

被保険者の資格要件は、よく出題される内容のため必ず覚えておこう！適用除外や住所地特例なども併せておさえよう。国、都道府県、市町村、医療保険者等の責務・事務も、しっかり理解しておきたい。

187 24-4	第 2 号被保険者の保険料は、地域支援事業のうちの任意事業の財源には充当されない。	
188 24-4	第 2 号被保険者は、市町村の区域内に住所を有する 40 歳以上 65 歳未満の者すべてである。	
189 24-4	第 2 号被保険者のうち保険給付の対象者は、特定疾病を原因として要支援・要介護状態になった者である。	
190 24-4	第 2 号被保険者の保険料は、被保険者が住所を有する市町村が徴収する。	
191 24-4	第 2 号被保険者は、要介護 3 以上であっても、指定介護老人福祉施設には入所できない。	
192 26-6	65 歳以上の者であって、老人福祉法に規定する養護老人ホームの入所者は、介護保険の被保険者とならない。	

185 ○ 「令和 3 年度介護保険事業状況報告」によると、2021（令和 3）年度の介護保険給付費では、地域密着型サービスに係る給付費は、居宅サービスに係る給付費よりも［少ない］。
改変 統計の更新により、設問の表記を一部修正している。

186 ○ 「令和 3 年度介護保険事業状況報告」によると、2021（令和 3）年度の第 1 号被保険者 1 人当たりの介護保険給付費の平均は、27 万 4000 円である。なお、高額介護サービス費、高額医療合算介護サービス費、特定入所者介護サービス費を含む 1 人当たりの給付費の平均は、29 万 1000 円となっている。
改変 統計の更新により、設問の表記を一部修正している。

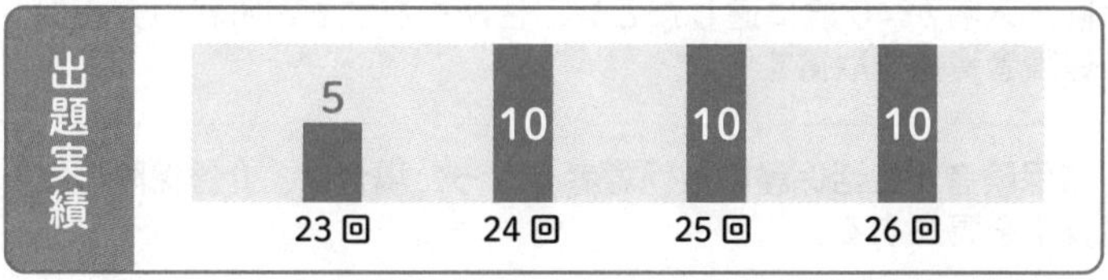

ワークブック 2024
p.12~19
p.20~27
参照

187 ○ 第 2 号被保険者の保険料は、地域支援事業のうち［介護予防・日常生活支援総合事業］には財源が充当されるが、包括的支援事業と任意事業の財源には充当されない。

188 × 第 2 号被保険者は、市町村の区域内に住所を有する 40 歳以上 65 歳未満の［医療保険加入者］である。 重要 p.31

189 ○ 第 2 号被保険者のうち保険給付の対象者は、初老期における認知症や脳血管疾患など加齢に伴って生ずる［特定疾病］を原因として要支援・要介護状態になった者である。 重要 p.31

190 × 第 2 号被保険者の保険料は、加入している［医療保険者］から徴収される。 重要 p.32

191 × 第 2 号被保険者であっても、原則として［要介護 3］以上の認定があれば、指定介護老人福祉施設に［入所できる］。

192 × 65 歳以上の者であって、老人福祉法に規定する養護老人ホームの入所者は、介護保険の被保険者と［なる］。 重要 p.31

□□	**193** 26-6	65 歳以上の者であって、児童福祉法に規定する医療型障害児入所施設の入所者は、介護保険の被保険者とならない。	
□□	**194** 26-6	65 歳以上の者であって、生活保護法に規定する更生施設の入所者は、介護保険の被保険者とならない。	
□□	**195** 26-6	65 歳以上の者であって、生活保護法に規定する救護施設の入所者は、介護保険の被保険者とならない。	
□□	**196** 26-6	65 歳以上の者であって、児童福祉法に規定する母子生活支援施設の入所者は、介護保険の被保険者とならない。	
□□	**197** 25-5	医療保険加入者が 40 歳に達したとき、住所を有する市町村の介護保険の被保険者資格を取得する。	
□□	**198** 25-5	第 1 号被保険者が生活保護の被保護者となった場合は、介護保険の被保険者資格を喪失する。	
□□	**199** 25-5	居住する市町村から転出した場合は、その翌日から、転出先の市町村の介護保険の被保険者となる。	
□□	**200** 25-5	被保険者が死亡した場合は、その翌日から、介護保険の被保険者資格を喪失する。	
□□	**201** 26-5	介護老人福祉施設は、介護保険制度における住所地特例の適用がある。	
□□	**202** 26-5	地域密着型介護老人福祉施設は、介護保険制度における住所地特例の適用がある。	
□□	**203** 26-5	有料老人ホームは、介護保険制度における住所地特例の適用がある。	
□□	**204** 26-5	介護老人保健施設は、介護保険制度における住所地特例の適用がある。	
□□	**205** 26-5	認知症対応型共同生活介護は、介護保険制度における住所地特例の適用がある。	

No.	正誤	内容	参照
193	○	65歳以上の者であって、児童福祉法に規定する医療型障害児入所施設の入所者は、介護保険の被保険者と［ならない］。	重要 p.31
194	×	65歳以上の者であって、生活保護法に規定する更生施設の入所者は、介護保険の被保険者と［なる］。	重要 p.31
195	○	65歳以上の者であって、生活保護法に規定する救護施設の入所者は、介護保険の被保険者と［ならない］。	重要 p.31
196	×	65歳以上の者であって、児童福祉法に規定する母子生活支援施設の入所者は、介護保険の被保険者と［なる］。	重要 p.31
197	○	当該市町村の区域内に住所を有する医療保険加入者が［40］歳に達したとき（誕生日の前日）に、被保険者資格を取得する。	重要 p.31
198	×	第1号被保険者は、市町村の区域内に住所を有する65歳以上の者である。生活保護の被保護者となっても被保険者資格は［喪失しない］。	
199	×	居住する市町村から転出した当日に他の市町村に転入した場合には、その［当日］から転出先の市町村の被保険者となる。	重要 p.31
200	○	被保険者が死亡した場合は、その［翌日］から被保険者資格を喪失する。	
201	○	介護老人福祉施設は、住所地特例の適用が［ある］。	重要 p.32
202	×	地域密着型介護老人福祉施設は、住所地特例の適用が［ない］。	重要 p.32
203	○	有料老人ホームは、住所地特例の適用が［ある］。	重要 p.32
204	○	介護老人保健施設は、住所地特例の適用が［ある］。	重要 p.32
205	×	認知症対応型共同生活介護は、住所地特例の適用が［ない］。	重要 p.32

206	25-5	入所前の住所地とは別の市町村に所在する養護老人ホームに措置入所した者は、その養護老人ホームが所在する市町村の介護保険の被保険者となる。
207	25-3	介護保険法第5条では、「国及び地方公共団体の責務」として、「国は、保健医療サービス及び福祉サービスを提供する体制の確保に関する施策を講じなければならない」と規定されている。
208	23-4	第2号被保険者負担率の設定は、介護保険制度における都道府県の事務である。
209	25-3	介護保険法第5条では、「国及び地方公共団体の責務」として、「国及び地方公共団体は、障害者その他の者の福祉に関する施策との有機的な連携を図るように努めなければならない」と規定されている。
210	25-3	介護保険法第5条では、「国及び地方公共団体の責務」として、「市町村は、要介護者等の医療に要する費用の適正化を図るための施策を実施しなければならない」と規定されている。
211	25-3	介護保険法第5条では、「国及び地方公共団体の責務」として、「市町村は、地域において医療及び介護が総合的に確保されるよう指針を定めなければならない」と規定されている。
212	25-3	介護保険法第5条では、「国及び地方公共団体の責務」として、「都道府県は、介護保険事業の運営が健全かつ円滑に行われるように、必要な助言及び適切な援助をしなければならない」と規定されている。
213	23-4	地域支援事業支援交付金の交付は、介護保険制度における都道府県の事務である。
214	23-4	介護保険審査会の設置は、介護保険制度における都道府県の事務である。
215	23-4	介護給付費等審査委員会の設置は、介護保険制度における都道府県の事務である。
216	23-4	財政安定化基金の設置は、介護保険制度における都道府県の事務である。

206 ×

養護老人ホームは住所地特例対象施設であり、入所前の住所地とは別の市町村に所在する養護老人ホームに措置入所した者は、［入所前］に住んでいた市町村の被保険者となる。 重要 p.32

207 ○

介護保険法第５条第１項では、「国は、介護保険事業の運営が健全かつ円滑に行われるよう保健医療サービス及び福祉サービスを提供する体制の確保に関する施策その他の必要な各般の措置を講じなければならない」と規定されている。

208 ×

第２号被保険者負担率の設定は、介護保険制度における［国］の事務である。

209 ○

介護保険法第５条第５項では、国及び地方公共団体は、［障害者］その他の者の［福祉］に関する施策との有機的な［連携］を図るよう努めなければならないことが示されている。

210 ×

住民の高齢期における医療に要する費用の適正化を図るための取組は、高齢者の医療の確保に関する法律第４条に、「地方公共団体の責務」として規定されている。

211 ×

厚生労働大臣が地域における医療及び介護を総合的に確保するための基本的な方針を定めることは、地域における医療及び介護の総合的な確保の促進に関する法律第３条に規定されている。

212 ○

介護保険法第５条第２項では、「都道府県は、介護保険事業の運営が健全かつ円滑に行われるように、必要な［助言］及び適切な［援助］をしなければならない」と規定されている。

213 ×

市町村に対する地域支援事業支援交付金の交付は、介護保険制度における［社会保険診療報酬支払基金］が行う業務である。

214 ○

介護保険審査会の設置は、介護保険制度における［都道府県］の事務である。 重要 p.34～35

215 ×

介護給付費等審査委員会の設置は、介護保険制度における［国民健康保険団体連合会］の業務である。 重要 p.41

216 ○

財政安定化基金の設置は、介護保険制度における［都道府県］の事務である。 重要 p.34～35

217 24-6	保健福祉事業は、介護保険法において市町村が条例で定めることとされている事項である。	
218 24-6	地域包括支援センターの職員の員数は、介護保険法において市町村が条例で定めることとされている事項である。	
219 24-6	区分支給限度基準額の上乗せは、介護保険法において市町村が条例で定めることとされている事項である。	
220 24-6	市町村特別給付は、介護保険法において市町村が条例で定めることとされている事項である。	
221 24-6	指定介護老人福祉施設に係る入所定員の人数は、介護保険法において市町村が条例で定めることとされている事項である。	

⑥ サービス提供事業者・施設

サービス提供事業者・施設の指定要件、みなし指定、指導・監督などそれぞれ整理しておこう！　また、共生型サービスの指定や介護サービス情報の公表制度もよく出題されるため、おさえておこう。

222 23-10	介護予防・日常生活支援総合事業における通所型サービスは、市町村の保健・医療専門職による運動器の機能向上に限定して実施される。	
223 24-8	介護予防短期入所生活介護は、共生型サービスの指定の対象となる介護保険サービスである。	
224 24-8	通所リハビリテーションは、共生型サービスの指定の対象となる介護保険サービスである。	
225 24-8	定期巡回・随時対応型訪問介護看護は、共生型サービスの指定の対象となる介護保険サービスである。	

217 ×	保健福祉事業は、第１号被保険者の保険料を財源に［市町村］が独自に実施することができるサービスである。
218 ○	地域包括支援センターの基準は、介護保険法において［市町村］が条例で定めることとされている事項である。 重要 p.34〜35
219 ○	区分支給限度基準額の上乗せは、介護保険法において［市町村］が条例で定めることとされている事項である。 重要 p.34〜35
220 ○	市町村特別給付は、介護保険法において［市町村］が条例で定めることとされている事項である。 重要 p.34〜35
221 ×	指定介護老人福祉施設に係る入所定員の人数は、介護保険法において［都道府県］が条例で定めることとされている事項である。 重要 p.34〜35

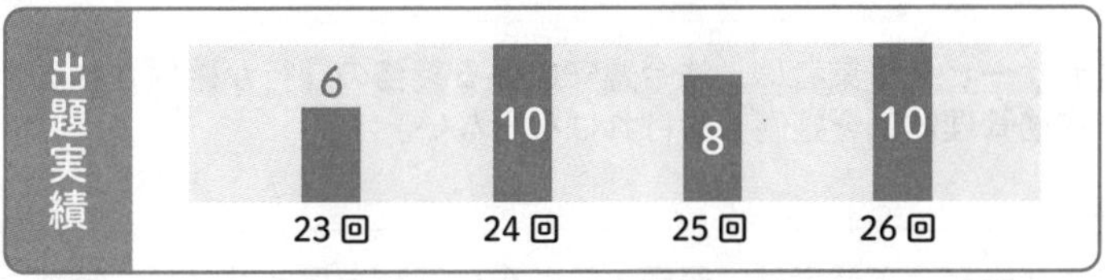

ワークブック2024
p.69~83
p.118~120
参照

222 ×	介護予防・日常生活支援総合事業における通所型サービスは、市町村の保健・医療専門職による運動器の機能向上（通所型サービスC）に［限定されない］。通所型サービスAではミニデイサービスや運動・レクリエーション等、通所型サービスBでは地域住民による自主的なボランティア活動による体操や運動等が行われている。2014（平成26）年の法改正前の介護予防通所介護に相当する通所介護もある。
223 ○	介護予防短期入所生活介護は、共生型サービスの指定の［対象となる］。
224 ×	通所リハビリテーションは、共生型サービスの指定の［対象とならない］。
225 ×	定期巡回・随時対応型訪問介護看護は、共生型サービスの指定の［対象とならない］。

226	24-8	地域密着型通所介護は、共生型サービスの指定の対象となる介護保険サービスである。
227	24-8	訪問介護は、共生型サービスの指定の対象となる介護保険サービスである。
228	26-9	指定居宅サービス事業者は、要介護者のため忠実に職務を遂行しなければならない。
229	26-9	指定居宅サービス事業者は、自らサービスの質の評価を行うこと等により常に利用者の立場に立ってサービスを提供するように努めなければならない。
230	26-9	指定居宅サービス事業者は、利用者が居宅において心身ともに健やかに養護されるよう、利用者の保護者を支援しなければならない。
231	26-9	指定居宅サービス事業者は、法令遵守に係る義務の履行が確保されるよう、業務管理体制を整備しなければならない。
232	26-9	指定居宅サービス事業者は、医師の診断書に基づき居宅サービス計画を作成しなければならない。
233	23-10	指定介護予防通所リハビリテーションでは、医師等の従業者により介護予防通所リハビリテーション計画の実施状況の把握が行われなければならない。
234	23-10	指定地域密着型通所介護では、機能訓練を行う必要はない。
235	23-10	共用型指定認知症対応型通所介護は、指定認知症対応型共同生活介護事業所の居間や食堂を活用して行うことが認められている。

226	○	地域密着型通所介護は、共生型サービスの指定の［対象となる］。
227	○	訪問介護は、共生型サービスの指定の［対象となる］。
228	○	指定居宅サービス事業者は、要介護者の人格を［尊重する］とともに、介護保険法やこれに基づく命令を遵守し、要介護者のため［忠実に］職務を遂行しなければならない。
229	○	指定居宅サービス事業者は、設備・運営基準に従い、要介護者の心身の状況等に応じて適切なサービスを提供するとともに、自らサービスの質の［評価］を行うこと等により常に［利用者の立場に立って］サービスを提供するように努めなければならない。
230	×	介護保険法には、保護者の定義はない。
231	○	指定居宅サービス事業者は、法令遵守に係る義務の履行が確保されるよう、［業務管理体制］を整備し、その整備に関する事項について届け出なければならない。
232	×	居宅サービス計画は、［指定居宅介護支援事業所］の介護支援専門員が作成する。
233	○	指定介護予防通所リハビリテーションでは、医師等の従業者は、介護予防通所リハビリテーション計画に記載したサービスの提供を行う期間が終了するまでに、少なくとも［1］回は、当該介護予防通所リハビリテーション計画の実施状況の把握を［行わなければならない］。
234	×	指定地域密着型通所介護は、施設等において、入浴、排泄、食事等の介護その他の日常生活上の世話であって厚生労働省令で定めるもの及び［機能訓練］を行うと定義されている。
235	○	共用型指定認知症対応型通所介護は、指定認知症対応型共同生活介護事業所（グループホーム）の［居間］や［食堂］を活用して行うことが認められている。

236	23-10	指定療養通所介護は、難病等を有する重度要介護者又はがん末期の者のうち、常時看護師による観察が必要なものを対象者とする。	
237	25-7	介護老人福祉施設の入所定員は、50 人以上でなければならない。	
238	25-7	地域密着型介護老人福祉施設は、介護保険施設に含まれる。	
239	25-7	介護老人保健施設の管理者となる医師は、都道府県知事の承認を受けなければならない。	
240	24-15	「サービス担当者会議の開催等の状況」は、介護サービス情報の公表制度における居宅介護支援に係る公表項目である。	
241	24-15	「入退院に当たっての支援のための取組の状況」は、介護サービス情報の公表制度における居宅介護支援に係る公表項目である。	
242	24-15	「ターミナルケアの質の確保のための取組の状況」は、介護サービス情報の公表制度における居宅介護支援に係る公表項目である。	
243	24-15	「利用者のプライバシーの保護のための取組の状況」は、介護サービス情報の公表制度における居宅介護支援に係る公表項目である。	
244	24-15	「身体的拘束等の排除のための取組の状況」は、介護サービス情報の公表制度における居宅介護支援に係る公表項目である。	
245	25-14	原則として、介護サービス事業者は、毎年、介護サービス情報を報告する。	
246	25-14	指定居宅介護支援事業者は、介護サービス情報をその事業所の所在地の市町村長に報告する。	
247	25-14	介護サービス情報の公表は、事業所又は施設の所在地の国民健康保険団体連合会が行う。	

236 ○	指定療養通所介護は、難病等を有する重度要介護者又はがん末期の者のうち、[常時] 看護師による [観察] が必要なものを対象者とし、療養通所介護計画に基づき、入浴、排泄、食事等の介護その他の日常生活上の世話及び機能訓練を行うものと定義されている。	
237 ×	介護老人福祉施設の入所定員は、[30] 人以上となっている。	重要 p.268
238 ×	地域密着型介護老人福祉施設は、介護保険施設に [含まれない]。介護保険施設には、[指定介護老人福祉施設]、[介護老人保健施設]、[介護医療院] の３種類がある。	
239 ○	介護老人保健施設の管理者は、原則として [都道府県知事] の承認を受けた [医師] となっている。	
240 ○	「サービス担当者会議の開催等の状況」は、介護サービス情報の公表制度における居宅介護支援に係る公表項目として [位置付けられている]。	
241 ○	「入退院に当たっての支援のための取組の状況」は、介護サービス情報の公表制度における居宅介護支援に係る公表項目として [位置付けられている]。	
242 ×	「ターミナルケアの質の確保のための取組の状況」は、介護サービス情報の公表制度における居宅介護支援に係る公表項目として [位置付けられていない]。	
243 ○	「利用者のプライバシーの保護のための取組の状況」は、居宅介護支援も含む共通事項として、介護サービス情報の公表制度における公表項目に [位置付けられている]。	
244 ×	「身体的拘束等の排除のための取組の状況」は、介護サービス情報の公表制度における居宅介護支援に係る公表項目として [位置付けられていない]。	
245 ○	介護サービス情報は、都道府県知事が報告に関する計画を毎年定め、公表することとされている。したがって、介護サービス事業者による年 [1] 回程度の報告が想定されている。	重要 p.45
246 ×	指定居宅介護支援事業者は、介護サービス情報を [都道府県知事] に報告しなければならない。	重要 p.45
247 ×	[都道府県知事] は、介護サービス事業者から介護サービス情報の報告を受けた後、その内容を公表しなければならない。	重要 p.45

248	26-15	「従業者の教育訓練の実施状況」は、介護サービス情報の公表制度において、介護サービスの提供開始時に事業者が都道府県知事へ報告すべき情報として規定されている。
249	26-15	「年代別の従業者の数」は、介護サービス情報の公表制度において、介護サービスの提供開始時に事業者が都道府県知事へ報告すべき情報として規定されている。
250	26-15	「従業者の労働時間」は、介護サービス情報の公表制度において、介護サービスの提供開始時に事業者が都道府県知事へ報告すべき情報として規定されている。
251	26-15	「従業者の健康診断の実施状況」は、介護サービス情報の公表制度において、介護サービスの提供開始時に事業者が都道府県知事へ報告すべき情報として規定されている。
252	25-14	職種別の従業者の数は、介護サービス情報の公表制度における公表すべき事項に含まれる。
253	26-15	「従業者の個人情報保護等のために講じる措置」は、介護サービス情報の公表制度において、介護サービスの提供開始時に事業者が都道府県知事へ報告すべき情報として規定されている。
254	23-16	介護サービス情報について、指定居宅サービス事業者を調査することは、介護保険に関して市町村が有する権限である。
255	25-14	指定居宅サービス事業者が介護サービス情報の報告内容の是正命令に従わないときには、指定を取り消されることがある。

248 ○	「従業者の教育訓練の実施状況」は、「従業者の教育訓練、研修その他の従業者の資質向上に向けた取組の実施状況」の項目に、介護サービスの提供開始時に事業者が都道府県知事へ報告すべき情報として［規定されている］。
249 ×	「年代別の従業者の数」は、介護サービスの提供開始時に事業者が都道府県知事へ報告すべき情報として［規定されていない］。「［職種別の従業者の数］」が規定されている。	重要 p.45
250 ○	「従業者の労働時間」は、「従業者の勤務形態、労働時間、従業者一人当たりの利用者、入所者又は入院患者数等」の項目に、介護サービスの提供開始時に事業者が都道府県知事へ報告すべき情報として［規定されている］。
251 ○	「従業者の健康診断の実施状況」は、介護サービスの提供開始時に事業者が都道府県知事へ報告すべき情報として［規定されている］。
252 ○	事業所等において介護サービスに従事する従業者に関する事項として、職種別の従業者の数は、公表すべき事項に［含まれる］。
253 ×	「従業者の個人情報保護等のために講じる措置」は、介護サービスの提供開始時に事業者が都道府県知事へ報告すべき情報として［規定されていない］。「個人情報保護等のために講じている措置」は、介護サービスの［計画策定時］に報告すべき情報として規定されている。	重要 p.45
254 ×	介護サービス情報について、必要があると認めるときに調査を行うことができるのは、［都道府県知事］である。	重要 p.34～35
255 ○	指定居宅サービス事業者が介護サービス情報の報告内容の是正命令に従わないときには、指定を［取り消し］、又は期間を定めてその指定の全部若しくは一部の効力を停止することができる。

⑦ 地域支援事業等

毎年出題される項目。地域支援事業の全体像をとらえたうえで、「介護予防・日常生活支援総合事業」「包括的支援事業」「任意事業」のそれぞれに含まれる事業について、名称とその内容を確実に覚えておこう！

256 26-13	家族介護支援事業は、地域支援事業の包括的支援事業である。	
257 26-13	一般介護予防事業は、地域支援事業の包括的支援事業である。	
258 26-13	在宅医療・介護連携推進事業は、地域支援事業の包括的支援事業である。	
259 26-13	生活支援体制整備事業は、地域支援事業の包括的支援事業である。	
260 24-14	介護予防・日常生活支援総合事業は、地域支援事業の一部である。	
261 24-14	介護予防・日常生活支援総合事業は、包括的支援事業の一部である。	
262 23-14	地域リハビリテーション活動支援事業は、地域支援事業の任意事業である。	
263 23-14	家族介護支援事業は、地域支援事業の任意事業である。	
264 23-14	在宅医療・介護連携推進事業は、地域支援事業の任意事業である。	
265 23-14	地域ケア会議推進事業は、地域支援事業の任意事業である。	
266 23-14	介護給付等費用適正化事業は、地域支援事業の任意事業である。	

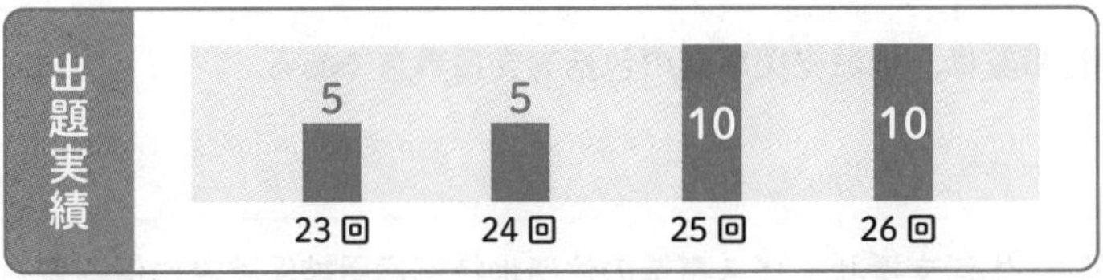

ワークブック2024 p.99~116 参照

256 ×
家族介護支援事業は、地域支援事業の［任意事業］である。 重要 p.46~47

257 ×
一般介護予防事業は、地域支援事業の［介護予防・日常生活支援総合事業］である。 重要 p.46~47

258 ○
在宅医療・介護連携推進事業は、地域支援事業の［包括的支援事業］である。 重要 p.46~47

259 ○
生活支援体制整備事業は、地域支援事業の［包括的支援事業］である。 重要 p.46~47

260 ○
［地域支援事業］の事業構成として、介護予防・日常生活支援総合事業、包括的支援事業、任意事業がある。 重要 p.46~47

261 ×
介護予防・日常生活支援総合事業、包括的支援事業はともに［地域支援事業］の一部である。 重要 p.46~47

262 ×
地域リハビリテーション活動支援事業は、地域支援事業の［介護予防・日常生活支援総合事業］における［一般介護予防事業］に含まれる。 重要 p.46~47

263 ○
家族介護支援事業は、地域支援事業の［任意事業］である。 重要 p.46~47

264 ×
在宅医療・介護連携推進事業は、地域支援事業の［包括的支援事業］である。 重要 p.46~47

265 ×
地域ケア会議推進事業は、地域支援事業の［包括的支援事業］である。 重要 p.46~47

266 ○
介護給付等費用適正化事業は、地域支援事業の［任意事業］である。 重要 p.46~47

□□	267 26-13	保健福祉事業は、地域支援事業の包括的支援事業である。	
□□	268 25-11	介護予防・生活支援サービス事業の住所地特例適用被保険者に係る費用は、施設所在地の市町村が負担する。	
□□	269 25-11	介護予防・生活支援サービス事業の利用者の負担額は、都道府県が設定する。	
□□	270 25-11	居宅要支援被保険者は、介護予防・生活支援サービス事業を利用できる。	
□□	271 24-14	要支援者は、介護予防・生活支援サービス事業の対象となる。	
□□	272 24-14	要介護の第１号被保険者は、一般介護予防事業の対象となる。	
□□	273 25-11	介護老人保健施設の入所者は、介護予防・生活支援サービス事業を利用できない。	
□□	274 25-11	第２号被保険者は、介護予防・生活支援サービス事業を利用できない。	
□□	275 25-12	生活支援コーディネーター（地域支え合い推進員）は、包括的支援事業において配置することとされている。	
□□	276 25-12	認知症地域支援推進員は、包括的支援事業において配置することとされている。	
□□	277 25-12	チームオレンジコーディネーターは、包括的支援事業において配置することとされている。	
□□	278 25-12	福祉用具専門相談員は、包括的支援事業において配置することとされている。	

267 ×
保健福祉事業は、地域支援事業とは別の事業であり、介護する人を支援する事業、要介護状態等になることを予防する事業、保険給付のために必要な事業、資金を貸し付ける事業などを行っている。 重要 p.46～47

268 ×
介護予防・生活支援サービス事業の住所地特例適用被保険者に係る費用は、[入所又は入居する前] の市町村が、[施設所在市町村] が行う地域支援事業に要する費用を負担する。

269 ×
介護予防・生活支援サービス事業の利用者の負担額は、[市町村] が設定する。

270 ○
介護予防・生活支援サービス事業の対象者は、[要支援認定（要支援 1・2）を受けた者]、[基本チェックリストによる該当者（介護予防・生活支援サービス事業対象者）]、居宅サービス等のサービスを受ける前から第 1 号事業のサービスを継続的に利用する居宅要介護被保険者である。 重要 p.46～47

271 ○
要支援者は、介護予防・日常生活支援総合事業の介護予防・生活支援サービス事業の [対象となる]。 重要 p.46～47

272 ○
介護予防・日常生活支援総合事業の一般介護予防事業は、[すべての第 1 号被保険者] 及びその支援のための活動に関わる者が対象である。 重要 p.46～47

273 ○
要介護認定を受け介護保険施設に入所している者は、介護予防・生活支援サービス事業の対象者とはならない。 重要 p.46～47

274 ×
第 2 号被保険者であっても、[要支援認定] を受けた者は、介護予防・生活支援サービス事業の対象者となる。 重要 p.46～47

275 ○
生活支援コーディネーター（地域支え合い推進員）は、[包括的支援事業] の [生活支援体制整備事業] において配置することとされている。 重要 p.46～47

276 ○
認知症地域支援推進員は、[包括的支援事業] の [認知症総合支援事業] の認知症地域支援・ケア向上事業において配置することとされている。 重要 p.46～47

277 ○
チームオレンジコーディネーターは、[包括的支援事業] の [認知症総合支援事業] の認知症サポーター活動促進・地域づくり推進事業において配置することとされている。 重要 p.46～47

278 ×
福祉用具専門相談員は、[福祉用具貸与] 及び [特定福祉用具販売] の運営基準に配置基準等が定められている。

□□	**279** 25-12	介護サービス相談員は、包括的支援事業において配置することとされている。
□□	**280** 24-14	介護方法の指導など要介護被保険者を現に介護する者の支援のための事業は、介護予防・生活支援サービス事業に含まれる。
□□	**281** 26-14	地域ケア会議の機能として、個別課題の解決がある。
□□	**282** 26-14	地域ケア会議の機能として、地域づくり・資源開発がある。
□□	**283** 26-14	地域ケア会議の機能として、政策の形成がある。
□□	**284** 26-14	地域ケア会議の機能として、地域包括支援センターから提出された事業計画書の評価がある。
□□	**285** 26-14	地域ケア会議の機能として、日常生活自立支援事業の生活支援員の指名がある。

279	×	介護サービス相談員は、［任意事業］の地域自立生活支援事業の中に規定されている。
280	×	介護方法の指導など要介護被保険者を現に介護する者の支援のための事業は、家族介護支援事業として［任意事業］に含まれる。 重要 p.46～47
281	○	地域ケア会議の機能は、①個別課題の解決、②地域包括支援ネットワークの構築、③地域課題の発見、④地域づくり・資源開発、⑤政策の形成の五つである。［個別課題の解決］は、地域ケア会議の機能の一つである。
282	○	［地域づくり・資源開発］は、地域ケア会議の機能の一つである。
283	○	［政策の形成］は、地域ケア会議の機能の一つである。
284	×	地域ケア会議の機能には、地域包括支援センターから提出された事業計画書の評価は［含まれていない］。
285	×	地域ケア会議の機能には、日常生活自立支援事業の生活支援員の指名は［含まれていない］。

2 確実におさえておこう！

① 高齢化の進展と高齢者を取り巻く状況

高齢化の動向やその影響を理解しておこう。第 26 回試験では、高齢化の状況や地域福祉、地域共生社会について出題された。統計資料や新聞等に目を通し、最新の情報を得ておこう。

□□	**286** 23-3	介護を要する高齢者を高齢者が介護する「老老介護」が増加している。
□□	**287** 23-3	人口の半数以上を 55 歳以上の者が占める集落を「限界集落」という。
□□	**288** 26-1	国立社会保障・人口問題研究所の「日本の将来推計人口」（令和 5 年推計）によると、前期高齢者の人口は、2020（令和 2）年と比べて 2050（令和 32）年では倍増する。 改変
□□	**289** 26-1	2022（令和 4）年国民生活基礎調査によると、65 歳以上の者のいる世帯では「三世代世帯」の割合が一番多い。 改変
□□	**290** 26-1	国立社会保障・人口問題研究所の「日本の世帯数の将来推計（全国推計）」（平成 30 年推計）によると、世帯主が 65 歳以上の世帯数は 2040（令和 22）年まで増加し続ける。
□□	**291** 26-1	2021（令和 3）年度末における 85 歳以上の介護保険の被保険者に占める要介護又は要支援と認定された者の割合は、50％を超えている。 改変
□□	**292** 26-1	2025（令和 7）年には、いわゆる団塊の世代が 85 歳に到達する。

よくでる項目

重要 p.○ は本書「重要ポイント」の参照ページを示しています。

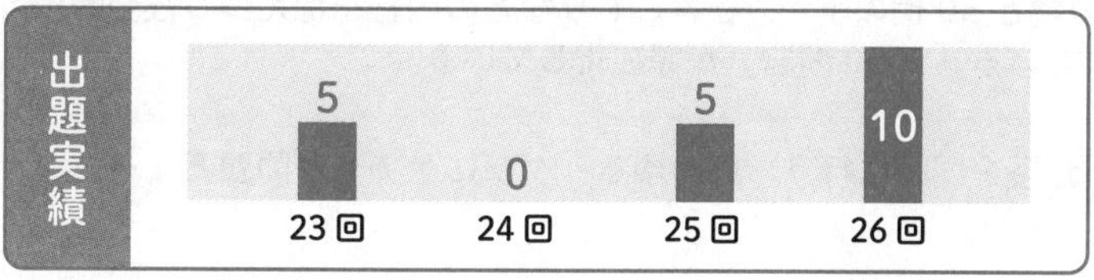

286 ○	「老老介護」は［増加している］。2022（令和 4）年国民生活基礎調査によると、2022（令和 4）年には、要介護者等と同居する主な介護者について、65 歳以上の高齢者同士は、過去最高の［63.5］％に上る。
287 ×	「限界集落」とは、過疎化等で人口の 50％以上が［65］歳以上の高齢者になった地域のことをいう。
288 ×	「日本の将来推計人口」（令和 5 年推計）の出生中位（死亡中位）推計によると、前期高齢者（65～74 歳）の人口は、2020（令和 2）年（1742 万 5000 人）と比べて 2050（令和 32）年（1454 万 7000 人）では［減少］する。 改変 統計の更新により、設問の表記を一部修正している。
289 ×	2022（令和 4）年国民生活基礎調査によると、65 歳以上の者のいる世帯では［「夫婦のみの世帯」］（32.1％）が一番多い。次いで、「単独世帯」（31.8％）、「親と未婚の子のみの世帯」（20.1％）、「その他の世帯」（9.0％）、「三世代世帯」（7.1％）の順である。 改変 統計の更新により、設問の表記を一部修正している。
290 ○	世帯主が 65 歳以上の世帯数は 2040（令和 22）年まで［増加］し続ける。なお、世帯主が 64 歳以下の世帯数は［減少］し続ける。
291 ○	2021（令和 3）年度末における 85 歳以上の介護保険の被保険者に占める要介護又は要支援と認定された者の割合は、約［54.5］％となっている。 改変 統計の更新により、設問の表記を一部修正している。
292 ×	2025（令和 7）年には、団塊の世代のすべてが［75］歳以上になる。85 歳になるのは 2035（令和 17）年である。なお、団塊の世代とは、1947（昭和 22）年～1949（昭和 24）年に生まれた世代である。

293	26-2	高齢者と障害児・者が同一の事業所でサービスを受けやすくするための共生型サービスは、介護保険制度と障害福祉制度の両方に位置付けられている。
294	23-3	80 代の親と 50 代の子が、ひきこもりなどの困難を抱えつつ社会的に孤立している「8050 問題」が顕在化している。
295	23-3	育児と介護を同時に行う、いわゆる「ダブルケア」が問題となっている。
296	23-3	介護職員の離職率の増加が、「介護離職」として問題となっている。
297	26-2	介護保険法に基づく地域支援事業等を提供する事業者が解決が困難な地域生活課題を把握したときは、その事業者が自ら課題を解決しなければならない。
298	26-2	地域共生社会とは、子供・高齢者・障害者などすべての人々が地域、暮らし、生きがいをともに創り、高め合うことができる社会のことである。
299	26-2	市町村は、市町村地域福祉計画を策定するよう努めるものとする。
300	26-2	市町村は、包括的な支援体制を整備するため重層的支援体制整備事業を実施しなければならない。
301	25-2	社会福祉法における「重層的支援体制整備事業」は、都道府県が行う。
302	25-2	社会福祉法における「重層的支援体制整備事業」には、地域生活課題を抱える地域住民の社会参加のための支援が含まれる。
303	25-2	社会福祉法における「重層的支援体制整備事業」には、地域づくりに向けた支援が含まれる。

293	○	共生型サービスは、介護保険制度と障害福祉制度の両方に［位置付けられている］。
294	○	ひきこもり期間の長期化や高齢化の進行により、「8050 問題」が［顕在化している］。
295	○	一人の人や一つの世帯が同時期に介護と育児の両方に直面するという「ダブルケア」が［問題となっている］。「平成 28 年版厚生労働白書」によると、「ダブルケア」の約 8 割が 30 歳代と 40 歳代に集中している。
296	×	「介護離職」とは、家族の介護を抱えた［労働者］が介護をするために仕事を辞めてしまうことである。
297	×	解決が困難な地域生活課題を把握したときは、［支援関係機関］に対し、地域生活課題の解決に資する支援を求めるよう努めなければならない。
298	○	地域共生社会とは、子供・高齢者・障害者などすべての人々が地域、暮らし、生きがいをともに創り、高め合うことができる社会のことである。
299	○	市町村は、市町村地域福祉計画を［策定するよう努めるもの］とされている。なお、市町村介護保険事業計画は、市町村地域福祉計画と［調和が保たれたもの］でなければならない。
300	×	重層的支援体制整備事業は、実施を希望する市町村の［任意事業］である。
301	×	重層的支援体制整備事業は、［市町村］において、地域住民の複雑化・複合化した支援ニーズに対応する包括的な支援を一体的に実施するものである。
302	○	重層的支援体制整備事業では、①相談支援、②参加支援、③地域づくりに向けた支援を一体的に実施する。参加支援では、あらゆる人たちが［社会参加］でき、役割が持てるような事業を行う。
303	○	重層的支援体制整備事業には、地域づくりに向けた支援が［含まれる］。地域づくりに向けた支援では、世代や属性を超えて交流できる場の確保、地域のプラットフォームの形成を行う。

304 25-2	社会福祉法における「重層的支援体制整備事業」には、地域生活課題を抱える地域住民の家族に対する包括的な相談支援が含まれる。	
305 25-2	社会福祉法における「重層的支援体制整備事業」には、介護保険の居宅介護支援が含まれる。	

② 介護保険制度の目的等

介護保険制度の目的や理念について、介護保険法の条文をもとにおさえておこう！　第 26 回試験・第 23 回試験では第 2 条（介護保険）、第 24 回試験では第 4 条（国民の努力及び義務）が出題された。

306 25-1	「要介護者の尊厳を保持し、自立した日常生活を営むことを目指す」は、介護保険制度の考え方として適切である。	
307 25-1	「高齢者の介護を社会全体で支える」は、介護保険制度の考え方として適切である。	
308 25-1	「認知症高齢者の施設入所を促進する」は、介護保険制度の考え方として適切である。	
309 26-4	「要介護状態等の軽減又は悪化の防止に資するよう行われなければならない」は、介護保険法第 2 条に示されている保険給付の基本的考え方である。	
310 26-4	「医療との連携に十分配慮して行われなければならない」は、介護保険法第 2 条に示されている保険給付の基本的考え方である。	
311 23-6	「要介護状態等の維持又は悪化の予防に資するよう行われる」は、介護保険法第 2 条に示されている保険給付の基本的考え方である。	
312 23-6	「被保険者の要介護状態等に関し、必要な保険給付を行う」は、介護保険法第 2 条に示されている保険給付の基本的考え方である。	

304 ○ 重層的支援体制整備事業には、相談支援が［含まれる］。相談支援では、属性や世代を問わず包括的に相談を受け止められるように、多機関の協働を進める。

305 × 重層的支援体制整備事業には、介護保険の居宅介護支援は［含まれない］。

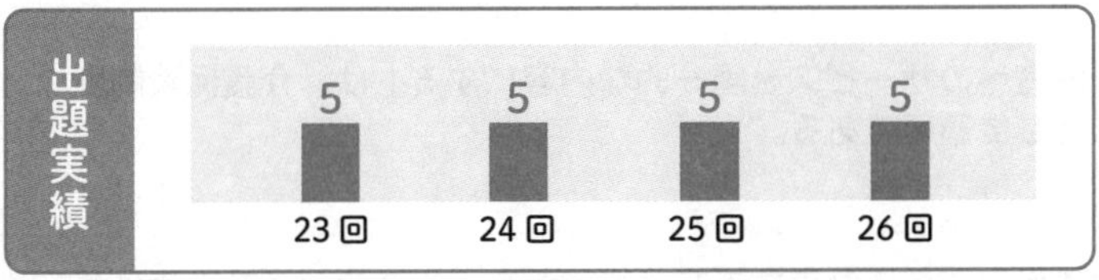

ワークブック2024 p.8~11参照

306 ○ 介護保険法第１条では、介護保険制度の目的として、要介護状態となった者等について、その［尊厳を保持］し、［自立した日常生活］を営むことができるよう介護保険制度を設け、国民の保健医療の向上及び福祉の増進を図ることが示されている。

307 ○ 高齢者人口の増加に伴い、高齢者介護を、国民の共同連帯の理念に基づき［社会全体］で支える仕組みとして介護保険制度が構築された。

308 × 介護保険法第５条の２第４項では、「認知症である者が［地域社会］において尊厳を保持しつつ他の人々と共生することができるように努めなければならない」と規定されている。

309 ○ 介護保険法第２条第２項では、「保険給付は、要介護状態等の［軽減］又は悪化の［防止］に資するよう行われるとともに、医療との連携に十分配慮して行われなければならない」と規定されている。

310 ○ 介護保険法第２条第２項では、保険給付は、「［医療との連携］に十分配慮して行われなければならない」と規定されている。

311 × 介護保険法第２条第２項では、「保険給付は、要介護状態等の［軽減］又は悪化の［防止］に資するよう行われる」と規定されている。

312 ○ 介護保険法第２条第１項では、「介護保険は、被保険者の要介護状態等に関し、［必要な］保険給付を行うものとする」と規定されている。

□□	**313** 26-4	「被保険者の置かれている環境に配慮せず提供されなければならない」は、介護保険法第 2 条に示されている保険給付の基本的考え方である。	
□□	**314** 26-4	「介護支援専門員の選択に基づき、サービス提供が行われなければならない」は、介護保険法第 2 条に示されている保険給付の基本的考え方である。	
□□	**315** 25-1	「要介護者へのサービスを画一的な内容にする」は、介護保険制度の考え方として適切である。	
□□	**316** 25-1	「保険給付は、多様な事業者又は施設から、総合的かつ効率的にサービスが提供されるよう配慮する」は、介護保険制度の考え方として適切である。	
□□	**317** 23-6	「被保険者の選択に基づく」は、介護保険法第 2 条に示されている保険給付の基本的考え方である。	
□□	**318** 23-6	「総合的かつ効率的に提供されるよう配慮して行われなければならない」は、介護保険法第 2 条に示されている保険給付の基本的考え方である。	
□□	**319** 26-4	「可能な限り、被保険者の有する能力に応じ自立した日常生活を営むことができるように配慮されなければならない」は、介護保険法第 2 条に示されている保険給付の基本的考え方である。	
□□	**320** 24-5	「介護保険事業に要する費用を公平に負担する」は、「国民の努力及び義務」として介護保険法第 4 条に規定されている。	
□□	**321** 24-5	「加齢に伴って生ずる心身の変化を自覚して常に健康の保持増進に努める」は、「国民の努力及び義務」として介護保険法第 4 条に規定されている。	

313 ×

介護保険法第２条第３項では、「保険給付は、被保険者の心身の状況、その置かれている環境等に［応じて］」適切な保健医療サービス及び福祉サービスが提供されるよう配慮して行われなければならないと規定されている。

314 ×

介護保険法第２条第３項では、保険給付は、「［被保険者］の選択に基づき、適切な保健医療サービス及び福祉サービスが、多様な事業者又は施設から、総合的かつ効率的に提供されるよう配慮して行われなければならない」と規定されている。

315 ×

介護保険法第２条第３項では、利用者（被保険者）の［心身の状況］や置かれている［環境］等に応じて、利用者の選択に基づき、適切なサービスが総合的かつ効率的に提供されるよう配慮して行われなければならないことが示されている。

316 ○

介護保険法第２条第３項では、利用者の個別の状態や必要に応じた適切なサービスが提供されるために、多様な事業者又は施設から、［総合的］かつ［効率的］にサービスが提供されるよう配慮して行われなければならないことが示されている。

317 ○

介護保険法第２条第３項では、保険給付は、「［被保険者］の選択に基づき、適切な保健医療サービス及び福祉サービスが、多様な事業者又は施設から、総合的かつ効率的に提供されるよう配慮して行われなければならない」と規定されている。

318 ○

介護保険法第２条第３項では、保険給付は、適切な保健医療サービス及び福祉サービスが、「［総合的］かつ［効率的］に提供されるよう配慮して行われなければならない」と規定されている。

319 ○

介護保険法第２条第４項では、「保険給付の内容及び水準は、被保険者が要介護状態となった場合においても、可能な限り、その居宅において、その有する能力に応じ［自立した］日常生活を営むことができるように配慮されなければならない」と規定されている。

320 ○

介護保険法第４条第２項では、「国民は、共同連帯の理念に基づき、介護保険事業に要する費用を［公平に負担］するものとする」と規定されている。

321 ○

介護保険法第４条第１項では、「国民は、自ら要介護状態となることを予防するため、加齢に伴って生ずる心身の変化を自覚して常に［健康の保持増進］に努める」と規定されている。

322 24-5	「可能な限り、住み慣れた地域でその有する能力に応じ自立した日常生活を営む」は、「国民の努力及び義務」として介護保険法第 4 条に規定されている。
323 24-5	「要介護状態となった場合においても、その有する能力の維持向上に努める」は、「国民の努力及び義務」として介護保険法第 4 条に規定されている。
324 24-5	「認知症に対する理解を深めるよう努める」は、「国民の努力及び義務」として介護保険法第 4 条に規定されている。
325 23-6	「快適な日常生活を営むことができるように配慮されなければならない」は、介護保険法第 2 条に示されている保険給付の基本的考え方である。

③ 保険給付の種類・内容等

保険給付（介護給付、予防給付、市町村特別給付）の種類や内容を覚えておこう！　また、各サービスの指定権者や概要、区分支給限度基準額が適用されるサービスもおさえておこう。

326 24-9	特定福祉用具販売は、都道府県知事が指定する事業者が行うサービスである。
327 24-9	認知症対応型共同生活介護は、都道府県知事が指定する事業者が行うサービスである。
328 24-9	介護予防支援は、都道府県知事が指定する事業者が行うサービスである。
329 24-9	介護予防短期入所療養介護は、都道府県知事が指定する事業者が行うサービスである。

322 ×

介護保険法第5条第4項に［国及び地方公共団体の責務］として、被保険者が、「可能な限り、住み慣れた地域でその有する能力に応じ自立した日常生活を営む」ことができるよう、介護に関連する施策を包括的に推進するよう努めなければならないことが規定されている。

323 ○

介護保険法第4条第1項では、「要介護状態となった場合においても、進んでリハビリテーションその他の適切な保健医療サービス及び福祉サービスを利用することにより、その［有する能力の維持向上］に努めるものとする」と規定されている。

324 ×

介護保険法第5条の2第1項に「認知症に関する施策の総合的な推進等」として、「［国及び地方公共団体］は、認知症に対する国民の関心及び理解を深め、認知症である者への支援が適切に行われるよう、認知症に関する知識の普及及び啓発に努めなければならない」ことが規定されている。

325 ×

介護保険法第2条第4項では、「保険給付の内容及び水準は、被保険者が要介護状態となった場合においても、可能な限り、その居宅において、その有する能力に応じ［自立した］日常生活を営むことができるように配慮されなければならない」と規定されている。

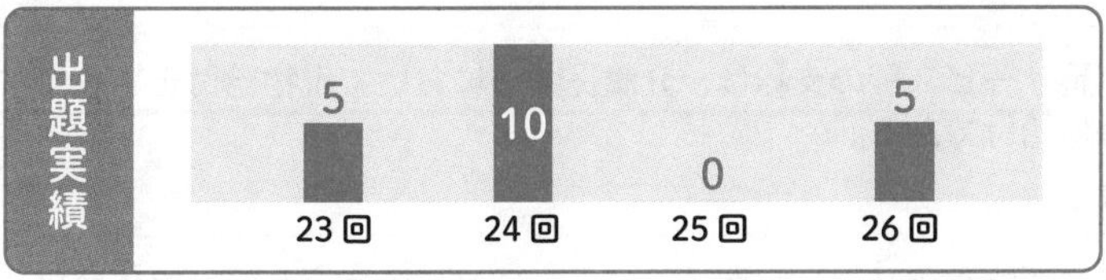

ワークブック2024
p.47~53
p.54~55
p.57~60
参照

326 ○

特定福祉用具販売を含む居宅サービスは、［都道府県知事］が指定・監督を行うサービスである。 重要 p.33

327 ×

認知症対応型共同生活介護（グループホーム）を含む地域密着型サービスは、［市町村長］が指定・監督を行うサービスである。 重要 p.33

328 ×

介護予防支援や居宅介護支援は、［市町村長］が指定・監督を行うサービスである。 重要 p.33

329 ○

介護予防短期入所療養介護を含む介護予防サービスは、［都道府県知事］が指定・監督を行うサービスである。 重要 p.33

○○	330 24-9	看護小規模多機能型居宅介護は、都道府県知事が指定する事業者が行うサービスである。	
○○	331 23-2	認知症対応型共同生活介護は、要支援者が利用できるサービスである。	
○○	332 23-2	認知症対応型通所介護は、要支援者が利用できるサービスである。	
○○	333 23-2	看護小規模多機能型居宅介護は、要支援者が利用できるサービスである。	
○○	334 23-2	地域密着型介護老人福祉施設入所者生活介護は、要支援者が利用できるサービスである。	
○○	335 23-2	小規模多機能型居宅介護は、要支援者が利用できるサービスである。	
○○	336 26-8	特定入所者介護サービス費の支給は、介護保険法において現物給付化されている保険給付である。	
○○	337 26-8	高額介護サービス費の支給は、介護保険法において現物給付化されている保険給付である。	
○○	338 26-8	高額医療合算介護サービス費の支給は、介護保険法において現物給付化されている保険給付である。	
○○	339 26-8	居宅介護サービス計画費の支給は、介護保険法において現物給付化されている保険給付である。	
○○	340 26-8	居宅介護福祉用具購入費の支給は、介護保険法において現物給付化されている保険給付である。	
○○	341 24-7	福祉用具貸与は、区分支給限度基準額が適用されるサービスである。	

330	×	看護小規模多機能型居宅介護を含む地域密着型サービスは、［市町村長］が指定・監督を行うサービスである。 重要 p.33
331	○	認知症対応型共同生活介護は、要支援者が［利用できる］サービスである。ただし、要支援［2］に限る。 重要 p.33
332	○	認知症対応型通所介護は、要支援者が［利用できる］サービスである。 重要 p.33
333	×	看護小規模多機能型居宅介護は、介護給付を行うサービスのため、要支援者は［利用できない］。 重要 p.33
334	×	地域密着型介護老人福祉施設入所者生活介護は、介護給付を行うサービスのため、要支援者は［利用できない］。なお、原則として要介護３以上の者が利用できる。 重要 p.33
335	○	小規模多機能型居宅介護は、要支援者が［利用できる］サービスである。 重要 p.33
336	○	特定入所者介護サービス費は、介護保険法において［現物給付化］されており、利用者負担分のみを事業者に支払う。 重要 p.43
337	×	高額介護サービス費は、介護保険法において［現物給付化］されておらず、［償還払い方式］（利用者が全額を事業者に支払い、後で保険者から支給を受ける方式）で支給される。 重要 p.43
338	×	高額医療合算介護サービス費は、介護保険法において［現物給付化］されておらず、［償還払い方式］で支給される。 重要 p.43
339	○	居宅介護サービス計画費は、介護保険法において［現物給付化］されており、全額（10 割）が保険から給付される。 重要 p.43
340	×	居宅介護福祉用具購入費は、介護保険法において［現物給付化］されておらず、［償還払い方式］で支給される。 重要 p.43
341	○	福祉用具貸与は、区分支給限度基準額が［適用される］。 重要 p.33

342	24-7	小規模多機能型居宅介護は、区分支給限度基準額が適用されるサービスである。
343	24-7	居宅療養管理指導は、区分支給限度基準額が適用されるサービスである。
344	24-7	地域密着型介護老人福祉施設入所者生活介護は、区分支給限度基準額が適用されるサービスである。
345	24-7	定期巡回・随時対応型訪問介護看護は、区分支給限度基準額が適用されるサービスである。

④ 介護保険事業計画等

市町村介護保険事業計画と都道府県介護保険事業支援計画の定めるべき事項と定めるよう努める事項をそれぞれ整理しておこう！　また、基本指針や他の行政計画との関係についても理解しておこう。

346	23-13	介護保険事業に係る保険給付の円滑な実施を確保するための基本的な指針では、地域支援事業の実施に関する基本的事項を定める。
347	23-13	介護保険事業に係る保険給付の円滑な実施を確保するための基本的な指針は、都道府県知事が定める。
348	23-13	介護保険事業に係る保険給付の円滑な実施を確保するための基本的な指針の変更に当たっては、市町村長と協議しなければならない。
349	23-13	介護保険事業に係る保険給付の円滑な実施を確保するための基本的な指針は、地域における医療及び介護の総合的な確保の促進に関する法律に規定する総合確保方針に即して定める。
350	23-13	介護保険事業に係る保険給付の円滑な実施を確保するための基本的な指針では、介護給付等対象サービスを提供する体制の確保に関する基本的事項を定める。

342 ○	小規模多機能型居宅介護は、区分支給限度基準額が［適用される］。	重要 p.33
343 ×	居宅療養管理指導は、区分支給限度基準額が［適用されない］。	重要 p.33
344 ×	地域密着型介護老人福祉施設入所者生活介護は、区分支給限度基準額が［適用されない］。	重要 p.33
345 ○	定期巡回・随時対応型訪問介護看護は、区分支給限度基準額が［適用される］。	重要 p.33

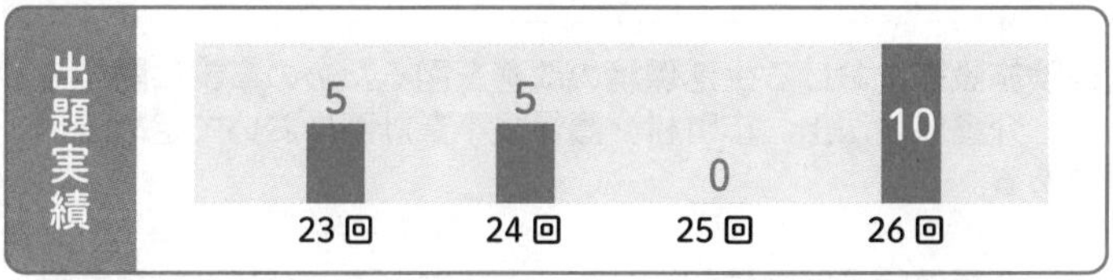

ワークブック 2024
p.84~90
参照

346 ○	介護保険事業に係る保険給付の円滑な実施を確保するための基本的な指針（基本指針）では、［地域支援事業の実施に関する基本的事項］のほか、［介護給付等対象サービスを提供する体制の確保に関する基本的事項］、［市町村介護保険事業計画及び都道府県介護保険事業支援計画の作成に関する事項］等を定める。	
347 ×	基本指針は［厚生労働大臣］が定める。	重要 p.48～49
348 ×	基本指針の策定・変更は、あらかじめ、［総務大臣その他関係行政機関の長］と協議しなければならない。	
349 ○	基本指針は、地域における医療及び介護の総合的な確保の促進に関する法律（医療介護総合確保法）に規定する、［地域における医療及び介護を総合的に確保するための基本的な方針］（［総合確保方針］）に即して定める。	
350 ○	基本指針では、［介護給付等対象サービスを提供する体制の確保に関する基本的事項］を定める。	

351	24-13	「地域密着型介護老人福祉施設入所者生活介護に係る必要利用定員総数の見込み」は、介護保険法上、市町村介護保険事業計画において定めるべき事項である。
352	24-13	「介護給付等対象サービスの種類ごとの量の見込み」は、介護保険法上、市町村介護保険事業計画において定めるべき事項である。
353	24-13	「地域支援事業に関する過去の実績」は、介護保険法上、市町村介護保険事業計画において定めるべき事項である。
354	24-13	「介護給付等に要する費用の適正化に関し、市町村が取り組むべき施策に関する事項」は、介護保険法上、市町村介護保険事業計画において定めるべき事項である。
355	24-13	「介護保険施設等における生活環境の改善を図るための事業に関する事項」は、介護保険法上、市町村介護保険事業計画において定めるべき事項である。
356	26-10	市町村は、介護保険等関連情報を分析した上で、その分析の結果を勘案して、市町村介護保険事業計画を作成するよう努めるものとする。
357	26-10	都道府県は、都道府県介護保険事業支援計画を作成するに当たって、介護保険等関連情報を分析する必要はない。
358	26-10	都道府県は、介護サービス事業者に対し、介護給付等に要する費用の額に関する地域別、年齢別又は要介護認定及び要支援認定別の状況に関する情報を提供しなければならない。
359	26-10	厚生労働大臣は、被保険者の要介護認定及び要支援認定における調査に関する状況について調査及び分析を行い、その結果を公表するものとする。
360	26-10	厚生労働大臣は、特定介護予防・日常生活支援総合事業を行う者に対し、介護保険等関連情報を提供するよう求めることができる。

351	○	「認知症対応型共同生活介護、地域密着型特定施設入居者生活介護、地域密着型介護老人福祉施設入所者生活介護に係る必要利用定員総数の見込み」は、［市町村介護保険事業計画］において定めるべき事項とされている。 重要 p.48～49
352	○	「介護給付等対象サービスの種類ごとの量の見込み」は、［市町村介護保険事業計画］において定めるべき事項とされている。 重要 p.48～49
353	×	「地域支援事業に関する過去の実績」は、市町村介護保険事業計画において定めるべき［事項ではない］。 重要 p.48～49
354	○	「被保険者の自立した日常生活支援、介護予防、要介護状態等の軽減等、介護給付等に要する費用の適正化に関し、市町村が取り組むべき施策とその目標に関する事項」は、［市町村介護保険事業計画］において定めるべき事項とされている。 重要 p.48～49
355	×	「介護保険施設等における生活環境の改善を図るための事業に関する事項」は、［都道府県介護保険事業支援計画］において定めるよう努める事項とされている。 重要 p.48～49
356	○	市町村は、公表された介護保険等関連情報の調査・分析の結果その他の介護保険事業の実施状況に関する情報を［分析した上で］、分析結果を［勘案して］市町村介護保険事業計画を作成するよう努めるものとされている。
357	×	都道府県は、公表された介護保険等関連情報の調査・分析の結果その他の介護保険事業の実施状況に関する情報を［分析した上で］、分析結果を［勘案して］都道府県介護保険事業支援計画を作成するよう努めるものとされている。
358	×	［市町村］は、［厚生労働大臣］に対し、介護給付等に要する費用の額に関する地域別、年齢別又は要介護認定及び要支援認定別の状況に関する情報を提供しなければならない。
359	○	厚生労働大臣は、市町村介護保険事業計画、都道府県介護保険事業支援計画の作成・実施・評価、国民の健康の保持増進及びその有する能力の維持向上に資するため、被保険者の要介護認定及び要支援認定における調査に関する状況について調査及び分析を行い、その結果を［公表する］ものとされている。
360	○	厚生労働大臣は、都道府県・市町村に加え、介護サービス事業者及び特定介護予防・日常生活支援総合事業を行う者に対し、介護保険等関連情報を提供するよう求めることが［できる］。

361 26-11	地域における医療及び介護の総合的な確保の促進に関する法律に規定する基金（地域医療介護総合確保基金）は、医療及び介護の総合的な確保に関する目標を達成するために必要な事業に要する費用を支弁するため、都道府県が設ける。	
362 26-11	公的介護施設等の整備に関する事業は、地域医療介護総合確保基金の支弁の対象とならない。	
363 26-11	医療従事者の確保に関する事業は、地域医療介護総合確保基金の支弁の対象となる。	
364 26-11	介護従事者の確保に関する事業は、地域医療介護総合確保基金の支弁の対象となる。	
365 26-11	地域医療介護総合確保基金について、国が負担する費用の財源は、所得税及び法人税である。	

⑤ 審査請求および雑則

審査請求が認められる事項や介護保険審査会の構成・委員、役割について確実におさえておこう！　また、雑則では介護保険法における消滅時効が問われたこともあるため、確認しておこう。

366 26-16	介護支援専門員の資格に関する処分は、介護保険審査会への審査請求が認められる。	
367 26-16	財政安定化基金拠出金への拠出額に関する処分は、介護保険審査会への審査請求が認められる。	
368 26-16	要介護認定に関する処分は、介護保険審査会への審査請求が認められる。	

361 ○ 地域医療介護総合確保基金は、医療及び介護の総合的な確保に関する目標を達成するために必要な事業に要する費用を支弁するため、［都道府県］が設け、国が必要な資金の３分の２、都道府県が３分の１を負担する。

362 × 公的介護施設等の整備に関する事業は、地域医療介護総合確保基金の支弁の［対象となる］。

363 ○ 医療従事者の確保に関する事業は、地域医療介護総合確保基金の支弁の［対象となる］。

364 ○ 介護従事者の確保に関する事業は、地域医療介護総合確保基金の支弁の［対象となる］。

365 × 地域医療介護総合確保基金の国が負担する費用の財源は、［消費税］である。

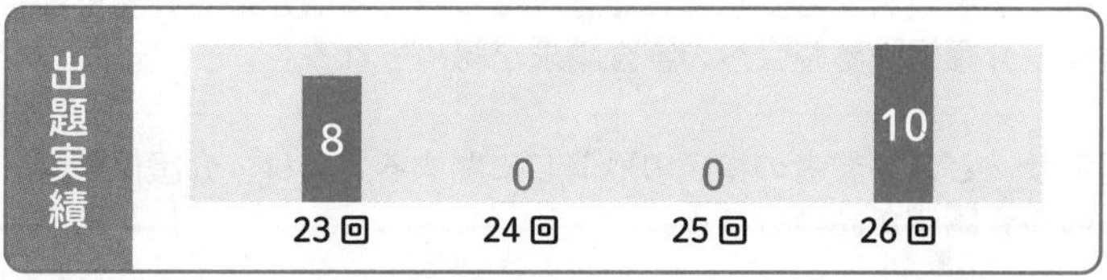

ワークブック2024
p.56
p.125~127
参照

366 × 介護支援専門員の資格に関する処分は、介護保険審査会への審査請求が［認められない］。審査請求が認められる事項は、①［保険給付に関する処分］（被保険者証の交付の請求に関する処分及び要介護認定又は要支援認定に関する処分を含む）、②［保険料その他介護保険法の規定による徴収金に関する処分］（財政安定化基金拠出金、介護給付費・地域支援事業支援納付金及びその納付金を医療保険者が滞納した場合の延滞金に関する処分を除く）の二つである。

367 × 財政安定化基金拠出金への拠出額に関する処分は、介護保険審査会への審査請求が［認められない］。

368 ○ 要介護認定又は要支援認定に関する処分は、介護保険審査会への審査請求が［認められる］。

369 26-16	被保険者証の交付の請求に関する処分は、介護保険審査会への審査請求が認められる。	
370 26-17	介護保険審査会への審査請求は、時効の更新に関しては、裁判上の請求とみなされる。	
371 23-15	要介護認定に関する処分について不服がある被保険者は、介護保険審査会への審査請求が認められる。	
372 23-15	介護報酬の審査・支払について不服がある介護サービス事業者は、介護保険審査会への審査請求が認められる。	
373 23-15	保険料の滞納処分について不服がある被保険者は、介護保険審査会への審査請求が認められる。	
374 23-15	財政安定化基金拠出金への拠出額について不服がある市町村は、介護保険審査会への審査請求が認められる。	
375 23-15	居宅介護支援事業者から支払われる給与について不服がある介護支援専門員は、介護保険審査会への審査請求が認められる。	
376 26-16	指定居宅サービス事業者の指定の取消しに関する処分は、介護保険審査会への審査請求が認められる。	
377 23-16	介護給付費・地域支援事業支援納付金の算定のために、医療保険者から報告を徴収することは、介護保険に関して市町村が有する権限である。	
378 26-17	償還払い方式による介護給付費の請求権の時効は、10年である。	
379 26-17	法定代理受領方式による介護給付費の請求権の時効は、2年である。	
380 26-17	滞納した介護保険料の徴収権が時効によって消滅した場合には、保険給付の減額対象とならない。	

369	○	被保険者証の交付の請求に関する処分は、介護保険審査会への審査請求が［認められる］。
370	○	保険給付に関する処分の審査請求は、時効の完成猶予及び更新に関しては、裁判上の請求と［みなされる］。
371	○	要介護認定に関する処分について不服がある場合は、介護保険審査会への審査請求が［認められる］。
372	×	介護報酬の審査・支払について不服がある介護サービス事業者は、介護保険審査会への審査請求が［認められない］。
373	○	保険料その他介護保険法の規定による徴収金に関する処分は、介護保険審査会への審査請求が［認められる］。
374	×	財政安定化基金拠出金への拠出額について不服がある市町村は、介護保険審査会への審査請求が［認められない］。
375	×	居宅介護支援事業者から支払われる給与について不服がある介護支援専門員は、介護保険審査会への審査請求が［認められない］。
376	×	指定居宅サービス事業者の指定の取消しに関する処分は、介護保険審査会への審査請求が［認められない］。都道府県知事は、一定の条件に該当する場合は、指定居宅サービス事業者の指定を取り消し、あるいは、期間を定めて、その指定の全部又は一部の効力を停止することができる。
377	×	医療保険者に対し、介護給付費・地域支援事業支援納付金の算定に関して必要があると認める場合に、その業務に関する報告を徴収し、又は職員に実地検査をさせることができるのは、［厚生労働大臣］又は［都道府県知事］である。
378	×	償還払い方式による介護給付費の請求権の時効は、［2］年である。
379	○	法定代理受領方式による介護給付費の請求権の時効は、［2］年である。
380	×	時効により消滅している保険料徴収債権がある場合には、市町村は、その者が後に要介護認定等を受けて保険給付を受けるようになった際に、保険給付の［減額対象となる］。

□□	**381** 26-17	介護保険料の督促は、時効の更新の効力を生ずる。	
□□	**382** 23-16	被保険者の保険料に関し、被保険者の収入について調査することは、介護保険に関して市町村が有する権限である。	
□□	**383** 23-16	被保険者に対する老齢等年金給付の支給状況について、年金保険者に対し資料の提供を求めることは、介護保険に関して市町村が有する権限である。	

⑥ 利用者負担

高額介護サービス費や高額医療合算介護サービス費、特定入所者介護サービス費などが出題されている。その対象や内容を覚えておこう！第 23 回試験では、利用者負担の減免についても問われた。

□□	**384** 23-7	高額介護サービス費の負担上限額を超えた利用料は、常に現物給付となるため、利用者が直接事業者に支払う必要はない。	
□□	**385** 23-7	施設介護サービス費に係る利用者負担は、高額介護サービス費の対象となる。	
□□	**386** 23-9	要介護被保険者の要介護度が著しく悪化した場合は、定率の利用者負担を市町村が減免する。	
□□	**387** 23-9	要介護被保険者の属する世帯が住民税非課税世帯になった場合は、定率の利用者負担を市町村が減免する。	
□□	**388** 23-9	要介護被保険者が災害により住宅に著しい損害を受けた場合は、定率の利用者負担を市町村が減免する。	

381 ○
保険料その他介護保険法の規定による徴収金の督促は、時効の更新の［効力を生ずる］。

382 ○
市町村は、被保険者の保険料に関して必要があると認めるときは、被保険者、被保険者の配偶者、被保険者の属する世帯の世帯主や世帯員等の資産・収入の状況について［調査］することができる。

383 ○
市町村は、被保険者に対する老齢等年金給付の支給状況について、官公署又は年金保険者に対し［文書の閲覧］や［資料の提供］を求めることができる。

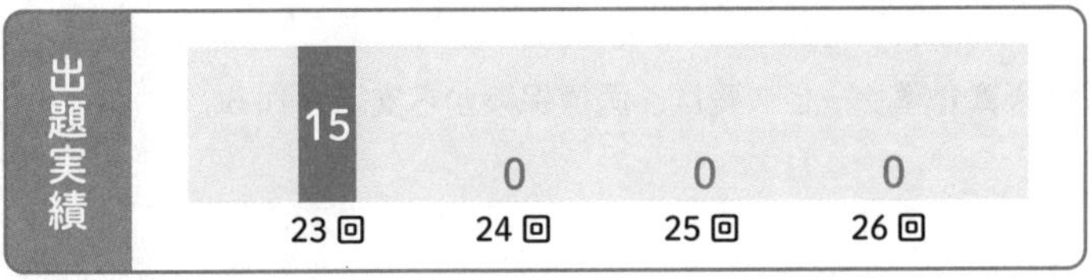

ワークブック2024
p.61~68
参照

384 ×
高額介護サービス費は、負担上限額を超えた場合、その超えた部分について［償還払い］の形で支払われる。そのため、負担上限額を超えた利用料は、利用者は事業者に支払わなければならない。
重要 p.43

385 ○
高額介護サービス費の対象となるのは、［居宅介護サービス費］・［地域密着型介護サービス費］・［施設介護サービス費］に係る定率の利用者負担である。
重要 p.43

386 ×
定率の利用者負担の減免とは、災害により負担能力の減退が認められる等、特別の理由があり利用者負担の支払が一時的に困難と認められる場合、1割（2割又は3割）の定率負担を減額・免除することができるものであるが、要介護度が著しく悪化した場合は［対象とならない］。

387 ×
定率の利用者負担の減免は、単に低所得者であるという理由のみで行われる措置ではない。

388 ○
震災・風水害・火災等で住宅等の財産が著しく損害を受けた場合は、定率の利用者負担の減免の［対象となる］。

□□	**389** 23-9	要介護被保険者と同居する家族が心身に重大な障害を受けた場合は、定率の利用者負担を市町村が減免する。
□□	**390** 23-9	要介護被保険者の属する世帯の生計維持者の収入が冷害による農作物の不作により著しく減少した場合は、定率の利用者負担を市町村が減免する。
□□	**391** 23-7	高額介護サービス費の負担上限額は、被保険者の家計に与える影響を考慮して、段階的に設定されている。
□□	**392** 23-7	高額介護サービス費は、世帯単位で算定される。
□□	**393** 23-7	高額医療合算介護サービス費は、医療保険から支給される。
□□	**394** 23-8	特定入所者介護サービス費の支給の対象となる費用は、食費と居住費（滞在費）である。
□□	**395** 23-8	特定入所者介護サービス費の負担限度額は、所得の状況その他の事情を勘案して設定される。
□□	**396** 23-8	特定入所者介護サービス費の支給の対象者には、生活保護受給者は含まれない。
□□	**397** 23-8	特定入所者介護サービス費の支給の対象となるサービスには、地域密着型介護老人福祉施設入所者生活介護は含まれない。
□□	**398** 23-8	特定入所者介護サービス費の支給の対象となるサービスには、特定施設入居者生活介護は含まれない。

389 ×
定率の利用者負担の減免の対象となるのは、世帯の生計を主として維持する者の死亡、心身の重大な障害や長期入院で収入が著しく減少した場合などである。同居する家族が心身に重大な障害を受けた場合は［対象とならない］。

390 ○
干ばつ、冷害等による農作物の不作や不漁等で収入が著しく減少した場合は、定率の利用者負担の減免の［対象となる］。

391 ○
高額介護サービス費は、被保険者の家計に与える影響を考慮して、［所得区分］ごとに負担上限額が段階的に設定されている。 重要 p.43

392 ○
高額介護サービス費は、［世帯］単位で算定される。 重要 p.43

393 ×
介護保険における利用者負担と医療保険の患者負担の合計額が一定額を超えるとき、その超えた額は医療保険と介護保険それぞれの自己負担額の比率に応じて、各保険の保険者から支給される。このとき、［介護保険］の保険者が支給する給付を、高額医療合算介護サービス費という。

394 ○
低所得の要介護高齢者等の［食費］と［居住費］（［滞在費］）は、所得と資産（現金、預貯金等）の状況（段階）に応じた負担限度額が設けられており、これを超える費用は、特定入所者介護サービス費として［現物給付］で支給される。

395 ○
特定入所者介護サービス費は、［所得］と［資産］（現金、預貯金等）の状況（段階）に応じた負担限度額が設けられている。

396 ×
生活保護受給者は、特定入所者介護サービス費の支給の［対象となる］。

397 ×
特定入所者介護サービス費の支給の対象となるサービスは、介護保険施設のサービス、［地域密着型介護老人福祉施設入所者生活介護］、［短期入所生活介護］、［短期入所療養介護］である。

398 ○
特定施設入居者生活介護は、特定入所者介護サービス費の支給の［対象とならない］。

⑦ 介護支援専門員

介護支援専門員の登録や義務についておさえておこう！　特に義務は、介護支援専門員になった場合に必ず遵守する内容であるため、介護保険法の条文（法第 69 条の 34～第 69 条の 37）をもとに理解しよう。

399	25-6	介護支援専門員証の交付を受けていなくても、介護支援専門員の業務に従事することができる。	
400	25-6	介護支援専門員の登録の申請の 10 年前に居宅サービスにおいて不正な行為をした者は、登録を受けることができない。	
401	24-10	介護支援専門員は、他の都道府県へ登録を移転する場合には、移転先の都道府県知事が実施する介護支援専門員実務研修を受講しなければならない。	
402	24-10	介護支援専門員は、その業務を行うに当たり、関係者から請求があったときは、介護支援専門員証を提示しなければならない。	
403	24-10	介護支援専門員証の有効期間は、5 年である。	
404	25-6	更新研修を受けた者は、介護支援専門員証の有効期間を更新することができる。	
405	24-10	介護支援専門員であった者は、退職後においても、正当な理由なしに、その業務に関して知り得た人の秘密を漏らしてはならない。	
406	24-10	介護支援専門員は、その業務のために正当な理由がある場合に限り、その名義を他人に使用させることができる。	
407	25-6	介護支援専門員の登録を受けている者が死亡した場合には、その相続人はその旨を届け出なければならない。	
408	25-6	都道府県知事は、信用を傷つけるような行為をした介護支援専門員の登録を消除することができる。	

出題実績

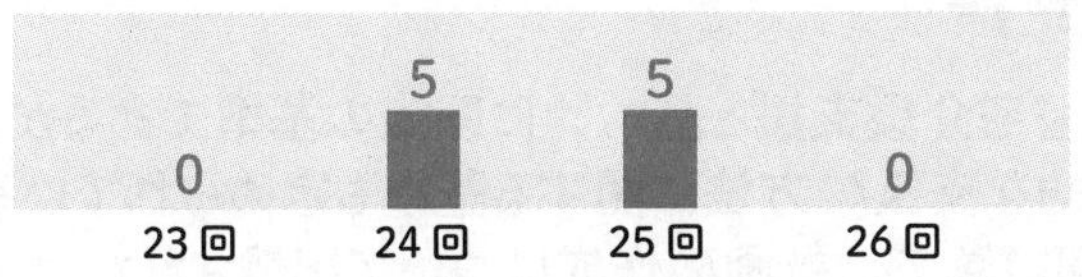

ワークブック2024
p.129~131
参照

399	×	介護支援専門員証の［交付］を受けることが、介護支援専門員の要件である。交付を受けていない者が業務に従事することはできない。
400	×	登録の申請前［5］年以内に、居宅サービス等に関し、不正又は著しく不当な行為をした者は、登録を受けることができない。
401	×	他の都道府県へ登録を移転する場合、登録移転先の都道府県知事に申請して、介護支援専門員証の交付を受ける。移転先の都道府県知事が実施する介護支援専門員実務研修を受講する必要は［ない］。
402	○	介護支援専門員は、その業務を行うに当たり、関係者から請求があったときは、介護支援専門員証を［提示しなければならない］。
403	○	介護支援専門員証の有効期間は、原則［5］年である。更新する際は、原則として有効期間満了日までに更新研修を受けなければならない。
404	○	介護支援専門員証の有効期間は、原則［5］年である。［更新研修］を受け、申請により有効期間を更新することができる。
405	○	介護支援専門員でなくなった後も、正当な理由なしに、その業務に関して知り得た人の秘密を漏らしてはならない。
406	×	介護支援専門員は、いかなる理由があっても、その名義を他人に介護支援専門員の業務のため［使用させてはならない］。
407	○	介護支援専門員の登録を受けている者が死亡した場合には、［相続人］が都道府県知事に届け出なければならない。
408	○	介護支援専門員が義務違反・虚偽報告をした場合などには、都道府県知事は、登録を［消除することができる］。

⑧ 介護予防支援

介護予防支援は居宅介護支援と基本的に同様の基準であるが、介護予防のための効果的な支援の方法に関する基準も定められている。第 25 回試験、第 23 回試験では計画の作成について出題された。

○○	**409** 23-23	介護予防サービス・支援計画書の「期間」は、常に利用者の要支援認定の有効期間と同じ期間にする。	
○○	**410** 23-23	介護予防サービス・支援計画書の「本人等のセルフケアや家族の支援、インフォーマルサービス」欄には、地域のボランティアや近隣住民の協力なども記載する。	
○○	**411** 23-23	介護予防サービス・支援計画書の「目標とする生活」の「1 年」欄には、利用者とともに、生きがいや楽しみを話し合い、今後の生活で達成したい目標を設定する。	
○○	**412** 23-23	介護予防サービス・支援計画書の「課題に対する目標と具体策の提案」欄には、利用者や家族の意向を踏まえた目標と具体策を記載する。	
○○	**413** 23-23	介護予防サービス・支援計画書の「【本来行うべき支援ができない場合】妥当な支援の実施に向けた方針」は、利用者と家族の考え方の違いが大きい場合には記載しない。	
○○	**414** 25-22	介護予防サービス計画には、地域の住民による自発的な活動によるサービス等の利用も含めて位置付けるよう努めなければならない。	
○○	**415** 25-22	介護予防サービス計画に位置付けた指定介護予防サービス事業者から、利用者の状態等に関する報告を少なくとも 3 月に 1 回、聴取しなければならない。	

出題実績

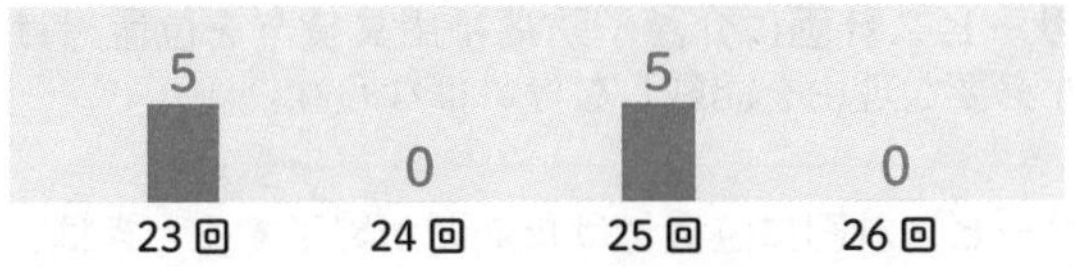

ワークブック2024
p.160~168
参照

409 ×
介護予防サービス・支援計画書の「期間」については、必ず、利用者の要支援認定の有効期間と同じ期間にする［ものではない］。期間を設定するに当たっては、利用者の要支援認定の有効期間も考慮しながらそのサービス内容で目標を達成できるかを検討する。

410 ○
介護予防サービス・支援計画書の「本人等のセルフケアや家族の支援、インフォーマルサービス」欄には、本人が行うセルフケアだけでなく、家族が支援すること、［地域のボランティア］や［近隣住民］の協力なども記載する。

411 ○
介護予防サービス・支援計画書の「目標とする生活」には、1 年後にどのようになりたいかなど、具体的なイメージを利用者自身に考えてもらい、記入する。利用者の［生きがい］や［楽しみ］、自己実現につながる［目標］を設定するのが望ましい。

412 ×
介護予防サービス・支援計画書の「課題に対する目標と具体策の提案」欄に記載する目標は、利用者や家族に対して専門的観点から示す提案であるため、本人や家族の意向は［入っていない］。「具体策についての意向　本人・家族」欄には、計画作成者が提案した「課題に対する目標と具体策」について、利用者や家族の意向を確認して記載する。

413 ×
介護予防サービス・支援計画書の「【本来行うべき支援ができない場合】妥当な支援の実施に向けた方針」欄は、計画作成者と利用者・家族の考え方の違いが大きい場合や必要な社会資源が地域にない場合等に、支援の方向性や方策を［記載する］。

414 ○
利用者の日常生活全般を支援する観点から、予防給付の対象となるサービス以外の保健医療サービス又は福祉サービス、当該［地域の住民による自発的な活動によるサービス］等の利用も含めて介護予防サービス計画上に位置付けるよう努めなければならない。

415 ×
介護予防サービス計画に位置付けた指定介護予防サービス事業者等に対して、個別サービス計画の作成を指導するとともに、サービスの提供状況や利用者の状態等に関する報告を少なくとも［1］月に 1 回、聴取しなければならない。

□□	**416** 25-22	介護予防サービス計画に介護予防福祉用具貸与を位置付ける場合には、貸与が必要な理由を記載しなければならない。	
□□	**417** 25-22	介護予防サービス計画に位置付けた期間が終了するときは、当該計画の目標の達成状況について評価しなければならない。	
□□	**418** 25-22	介護予防サービス計画に介護予防通所リハビリテーションを位置付ける場合には、理学療法士の指示が必要である。	

416 ○	介護予防サービス計画に介護予防福祉用具貸与を位置付ける場合には、その利用の妥当性を検討し、［貸与が必要な理由］を記載しなければならない。
417 ○	介護予防サービス計画に位置付けた期間が終了するときは、当該計画の目標の達成状況について［評価］しなければならない。
418 ×	介護予防サービス計画に介護予防通所リハビリテーション等の医療サービスを位置付ける場合には、［主治の医師等］の指示が必要である。

COLUMN

「一問一答」で合格しました！

通所介護事業所に勤務して5年が経過し、介護支援専門員実務研修受講試験の受験資格を手にしました。「いざ勉強」という段階になって、あまりに過去問が解けないことに気づき愕然としました。周囲の受験者からは「在宅介護の仕事をしていると、ケアマネジャーの試験問題が解きやすくていいね」と言われましたが、実際には、通所介護に関する問題以外は、はじめて目にする言葉も多く、問題を解くどころではありませんでした。

「これではまずい」と思い、ひたすら過去問を「一問一答」で解き続けました。すると、しだいに専門用語も見慣れたものになってきます。ただし、ここで安心せずに紛らわしい言葉を整理して（「図表で覚える！　重要ポイント」を活用しました）、しっかりと覚えましょう。これを怠ると、類似の言葉に惑わされ続けます。専門用語、紛らわしい言葉などをきちんと覚えてから、もう一度「一問一答」に取り組めば、あとは試験当日を待つばかりです。

仕事をしながら試験を受ける人が大半だと思いますが、なんとか周りのスタッフに協力してもらって、試験前日は早めに就寝しましょう。吉報をお待ちしております。

（Y.K.）

3　+1点をつかみとろう！

① 国民健康保険団体連合会の業務

第 25 回試験で出題された。国保連の業務内容をしっかりとおさえておけば、得点に結びつきやすい項目である。市町村から委託を受けて行う介護報酬の審査・支払や、第三者行為求償事務などを覚えておこう。

419 25-13	介護給付費交付金の交付は、介護保険法で定める国民健康保険団体連合会が行う業務である。	
420 25-13	介護給付費等審査委員会の設置は、介護保険法で定める国民健康保険団体連合会が行う業務である。	
421 25-13	市町村から委託を受けて行う介護予防・日常生活支援総合事業に関する費用の審査及び支払は、介護保険法で定める国民健康保険団体連合会が行う業務である。	
422 25-15	国民健康保険団体連合会は、都道府県から委託を受けて介護サービスに関する苦情処理を行う。	
423 25-15	国民健康保険団体連合会は、事業者に対する必要な指導及び助言を行う。	
424 25-13	指定居宅介護支援事業所への強制権限を伴う立入検査は、介護保険法で定める国民健康保険団体連合会が行う業務である。	
425 25-13	市町村から委託を受けて行う第三者行為求償事務は、介護保険法で定める国民健康保険団体連合会が行う業務である。	

差がつく項目

重要 p.○ は本書「重要ポイント」の参照ページを示しています。

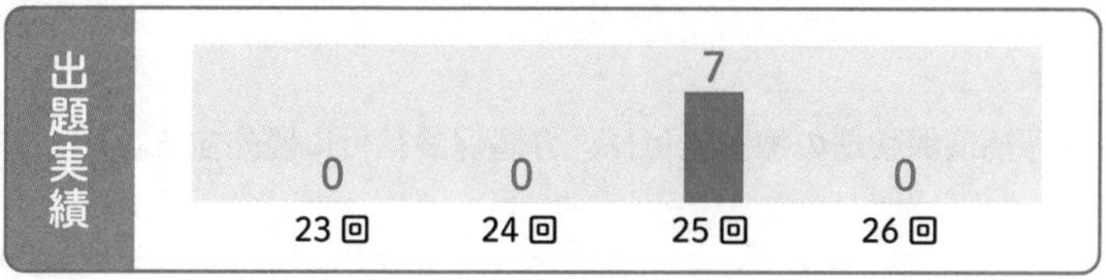

ワークブック 2024 p.121~124 参照

419	×	介護給付費交付金の交付は、［社会保険診療報酬支払基金］が行う業務である。
420	○	国民健康保険団体連合会には、介護給付費請求書及び介護予防・日常生活支援総合事業費請求書の審査を行うため、［介護給付費等審査委員会］が置かれている。 重要 p.41
421	○	国民健康保険団体連合会は、市町村から委託を受けて、［介護報酬の審査・支払業務］、［第１号事業支給費の請求に関する審査・支払業務］、［介護予防・日常生活支援総合事業の受託者に対する費用の支払決定に係る審査・支払業務］、［第三者行為求償事務］を行う。
422	×	苦情処理は、［国民健康保険団体連合会］の業務である。都道府県から委託を受けて行う業務ではない。
423	○	国民健康保険団体連合会は、利用者等からの苦情を受け付けて事実関係の調査を行い、その結果、改善の必要が認められる場合には、事業者に対して必要な［指導及び助言］を行う。
424	×	指定居宅介護支援事業所への強制権限を伴う立入検査は、［市町村長］が行う。
425	○	国民健康保険団体連合会は、介護保険事業の円滑な運営に資するため、市町村から委託を受けて［第三者行為求償事務］を行う。

② 他の法令等による給付調整等その他の規定

第 26 回試験では、介護保険による給付と他の法令による給付において、どちらが優先されるのかが問われた。法令ごとにおさえておこう。

426 26-7	労働者災害補償保険法の療養給付は、介護保険給付に優先する。	
427 26-7	労働者災害補償保険法の介護補償給付は、介護保険の給付に相当する給付が受けられる限りにおいて、介護保険に優先する。	
428 26-7	介護保険の訪問看護は、原則として、医療保険の訪問看護に優先する。	
429 26-7	生活保護の被保護者は、介護保険給付を受給できない。	
430 26-7	障害者総合支援法の給付を受けている障害者は、要介護認定を受けることができない。	
431 23-16	住宅改修を行う者に対し、文書の提出を求めることは、介護保険に関して市町村が有する権限である。	

出題実績

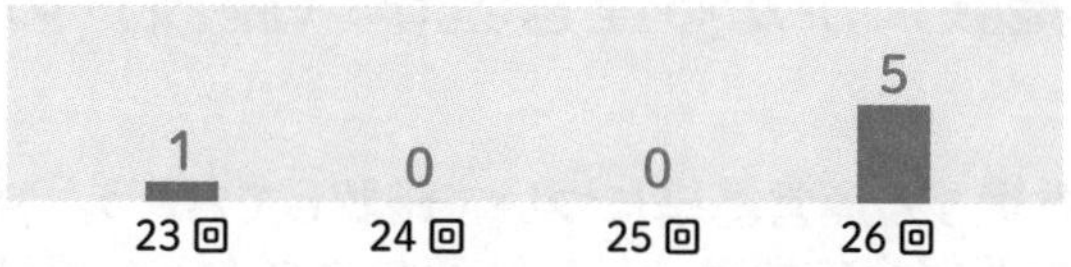

ワークブック2024
p.41~45
参照

426 ○	労働者災害補償保険法の療養給付は、介護保険給付に［優先する］。	重要 p.44
427 ○	労働者災害補償保険法の介護補償給付は、介護保険の給付に相当する給付が受けられる限りにおいて、介護保険に［優先する］。	重要 p.44
428 ○	介護保険と医療保険の両方から同様の給付が行われ得る場合（訪問看護や居宅療養管理指導等）は、原則として、介護保険給付が［優先する］。	重要 p.44
429 ×	生活保護は［他法優先］のため、第1号被保険者であって生活保護の被保護者となっている者が要介護者・要支援者になった場合には、介護保険給付が［優先する］。	重要 p.44
430 ×	介護保険の被保険者である障害者が要介護状態となった場合は、要介護認定を受けることが［できる］。障害者総合支援法に基づく自立支援給付と介護保険給付が重複する場合は、介護保険給付が［優先する］。	重要 p.44
431 ○	市町村は、保険給付に関して必要があると認めるときは、住宅改修を行う者等に対し、［文書等の提出要求］等を行うことができる。	

③ 介護保険施設にかかる運営基準（施設）の共通事項

介護保険施設に共通する運営基準について確認しておこう。特に、サービス担当者会議の開催や施設サービス計画の作成などの原則を覚えておこう！

▢▢	432 26-22	指定介護老人福祉施設の施設サービス計画には、地域の住民による自発的な活動によるサービス等の利用も含めて位置付けるよう努めなければならない。	
▢▢	433 26-22	指定介護老人福祉施設の施設サービス計画は、介護支援専門員以外の者も作成できる。	
▢▢	434 25-7	介護保険施設では、入所者ごとに施設サービス計画を作成しなければならない。	
▢▢	435 26-22	指定介護老人福祉施設におけるアセスメントは、入所者及びその家族に面接して行わなければならない。	
▢▢	436 26-22	指定介護老人福祉施設の施設サービス計画の交付は、家族に行えばよい。	
▢▢	437 26-22	指定介護老人福祉施設におけるモニタリングは、少なくとも月に１回行わなければならない。	

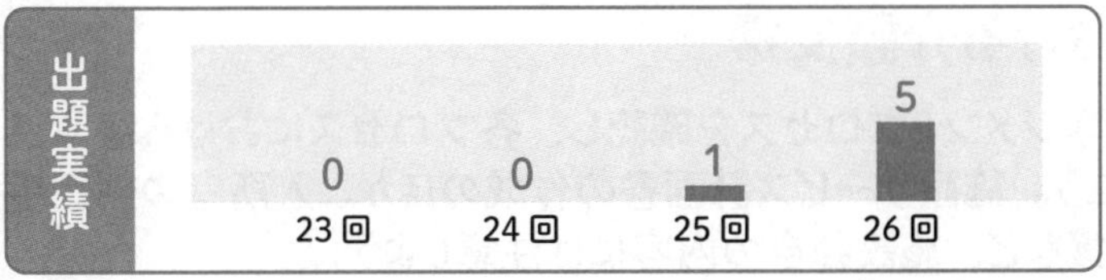

ワークブック2024
p.174~176
参照

432 ○ 施設サービス計画には、入所者の希望や課題分析の結果に基づき、介護給付等対象サービス以外の、当該［地域の住民による］入所者の話し相手、会食などの［自発的な活動］によるサービス等も含めて位置付けるよう努める必要がある。

433 × 施設サービス計画は、［介護支援専門員］が作成する。 重要 p.50

434 ○ 介護保険施設の介護支援専門員は、入所者ごとに［施設サービス計画］を作成しなければならない。

435 ○ アセスメントは、［入所者］及び［その家族］と面接して行う必要がある。 重要 p.50

436 × 施設サービス計画は、家族ではなく、［入所者］に交付しなければならない。家族には、必要に応じて、計画の原案について説明し、同意を得るようにする。 重要 p.50

437 × モニタリングは、［定期的に］入所者と面接すること、［定期的に］モニタリングの結果を記録することが必要であるが、頻度について少なくとも月に 1 回行わなければならないという［義務はない］。 重要 p.50

④ 施設における介護支援

施設のケアマネジメントプロセスを確認し、各プロセスにおける留意点を整理しておこう。施設サービス計画書の作成のほか、入所者の判定手続きや退所支援など、施設独自の内容には注意しよう。

438 24-22	施設サービス計画書の「利用者及び家族の生活に対する意向」には、利用者及びその家族の生活に対する意向が異なる場合には、利用者の意向のみを記載する。	
439 24-22	施設サービス計画書の「目標」は、実際に解決が可能と見込まれるものでなくてはならない。	
440 24-22	施設サービス計画書の目標の「期間」については、「認定の有効期間」は考慮しない。	
441 24-22	施設サービス計画書の「サービス内容」には、「短期目標」の達成に必要であって最適なサービス内容とその方針を記載する。	
442 24-22	施設サービス計画書のサービス実施の「頻度」には、週に 1 回、1 日に 1 回のように一定期間内での回数、実施曜日等を記載する。	

⑤ 指定居宅サービス事業にかかる運営基準（居宅）の共通事項

居宅サービス事業者が守るべき事業運営の原則を理解し、各サービスに共通する内容について確認しておこう！　第 25 回試験では、苦情処理について出題された。

443 25-15	指定訪問看護事業者は、受け付けた介護サービスに関する苦情の内容等を記録しなければならない。	
444 25-15	指定訪問介護事業者は、介護サービスに関する苦情受付窓口の設置等の必要な措置を講じなければならない。	

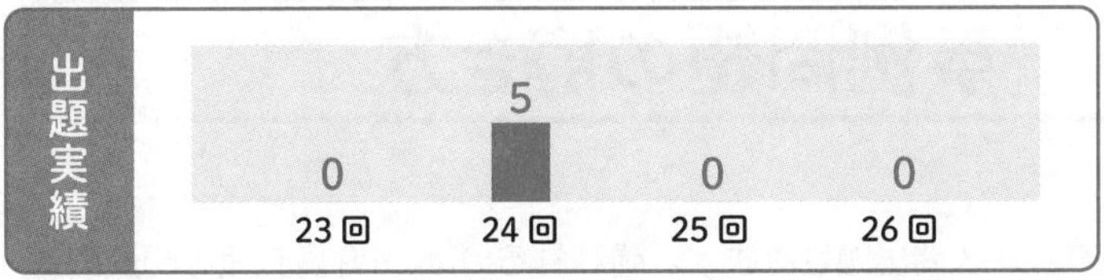

ワークブック2024
p.170~173
参照

438 ×　施設サービス計画書の「利用者及び家族の生活に対する意向」には、利用者及びその家族の生活に対する意向が異なる場合には、[利用者及びその家族] の意向を [区別して] 記載する。

439 ○　施設サービス計画書の「目標」は、抽象的な言葉ではなく誰にもわかりやすい具体的な内容で記載することとし、[実際に解決が可能] と見込まれるものでなくてはならない。

440 ×　施設サービス計画書の目標の「期間」の設定においては、「認定の有効期間」も [考慮する] ものとされている。

441 ○　施設サービス計画書の「サービス内容」には、「短期目標」の達成に必要であって、最適なサービス内容とその方針を明らかにし、適切・簡潔に記載する。

442 ○　施設サービス計画書のサービス実施の「頻度」には、「サービス内容」に掲げたサービスをどの程度の「頻度（一定期間内での回数、実施曜日等）」で実施するかを記載する。週に 1 回、1 日に 1 回、3 時間ごと等のように明確に記載する。

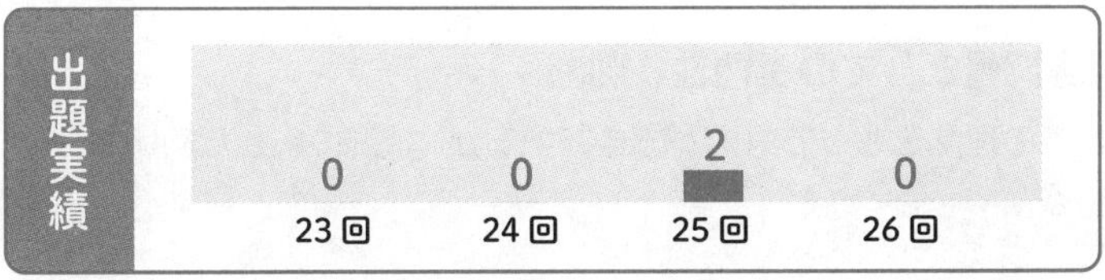

ワークブック2024
p.178~183
参照

443 ○　指定訪問看護事業者は、介護サービスに関する苦情を受け付けた場合には、苦情の内容等を [記録しなければならない]。

444 ○　指定訪問介護事業者は、介護サービスに関する苦情受付窓口の設置等の必要な措置を [講じなければならない]。

事例問題の解き方

事例問題は毎年 2～3 問出題されます。問われるのは、「介護支援専門員の対応」です。出題実績から正誤のポイントとしておさえておきたい主なキーワードをあげます。

● **利用者本位**

利用者の意思を尊重できているか

● **自立支援**

利用者の自立を支援できているか

● **家族支援**

利用者の家族や周囲の人の考えを尊重できているか、利用者の意向と調整を図っているか、家族に対しても必要な支援ができているか

● **多職種連携**

他の専門職や関係機関と連携できているか

● **適切な介護保険サービス、社会資源の活用**

介護保険サービスなどの公的な制度や、制度に位置付けられていない地域の資源を適切に活用できているか

● **介護支援専門員としての専門性、判断**

専門職としての理念をもって対応ができているか、状況に応じた適切な判断をしているか

どのようなテーマの事例であっても、これらのキーワードをおさえて正答を導くことが求められます。最新の試験からポイントを確認していきましょう。

第26回 問題23

Aさん（72歳、男性、要介護2、認知症高齢者の日常生活自立度Ⅱa）は、妻（63歳）と二人暮らしで、小規模多機能型居宅介護事業所に登録し、週2回の通いサービスと週3回の訪問サービスを利用している。Aさんは、若い頃より散歩が趣味であったが、最近、散歩に出かけると自宅に戻れなくなることが増え、警察に保護されることがあった。妻は日中就労（週5日）のため、見守ることができずに困っている。この時点における計画作成担当者である介護支援専門員の対応として、より適切なものはどれか。3つ選べ。

1 徘徊感知機器の情報を収集し、Aさんと妻に情報提供を行う。

2 Aさんや妻の同意を得ないで、Aさんの立ち寄りそうな店舗などに、Aさんの写真と妻の携帯電話番号を掲示してもらう。

3 Aさんの心身の状況や自宅周辺の環境をアセスメントし、自宅に戻れなかった理由を探る。

4 通いサービスの利用日以外は外出をしないように、Aさんを説得する。

5 近隣住民等による見守り体制が取れるかどうか民生委員に相談する。

［解説］

1 ○ 人力だけではなく、福祉用具の活用の情報提供を行うことも有用である。ほかに、GPSや見守りのカメラ等、様々な方法がある。

2 × 個人情報の取扱いは、Aさんや妻から文書で同意を得た上で行う必要がある。さらに、妻個人の携帯電話番号の掲示ではなく、地域包括支援センターや市町村等を連絡先にすれば、より個人情報が保護できる。

3 ○ Aさんの体力や記憶力の程度、自宅周辺の環境のアセスメントをし、自宅に戻れなかった理由を探る必要がある。

4 × 若い頃より散歩が趣味であるAさんに、外出をしないように説得するのではなく、どうしたら散歩を継続できるかという視点が必要である。

5 ○ 近隣住民の協力を得て見守り体制が取れるかどうか、近隣住民のことを把握している民生委員に相談することは適切である。

解答［1・3・5］

第26回 問題24

Aさん（80歳、女性）は、最近、閉じこもりがちになり、体力が低下してきた。同居する娘は心配になって市役所に相談し、要支援1の認定を受けた。地域包括支援センターから委託を受けて、介護支援専門員が訪問したところ、娘は「母にはいつまでも元気でいてもらいたいが特に希望するサービスはない」と言う。介護支援専門員の対応として、より適切なものはどれか。2つ選べ。

1 特に希望するサービスがないので、今のところ支援の必要がないと考え、しばらく様子を見るよう娘に伝える。

2 指定訪問介護の生活援助を紹介する。

3 指定認知症対応型共同生活介護を紹介する。

4 Aさんの社会参加の状況や対人関係を把握する。

5 地域ケア会議などにおいて生活機能の改善のために必要な支援を検討する。

［解説］

1 × しばらく様子を見るのではなく、現在の状況が続くとどうなるか、いつまでも元気でいるためにはどのような支援が必要かなどを丁寧に伝え、具体的に提案することが必要である。

2 × 同居家族がいるだけで一律に生活援助を利用できないわけではないが、現段階で必要な支援とはいえないため、適切ではない。

3 × 指定認知症対応型共同生活介護は、認知症の診断を受けた人が入居する施設である。Aさんは、認知症の診断を受けていないため対象とならない。

4 ○ Aさんが閉じこもりがちになった状況や、これまでの対人関係のアセスメントを行い、支援に活かすことが必要である。

5 ○ 地域ケア会議などにおいて、地域におけるAさんの支援体制を検討するとともに、同じような状況の高齢者がいないか、地域課題としても検討することが必要である。

解答［ 4・5 ］

第 26 回 問題 25

特別養護老人ホームに入所している A さん（80 歳、女性、要介護 4）は、がんの末期で余命 1 か月程度と医師から告げられている。A さんは自宅で最期を迎えたいと希望している。自宅で一人暮らしをしている夫は、A さんの希望に沿いたいと考えているが、自宅での介護や看取りに不安を抱いている。A さんの居宅介護支援の依頼を受けた介護支援専門員が A さんや夫との面談を進めるに当たっての対応として、より適切なものはどれか。3 つ選べ。

1 夫が何を不安に感じているのかを聴き取る。

2 施設の嘱託医に居宅療養管理指導を依頼する。

3 夫の負担を考慮し、施設での看取りを依頼する。

4 A さんが自宅でどのように過ごしたいのかを聴き取る。

5 A さんの自宅がある地域で看取りに対応している診療所の情報を収集する。

[解説]

1 ○ 施設から自宅に戻れば、同居する夫が一番の介護者となるため、実際どのような介護が必要か、どのような支援が受けられるのか等、細かな不安や疑問の聴き取りは重要である。

2 × 退所後の居宅療養管理指導について、施設の嘱託医に依頼するのは適切ではない。在宅での訪問診療医への依頼を検討するのが望ましい。

3 × 夫は、施設での看取りではなく、A さんの「自宅で最期を迎えたい」という希望に沿いたいと考えているため、どうすればそれができるのかをまずは一緒に考える必要がある。

4 ○ A さん本人の希望や意向は一番大切なため、聴き取りは重要である。

5 ○ 自宅で最期まで過ごせるようにサポートしてくれる診療所や病院の情報を収集し、本人や家族に提案できるように準備をしておく必要がある。

解答 ［ 1・4・5 ］

COLUMN

事例問題の解き方のポイント!!

事例問題は、介護支援専門員に必要な総合的な知識を確認するために重要視されています。現在、介護保険関連サービスにかかわっている人は、具体的な利用者をイメージしてしまうと、客観的に解答することができなくなってしまう可能性もあります。ですから、一つひとつの問いに対しあわてずに解答するよう心がけてください。認知症、一人暮らし、本人と家族との意向が異なるなど、さまざまな状況にある問題文中の利用者に対して、介護支援専門員としてどのようにかかわるのか、また疾病をもつ利用者に対するケアプランを立案するときの注意点は何かなど、適切な対応と幅広い知識が問われます。介護保険制度の理念、介護支援専門員の基本姿勢、各サービスの内容、社会資源の活用と連携など、しっかり確認しておきましょう。

Ⅱ

保健医療サービスの知識等

- 文中の「市町村」は、「市町村及び特別区」の意味となります。
- 指定居宅サービス、指定施設サービス、指定地域密着型サービス、指定介護予防サービス、指定地域密着型介護予防サービス、指定居宅介護支援、指定介護予防支援についての人員・設備・運営などの基準に関する設問は、厚生労働省令で定める指定基準によります。
- 「障害者総合支援法」は、「障害者の日常生活及び社会生活を総合的に支援するための法律（平成17年法律第123号）」のことをいいます。
- 「高齢者虐待防止法」は、「高齢者虐待の防止、高齢者の養護者に対する支援等に関する法律（平成17年法律第124号）」のことをいいます。

図表で覚える！ 重要ポイント

● 老年症候群

高齢者の特徴

高齢者では、加齢とともに発症、進行する多くの疾患により生理機能の低下が起こります。また、加齢による機能低下は個人差が大きいことが特徴です。

老年症候群

加齢に伴い、心身の機能が低下することによって生じる症状です。

意識障害、せん妄	脳の器質的障害（脳血管障害、頭部外傷など）、薬剤の副作用、低血圧、低血糖、慢性呼吸不全、高血糖、尿毒症、睡眠や覚醒リズムの障害などが原因となる
抑うつ	身体的、社会心理的な要因のため、高頻度でみられる
認知機能障害	記憶、知識、計算、見当識、理解、判断などの加齢による機能障害
不眠	睡眠時間の短縮で睡眠が浅くなり、**中途覚醒**や**早朝覚醒**が多くなる。睡眠時無呼吸症候群、むずむず脚症候群（レストレスレッグス症候群）なども原因となる
低栄養、食欲不振、脱水	**低栄養**はたんぱく質とエネルギーの摂取不足による栄養障害。**脱水**は体内の水分量が少なく口渇を感じにくいことに加え、下痢、発熱、高血糖、薬剤（利尿剤）などが原因となりやすい
めまい、ふらつき	**回転性めまい**、**眼前暗黒感**、**浮動感**などに分類でき、メニエール病やパーキンソン病などの疾患、薬剤、起立性低血圧などが原因となる
視聴覚障害	聴覚障害には、**伝音性難聴**と**感音性難聴**、耳鳴りなどがあり、高齢者では**感音性難聴**が多いとされる。視覚障害は、**白内障**、**加齢黄斑変性症**、**緑内障**、糖尿病性網膜症が代表的である
手足のしびれ	知覚鈍麻、異常知覚、運動障害など。原因は様々であるが、脳血管障害、脊椎の障害、糖尿病などが主な原因となる
フレイル、サルコペニア、廃用症候群	**フレイル**とは、健康な状態と介護を要する状態の中間的な状態であり、①体重減少、②筋力低下、③疲労感、④歩行速度、⑤身体活動の五つの要素のうち 3 項目以上該当する場合。**サルコペニア**は、加齢に伴う骨格筋量の減少、筋力や身体機能の低下を指す。フレイルが進行すると廃用症候群となる。**廃用症候群**には、筋萎縮、関節拘縮、褥瘡、起立性低血圧、認知機能障害、尿失禁、便秘などがある
尿失禁	**切迫性尿失禁**、**腹圧性尿失禁**、**溢流性尿失禁**、**機能性尿失禁**などがあり、高齢者の尊厳にかかわる病態である
嚥下障害、誤嚥	筋力低下や知覚障害のため、嚥下反射などが低下する
褥瘡	皮膚局所への持続的圧迫による血流障害が原因となる

● 高齢者の疾患の特徴

- 多くの疾患を併せもつ
- 個人差が大きい
- 症状が非定型的
- 慢性の疾患が多い
- 薬剤に対する反応が特徴的で、成人と異なる
- 予後やQOLが社会的要因に大きく影響される

● 高齢者に多い疾病

脳・神経	脳卒中／認知症／筋萎縮性側索硬化症（ALS）／パーキンソン病／進行性核上性麻痺／大脳皮質基底核変性症／脊髄小脳変性症（多系統萎縮症、皮質性小脳萎縮症）／早老症
骨・関節	変形性膝関節症／関節リウマチ／脊柱管狭窄症／後縦靭帯骨化症／骨粗鬆症／大腿骨頸部骨折
循環器	心筋梗塞／狭心症／高血圧症／心不全／不整脈／閉塞性動脈硬化症（ASO）
消化器	胃・十二指腸潰瘍／胆石症、胆嚢炎／肝炎、肝硬変／潰瘍性大腸炎
腎臓・尿路	腎不全／前立腺肥大症／尿路感染症
がん	死亡数の多いがんの部位：男性／肺がん・大腸がん・胃がん、女性／大腸がん・肺がん・膵がん（令和4（2022）年人口動態統計）
代謝異常	糖尿病／脂質異常症／低ナトリウム血症／熱中症
呼吸器	慢性閉塞性肺疾患（COPD）／呼吸器感染症（急性上気道炎、急性気管支炎、肺炎、肺結核）／喘息
皮膚	疥癬／薬疹／褥瘡／白癬、皮膚カンジダ症／皮脂欠乏症、皮膚掻痒症、脂漏性湿疹／帯状疱疹
目	白内障／緑内障／加齢黄斑変性症
耳鼻	難聴／めまい、ふらつき

● 医学的診断のプロセスにおけるキーワード

インフォームド・コンセント	患者が医師から説明をきちんと受けた上で同意すること
エビデンス・ベースド・メディスン（EBM）	医師個人の経験だけに頼るのではない、**科学的な根拠**に基づいた医療
ナラティブ・ベースド・メディスン（NBM）	個々の人間の**感じ方**や**考え方**に耳を傾けて自己決定を促す医療

● 高齢者のバイタルサイン

バイタルサインとは、生命の維持にかかわる人体の最も基本的な情報のことで、一般に、体温、脈拍、血圧、意識レベル、呼吸の五つを指します。

体温	発熱 高体温	37℃以上	感染症、悪性腫瘍、膠原病、甲状腺機能亢進症、熱中症、脱水など
	低体温	34℃以下	環境や、低栄養、甲状腺機能低下症、薬剤などによる体温調節機能不全が原因となる
	熱型	稽留熱	解熱せずに持続する発熱
		間欠熱	急激な発熱と解熱を繰り返す
		弛張熱	完全に解熱せず、微熱になって高熱になる
		回帰熱	有熱期と解熱期を繰り返す
脈拍	頻脈	100回/分以上	感染症、うっ血性心不全、甲状腺機能亢進症、脱水など
	徐脈	60回/分未満	頭蓋内圧亢進、薬剤の副作用、甲状腺機能低下症、洞不全症候群など
	不整脈	拍動の欠け（結滞）、リズムの乱れ	心房細動など
血圧	動脈壁にかかる圧力。収縮期血圧（最高血圧）と拡張期血圧（最低血圧）を測定する。日内変動がある		
	本態性高血圧症		遺伝的な素因、塩分摂取、加齢など原因がはっきりしないもの
	二次性高血圧症		腎血管性高血圧症や内分泌異常など原因がはっきりしているもの
	起立性低血圧		降圧薬や利尿薬、抗うつ薬、血管拡張薬などの薬剤や飲酒などが原因となる
意識レベル	正常←→低下 清明　傾眠　昏迷　半昏睡　昏睡		
呼吸	頻呼吸	25回/分以上	発熱、心不全、呼吸器疾患など
	徐呼吸	9回/分以下	糖尿病性ケトアシドーシス、脳卒中など
	呼吸困難時の変化		起座呼吸、口すぼめ呼吸、下顎呼吸、チアノーゼなど
	疾患による特徴的な呼吸パターン		チェーンストークス呼吸（脳血管障害、心不全） クスマウル呼吸（糖尿病性ケトアシドーシス、尿毒症） ビオー呼吸（髄膜炎、脳腫瘍）

● 検査

体格	BMI ＝体重（kg）÷（身長（m）×身長（m）） BMI が18.5未満であれば低体重、25以上であれば肥満とされる
総たんぱく、アルブミン	血清総たんぱく（血清中に含まれるたんぱく質の総量） 血清アルブミン（血清総たんぱくの主成分。栄養状態の指標）
肝機能	AST（GOT）、ALT（GPT）、γ-GTP
腎機能	血清クレアチニン、推算糸球体ろ過量（eGFR）、血中尿素窒素（BUN）
血算	赤血球、白血球、血小板
血糖、ヘモグロビン A1c	ヘモグロビン A1c は、糖がヘモグロビンと結合している割合を示す。過去 1 ～ 2 か月の平均的な血糖レベルを反映している
血清脂質	LDL コレステロール、HDL コレステロール、non-HDL コレステロール
尿酸	尿酸値が7.0mg/dL を超えると高尿酸血症と診断される
C反応性たんぱく質（CRP）	感染症、悪性腫瘍、膠原病、梗塞、組織崩壊などで高値となる
電解質	血清ナトリウム（Na）、カリウム（K）、クロール（Cl）
心電図	不整脈がある場合や、狭心症が疑われる場合には、24時間心電図（ホルター心電図）の検査も行う
X線検査	胸部X線検査、頭部 CT 検査
検尿	尿糖や尿たんぱくの検出、糖尿病や腎臓病のスクリーニング検査、尿路感染症の診断
便潜血	微量の血液が便に混じっているかを検出する検査。主に大腸がんの早期発見のために行われる

● 在宅医療の種類

・在宅自己注射　・悪性腫瘍疼痛管理　・人工透析（血液透析、腹膜透析）
・在宅中心静脈栄養法　・経管栄養法（経鼻胃管、胃ろうなど）　・人工呼吸療法
・在宅酸素療法　・ストーマ　・喀痰吸引　・カテーテル法　・ネブライザー
・在宅自己導尿　・パルスオキシメーター

● 認知症の原因疾患

認知症の原因疾患には、変性疾患、脳血管障害、外傷性疾患、感染症など様々なものがあり、代表的な原因疾患には**アルツハイマー型認知症**、**血管性認知症**、**レビー小体型認知症**、**前頭側頭型認知症**などがあります。

アルツハイマー型認知症	徐々に進行する。**健忘**が初期症状であり、主症状。**エピソード記憶の障害**が中心
血管性認知症	**脳血管障害**が原因で引き起こされる認知症。反応に時間がかかり、動きが鈍くなる
レビー小体型認知症	**リアルな幻視**、**起立性低血圧**などの自律神経症状、転倒、**パーキンソン症状**がみられる
前頭側頭型認知症	**行動障害型**では社会的認知の障害、常同行動など、**意味性認知症**では言語障害などの症状がみられる

その他、**正常圧水頭症**、**慢性硬膜下血腫**など原因疾患を治療することによって、治癒が見込まれる認知症もあります。

● 認知症の中核症状とBPSD

中核症状	脳がダメージを受けたことに直接起因する症状 （例）記憶障害、見当識障害、遂行機能障害、失行、失認、注意障害など
認知症の行動・心理症状（BPSD）	個人因子や環境因子の影響を強く受ける症状 （例）暴言・暴力、不穏、焦燥、徘徊、社会的に不適切な行動、不安、抑うつなど

● 認知症施策の概要

認知症の人の意思が尊重され、できる限り住み慣れた地域のよい環境で自分らしく暮らし続けることができる社会の実現を目指し、2015（平成27）年１月に「**認知症施策推進総合戦略（新オレンジプラン）**」が策定されました。さらに2019（令和元）年６月には、「共生」と「予防」を車の両輪として施策を推進していくことを示した「**認知症施策推進大綱**」が策定されました。2023（令和５）年６月16日には、認知症の人が尊厳を保持しつつ希望を持って暮らすことができるよう、認知症施策を総合的かつ計画的に推進するため、「**共生社会の実現を推進するための認知症基本法**」が公布されました（2024（令和６）年１月１日施行）。

認知症施策推進大綱の五つの柱

① 普及啓発・本人発信支援
② 予防
③ 医療・ケア・介護サービス・介護者への支援
④ 認知症バリアフリーの推進・若年性認知症の人への支援・社会参加支援
⑤ 研究開発・産業促進・国際展開

認知症施策の例

認知症ケアパス	認知症発症予防から人生の最終段階まで、認知症の容態に応じ、相談先や、いつ、どこで、どのような医療・介護サービスを受ければいいのか、これらの流れをあらかじめ標準的に示したもの
認知症初期集中支援チーム	複数の専門家が、認知症が疑われる人や認知症の人及びその家族を訪問し、観察・評価を行った上で、家族支援等の初期の支援を行うチーム
認知症地域支援推進員	市町村に配置し、地域の支援機関間の連携づくりや、認知症ケアパス・認知症カフェ・社会参加活動などの地域支援体制づくり、認知症の人やその家族を支援する相談業務等を実施する
認知症カフェ	認知症の人やその家族が、地域の人や専門家と相互に情報を共有し、お互いを理解し合う場

● ターミナルケアのキーワード

死が間近に迫った時期（終末期、ターミナル期）に行われるケアを**ターミナルケア**といいます。

グリーフケア	**エンゼルケア**（死後のケア）など、遺族等の悲嘆への配慮や対応
ターミナルケア加算など	ターミナルケアを行った場合に介護報酬上算定される加算 **ターミナルケア加算**：訪問看護、定期巡回・随時対応型訪問介護看護、看護小規模多機能型居宅介護、介護老人保健施設 **看取り介護加算**：特定施設入居者生活介護、認知症対応型共同生活介護、地域密着型特定施設入居者生活介護、地域密着型介護老人福祉施設入所者生活介護、介護老人福祉施設
ACP（アドバンス・ケア・プランニング）	人生の最終段階の医療・ケアについて、本人が家族等や医療・ケアチームと事前に繰り返し話し合うプロセス

● 感染症

高齢者に起こりやすい**感染症**として、呼吸器感染症、尿路感染症、感染性胃腸炎、疥癬があります。

MRSA（メチシリン耐性黄色ブドウ球菌）感染症	留置カテーテル、気管内挿管、褥瘡など（**接触感染**）
肝炎	B型肝炎、C型肝炎は、徐々に肝硬変、肝がんに進行。輸血などにより感染（**血液感染**）
疥癬	ヒゼンダニの寄生によって起こる（**接触感染**）。ノルウェー疥癬（角化型疥癬）は一定期間個室管理
結核	肺に感染する（**空気感染**（**飛沫感染**））。過去に感染した結核菌が再活性化して発症することがある
インフルエンザ	気道感染症（**飛沫感染**）。インフルエンザワクチンは、高齢者について定期接種となっている
ノロウイルス感染症	二枚貝などによる**経口感染**や、ノロウイルス感染症発症者の吐物等による**飛沫感染**や**接触感染**
腸管出血性大腸菌感染症	病原大腸菌による感染症。手指や食品等を介して感染する（**接触感染**）
肺炎	肺への病原微生物の感染。肺炎球菌ワクチンは、高齢者について定期接種となっている

標準予防策（スタンダード・プリコーション）

スタンダード・プリコーションとは、患者や利用者が感染症にかかっているかどうかにかかわらず、ふだんからすべての患者や利用者に対して感染症に対する予防策を講じることです。「あらゆる人の血液、体液、分泌物、嘔吐物、排泄物、創傷のある皮膚、粘膜等には感染性があると考えて取り扱う」のが基本です。

具体的には、ふだんからの手洗い・消毒を怠らないことや、感染性のあるものに触れる際には防護具（使い捨ての手袋、マスク、エプロン、ガウン）を使用することなどです。

● 訪問看護

訪問看護の内容は次のとおりです。

① 病状の観察と情報収集
② 療養上の世話
③ 診療の補助
④ 精神的支援
⑤ リハビリテーション
⑥ 家族支援
⑦ 療養指導
⑧ 在宅での看取りの支援

訪問看護には、**介護保険**の訪問看護と、**医療保険**の訪問看護があります。原則として**介護保険**の訪問看護が優先され、同時に利用することはできません。

介護保険の訪問看護を利用する場合	病状が安定期にあり、主治医が必要と認めた要介護者（下記②、③、④を除く）
医療保険の訪問看護を利用する場合	①要介護者以外への訪問看護 ②要介護者の急性増悪、終末期、退院直後等により**特別訪問看護指示書**が交付された場合の訪問看護（14日間を限度） ③末期の悪性腫瘍その他厚生労働大臣が定める疾病等による要介護者への訪問看護 ④精神科訪問看護（認知症を除く）

● 通所リハビリテーション

通所リハビリテーションの内容は次のとおりです。

定義	主治医が、病状が安定期にありリハビリテーションが必要と認めた要介護者について、心身の機能の維持回復を図り、日常生活の自立を助けるために行われる理学療法、作業療法その他必要なリハビリテーションをいう
事業者	**介護老人保健施設**、**介護医療院**、**病院**、**診療所**が、都道府県知事の指定を得て指定通所リハビリテーション事業者としてサービスを行う
計画の作成	医師及び理学療法士、作業療法士その他専ら指定通所リハビリテーションの提供に当たる通所リハビリテーション従業者が共同して作成する
リハビリテーション会議	利用者及びその家族の参加を基本としつつ、医師、理学療法士、作業療法士、言語聴覚士、介護支援専門員、居宅サービス計画の原案に位置付けた指定居宅サービス等の担当者等により構成される会議。リハビリテーションに関する専門的な見地から利用者の状況等に関する情報を共有するよう努める

● 短期入所療養介護

短期入所療養介護の内容は次のとおりです。

① 疾病に対する医学的管理
② 装着された医療機器の調整・交換
③ リハビリテーション
④ 認知症患者への対応
⑤ 緊急時の受け入れ
⑥ 急変時の対応
⑦ ターミナルケア

定義	病状が安定している要介護者に、介護老人保健施設や介護医療院、療養病床を有する病院、診療所に短期間入所してもらい、看護、医学的管理の下における介護及び機能訓練その他必要な医療並びに日常生活上の世話を提供する
事業者	①**介護老人保健施設**、②**介護医療院**、③**療養病床を有する病院・診療所**、④**診療所**（③を除く）が、都道府県知事の指定を得て指定短期入所療養介護事業者としてサービスを行う
対象者	①利用者の心身の状況・病状、②家族の疾病・冠婚葬祭・出張等、③家族の身体的及び精神的な負担の軽減等を図るため、一時的に入所して看護、医学的管理の下における介護及び機能訓練その他必要な医療等を受ける必要がある者
計画の作成	管理者は、おおむね4日以上にわたり継続して入所することが予定される利用者については、利用者の心身の状況、病状、希望、環境、医師の診療の方針に基づき、居宅サービス計画の内容に沿って**短期入所療養介護計画**を作成しなければならない

● 介護医療院

2017（平成29）年の介護保険法改正により、今後、増加が見込まれる慢性期の医療・介護ニーズへの対応のため、「日常的な医学管理が必要な重介護者の受け入れ」や「看取り・ターミナル」等の機能と、「生活施設」としての機能を兼ね備えた**介護医療院**が、新たな介護保険施設として創設されました。

定義	主として長期にわたり療養が必要である**要介護者**に対し、施設サービス計画に基づいて、療養上の管理、看護、医学的管理の下における介護及び機能訓練その他必要な医療並びに日常生活上の世話を行うことを目的とする施設として、都道府県知事の許可を受けたもの
機能	**要介護者**に対し、「長期療養のための医療」と「日常生活上の世話（介護）」を一体的に提供する（介護保険法上の介護保険施設だが、医療法上は医療提供施設として法的に位置付ける）
開設主体	地方公共団体、医療法人、社会福祉法人などの非営利法人等
主な類型	Ⅰ型療養床：療養床のうち、主として長期にわたり療養が必要な者であって、**重篤な身体疾患を有する者、身体合併症を有する認知症高齢者等**を入所させるもの Ⅱ型療養床：療養床のうち、Ⅰ型療養床以外のもの

● 介護老人保健施設

介護老人保健施設は、病状が安定期にある**要介護者**に対し、看護、医学的管理の下における介護及び機能訓練その他必要な医療並びに日常生活上の世話を行うことを目的とする施設で、都道府県知事の許可を受けたものをいいます。①包括的ケアサービス、②リハビリテーション、③在宅復帰、④在宅生活支援、⑤地域に根ざした施設という理念や役割を有しており、看取りも行われています。

介護老人保健施設には基本型のほか、次のような種類があります。

介護老人保健施設の形態

基本型介護老人保健施設以外の形態	概要
ユニット型介護老人保健施設	少数の療養室とそれに近接する共同生活室により一体的に構成される「ユニット」ごとに入居者の日常生活が営まれる介護老人保健施設。ユニットごとの定員はおおむね10人以下とし、15人を超えないものとする
サテライト型小規模介護老人保健施設	当該施設以外の介護老人保健施設若しくは介護医療院又は病院・診療所（本体施設）と密接に連携しつつ、本体施設とは別の場所で運営される介護老人保健施設。定員は29人以下
医療機関併設型小規模介護老人保健施設	介護医療院又は病院・診療所に併設される介護老人保健施設で、サテライト型小規模介護老人保健施設以外のもの。定員は29人以下
分館型介護老人保健施設	複数の医師を配置している病院・診療所に併設している基本型介護老人保健施設との一体的な運営を条件として独立開設した介護老人保健施設で、過疎地域自立促進特別措置法等に規定する地域に整備されるもの
介護療養型老人保健施設	介護療養型医療施設などが介護老人保健施設に転換した施設

人員基準

職種	資格要件・配置基準等
医師	入所者100人に対し常勤換算で１人以上
薬剤師	施設の実情に応じた適当数
介護職員・看護職員	入所者３人又はその端数を増すごとに常勤換算で１人以上（看護職員の人数は、総数の７分の２程度、介護職員の人数は、総数の７分の５程度）
支援相談員	１人以上（入所者が100人を超える場合は、常勤の支援相談員１人に加え、100を超える部分について入所者100人に対し常勤換算で１人以上）
理学療法士・作業療法士・言語聴覚士	入所者100人に対し常勤換算で１人以上
栄養士・管理栄養士	入所定員100人以上の施設は常勤で１人以上（栄養管理に支障がない場合は、同一敷地内の病院等との兼務は可能。定員100人未満の施設も常勤職員の配置に努める）
介護支援専門員	１人以上（常勤専従。入所者の処遇に支障がない場合は施設の他の職務に従事可能）。入所者100人又はその端数を増すごとに１人を標準
管理者	常勤専従（管理上支障のない場合は、同一敷地内にある他の事業所、施設等の職務に従事可能）

運営基準

診療の方針	・**検査**、**投薬**、**注射**、**処置**等は、入所者の病状に照らして妥当適切に行う ・厚生労働大臣が定める医薬品以外の医薬品を入所者に施用し、又は処方してはならない
非常災害対策	非常災害に関する具体的計画を立て、非常災害時の関係機関への通報及び連携体制を整備し、それらを定期的に従業者に周知するとともに、定期的に避難、救出その他必要な訓練を行わなければならない。訓練の実施に当たって、地域住民の参加が得られるよう連携に努めなければならない
衛生管理等	感染症又は食中毒が発生し、又はまん延しないよう、感染症又は食中毒の予防及びまん延の防止のための対策を検討する委員会（感染対策委員会。テレビ電話装置等の活用も可）をおおむね３月に１回以上開催する。指針を整備し、介護職員その他の従業者に対し、研修を定期的に実施する
協力病院等	あらかじめ**協力病院**を定めておかなければならない（義務）。また、あらかじめ**協力歯科医療機関**を定めておくよう努めなければならない（努力義務）
地域との連携等	地域住民又はその自発的な活動等との連携及び協力を行う等の地域との交流に努めなければならない

1 絶対に覚えておこう！

① バイタルサインと検査

身体の徴候であるバイタルサインの特徴をしっかりと整理しておこう！また、検査ではBMIやCRP、ヘモグロビンA1c、AST（GOT）などが出題されているため、その内容も正しく理解しておこう。

○○	**001** 26-27	高体温とは、体温が36.5度以上である場合をいう。	
○○	**002** 24-27	バイタルサインとは、体温、脈拍、血圧、意識レベル及び呼吸である。	
○○	**003** 25-28	橈《とう》骨《こつ》動脈で脈が触れない場合には、頸動脈や股動脈で脈拍をみる。	
○○	**004** 25-28	重度の徐脈は、失神を伴うことがある。	
○○	**005** 24-27	1分当たりの心拍数60以上を頻脈という。	
○○	**006** 26-27	脈拍数と心拍数は、常に一致する。	
○○	**007** 24-27	感染症に罹患しても、発熱がみられないことがある。	
○○	**008** 24-28	解熱せずに持続する発熱を、間欠熱という。	
○○	**009** 23-29	稽《けい》留《りゅう》熱では、急激な発熱と解熱を繰り返す。	

とてもよくでる項目

重要 p.○ は本書「重要ポイント」の参照ページを示しています。

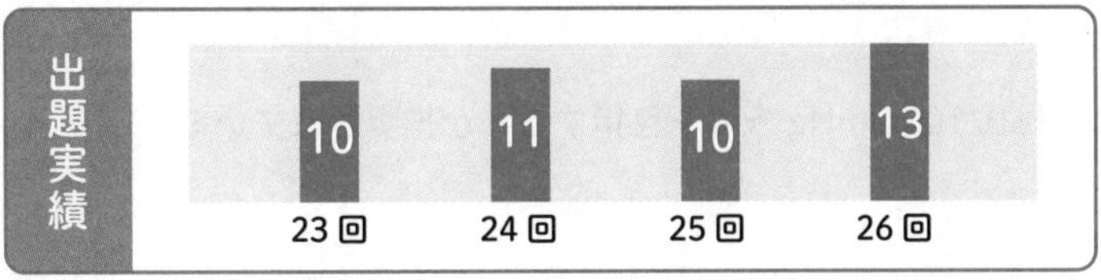

ワークブック 2024
p.203~210
参照

001 ×
体温が［37］度以上を発熱あるいは高体温という。 重要 p.156

002 ○
バイタルサインとは、生命維持にかかわる人体の最も基本的な情報であり、医療では一般的に［体温］、［脈拍］、［血圧］、［意識レベル］、［呼吸］の状態を判断材料としている。 重要 p.156

003 ○
血圧が低く橈《とう》骨《こつ》動脈で拍動を触れない場合には、［頸《けい》動脈］や［股《こ》動脈］で脈拍をみる。

004 ○
重度の徐脈は、意識障害、［失神］を伴うこともあり、治療が必要となる。

005 ×
1分当たりの心拍数100以上を［頻脈］、60未満を［徐脈］という。 重要 p.156

006 ×
脈拍数と心拍数は通常であれば一致するが、［不整脈］の場合、必ずしも一致するとは限らない。

007 ○
高齢者では、感染症に罹患しても発熱が［みられない］ことがある。発熱の程度と疾患の重症度は必ずしも関連しない。

008 ×
解熱せずに持続する発熱を、［稽《けい》留《りゅう》熱］という。［間《かん》欠《けつ》熱］は、急激な発熱と解熱を繰り返すタイプである。 重要 p.156

009 ×
［稽《けい》留《りゅう》熱］は、解熱せずに持続する発熱のことをいう。急激な発熱と解熱を繰り返すタイプの熱は［間《かん》欠《けつ》熱］という。 重要 p.156

□□	010	26-27	一般的に動脈壁にかかる圧力を血圧という。	
□□	011	25-28	加齢とともに血管の弾力が失われるため、収縮期血圧が低くなる傾向がある。	
□□	012	24-27	血圧は、160/100mmHg 未満を目指すことが推奨されている。	
□□	013	23-29	心房細動では、心房の正常な収縮と拡張ができなくなる。	
□□	014	26-27	血圧には日内変動がある。	
□□	015	25-28	起立性低血圧は、降圧薬、利尿薬などの薬剤の使用も原因になる。	
□□	016	23-29	飲酒は、起立性低血圧の原因とはならない。	
□□	017	25-28	昏睡とは、刺激がないと眠ってしまう状態である。	
□□	018	26-27	ジャパン・コーマ・スケール（JCS）は、意識レベルの評価に用いられる。	
□□	019	23-29	ジャパン・コーマ・スケール（JCS）では、数値が大きいほど意識レベルが低い。	
□□	020	26-36	高齢者の肺活量の低下の一因として、肺の残気量の低下がある。	
□□	021	26-36	起座呼吸は、気管支喘息の患者にもみられる。	

010
○
一般的に［動脈壁］にかかる圧力を血圧という。 重要 p.156

011
×
加齢とともに動脈硬化性の変化が進み、血管の弾力が失われるため、収縮期血圧は［高く］なり、拡張期血圧は［低く］なる傾向がみられる。

012
×
「高血圧治療ガイドライン 2019」によると、65～74 歳の前期高齢者では診察室血圧を［130/80］mmHg 未満、75 歳以上の後期高齢者では原則として［140/90］mmHg 未満を目指すことが推奨されている。

013
○
心房細動《しんぼうさいどう》は高齢者に多くみられる不整脈で、心房全体が小刻みにふるえ、心房の正しい収縮と拡張が［できなくなる］。

014
○
血圧の［日内変動］や個人差は大きく、またちょっとした動作や体位変換、室温の違い、［精神的な緊張］などでも大きく変動する。 重要 p.156

015
○
起立性低血圧は、臥位《がい》や座位から急に立ち上がったときに起こる血圧の低下であり、パーキンソン病などでみられるが、降圧薬や利尿薬、抗うつ薬、血管拡張薬などの［薬剤］や［飲酒］なども原因となる。 重要 p.156

016
×
起立性低血圧は、降圧薬や利尿薬、抗うつ薬、血管拡張薬などの［薬剤］や［飲酒］なども原因となる。 重要 p.156

017
×
［昏睡］とは、自発的運動がなく痛覚刺激にも反応しない状態をいう。刺激がないと眠ってしまう状態は、［傾眠］という。

018
○
［意識レベル］の評価方法として、日本ではジャパン・コーマ・スケール（JCS）が使用されている。

019
○
ジャパン・コーマ・スケール（JCS）は、覚醒の程度によって意識レベルを 3 段階に分類したもので、数値が［大きく］なるほど意識レベルが低いことを示している。

020
×
高齢者の肺活量の低下の一因として、肺の残気量の［増加］がある。

021
○
起座《きざ》呼吸とは、呼吸困難が臥位《がい》で［増強し］、起座位又は半座位になると［軽減する］呼吸状態を指す。左心不全、［気管支喘息《ぜんそく》］、肺炎、気管支炎でみられる。

022	24-38	喘息や心不全による呼吸困難では、起座呼吸で症状が楽になることが多い。
023	26-36	重症の糖尿病性ケトアシドーシスの患者では、異常な呼吸がみられることがある。
024	24-27	口すぼめ呼吸は、慢性閉塞性肺疾患（COPD）によくみられる。
025	23-29	口すぼめ呼吸で息を吐くと、気管支内の圧力が高くなり、気管支の閉塞を防ぐ。
026	25-29	BMI（Body Mass Index）は、身長（m）を体重（kg）の 2 乗で除したものである。
027	23-30	高齢者では膝などの関節が十分に伸びなくなるので、BMI（Body Mass Index）は本来の値より小さくなる。
028	24-28	上腕や下腿の周囲長は、寝たきりなどで体重測定が難しい場合の低栄養の判定に使われる。
029	26-28	腹囲が男性 85cm 以上、女性 90cm 以上の場合は、メタボリックシンドロームの診断において腹部型の肥満とされる。
030	23-30	腹囲が男性 85cm 以上、女性 90cm 以上の場合は、メタボリックシンドロームの診断において腹部型の肥満とされる。
031	25-29	血清アルブミンの値は、高齢者の長期にわたる栄養状態をみる指標として有用である。
032	26-28	AST（GOT）は、肝臓以外の臓器の疾患でも上昇する。

022 ○

喘息《ぜんそく》や心不全による呼吸困難では、起座《きざ》呼吸で症状が［楽になる］ことが多い。

023 ○

重症の糖尿病性ケトアシドーシスの患者では、［クスマウル呼吸］が特徴的にみられる。異常に深大な呼吸が規則正しく続く呼吸で、吸気の方が呼気より長くなる。

024 ○

口すぼめ呼吸は、慢性気管支炎や肺気腫などの［慢性閉塞《へいそく》性肺疾患］（［COPD］）の患者でよくみられる。口をすぼめて息を吐くと気管支内の圧力が［高く］なって、気管支の閉塞を防ぐことができ、呼吸が楽になる。

025 ○

口をすぼめて息を吐くと気管支内の圧力が［高く］なって、気管支の閉塞《へいそく》を防ぐことができ、呼吸が楽になる。

026 ×

BMI（Body Mass Index）は、［体重（kg）］を［身長（m）］の 2 乗で除したもので、低体重や肥満の指標に用いられる。 重要 p.157

027 ×

高齢になると脊椎《せきつい》圧迫骨折などによる脊椎の変形（円背《えんぱい》）や膝などの関節が十分に伸びなくなり、その結果、身長の測定値は見かけ上、低下する。このため、BMI（Body Mass Index）は本来の値より［大きくなる］。

028 ○

上腕周囲長や下腿周囲長は、寝たきりなどで体重測定が難しい場合の［低栄養の判定］に使われる。上腕周囲長は、男性で 20cm 未満、女性で 19cm 未満の場合に低栄養の可能性がある。

029 ○

腹囲は、メタボリックシンドロームの診断に使われ、男性で［85］cm 以上、女性で［90］cm 以上が腹部型の肥満とされる。

030 ○

腹囲は、メタボリックシンドロームの診断に使われ、男性で［85］cm 以上、女性で［90］cm 以上が腹部型の肥満とされる。

031 ○

血清アルブミンは、［高齢者の長期にわたる栄養状態をみるための指標］として最も有用なものである。健康な高齢者では、加齢に伴う血清アルブミンの低下はみられない。 重要 p.157

032 ○

AST（GOT）は、［肝・胆道《たんどう》疾患］の指標となる検査であるが、［心臓］、［筋肉］などの疾患や［溶血性疾患］でも上昇する。

033	25-29	AST（GOT）・ALT（GPT）の値は、肝・胆道疾患の指標となる。
034	25-29	血清クレアチニンの値は、腎機能の指標となる。
035	24-28	血清アルブミン値は、腎機能が悪化すると高値になる。
036	24-28	血清クレアチニン値は、高齢者の長期にわたる栄養状態をみる指標として用いる。
037	26-28	ヘモグロビン A1c は、採血時の血糖レベルを評価するのに適している。
038	25-29	ヘモグロビン A1c の値は、過去 1 週間の平均的な血糖レベルを反映する。
039	23-30	ヘモグロビン A1c の値は、過去 6 か月間の平均血糖レベルを反映している。
040	26-28	CRP（C 反応性たんぱく質）は、体内で炎症が起きているときに低下する。
041	23-30	CRP（C 反応性たんぱく質）は、体内で炎症が起きているときに低下する。
042	23-30	24 時間心電図（ホルター心電図）検査は、不整脈がある場合や狭心症が疑われる場合に行われる。
043	26-28	尿検査は、尿路感染症の診断に有効である。

033 ○

肝・胆《たん》道《どう》疾患では、AST（GOT）・ALT（GPT）の値は上昇するため、重要な検査である。 重要 p.157

034 ○

血清クレアチニンは、筋肉内のクレアチニンの異化によって生じ、腎臓からのみ排泄される。このため［腎機能］が悪くなると高値になり、［腎機能］の鋭敏な指標となる。 重要 p.157

035 ×

腎機能が悪化すると高値になるのは、［血清クレアチニン］、［血中尿素窒素］（［BUN］）である。血清アルブミンは、［高齢者の長期にわたる栄養状態をみるための指標］である。 重要 p.157

036 ×

高齢者の長期にわたる栄養状態をみるための指標として最も有用なものは、［血清アルブミン］である。血清クレアチニンは、［腎機能］が悪化すると高値になる。 重要 p.157

037 ×

ヘモグロビン A1c は、糖がヘモグロビンと結合している割合を示し、［過去 1～2 か月］の平均的な血糖レベルを反映する。 重要 p.157

038 ×

ヘモグロビン A1c は、糖がヘモグロビンと結合している割合を示し、［過去 1～2 か月］の平均的な血糖レベルを反映する。 重要 p.157

039 ×

ヘモグロビン A1c は、糖がヘモグロビンと結合している割合を示し、［過去 1～2 か月］の平均的な血糖レベルを反映している。 重要 p.157

040 ×

CRP（C 反応性たんぱく質）は、感染症などの炎症性疾患における炎症の程度を判定する検査で、発症 12 時間後以降に CRP の［上昇］がみられる。 重要 p.157

041 ×

CRP（C 反応性たんぱく質）は、感染症などの炎症性疾患における炎症の程度を判定する検査で、発症 12 時間後以降に CRP の［上昇］がみられる。 重要 p.157

042 ○

24 時間心電図（ホルター心電図）検査は、［不整脈］がある場合や［狭心症］が疑われる場合、［いつもと同じ日常生活］における心電図を記録する。 重要 p.157

043 ○

尿検査は、糖尿病や腎臓病のスクリーニング検査として重要であるが、高齢者では［尿路感染症］の診断にも重要である。 重要 p.157

□□	044 24-28	胸部Ｘ線検査は、心不全の診断にも有用である。

② 医学的診断・予後予測・医療との連携

在宅医療管理は毎年出題されているので、処置の目的、方法を確実におさえておこう！　第 26 回試験、第 25 回試験では、利用者の入退院時の対応についても出題された。

□□	045 26-33	傷病の診察や検査は、医師の負担が少ないものから行う。
□□	046 26-33	傷病の診断は、医師又は歯科医師が行う。
□□	047 24-33	医学的診断のプロセスでは、主訴の前に、家族歴や既往歴の聴取を行う。
□□	048 24-33	診察や検査は、患者の身体的負担が小さいものから行うことが原則である。
□□	049 23-36	患者が医師から説明をきちんと受けた上で同意することをインフォームド・コンセントという。
□□	050 26-33	患者は、自分の傷病の内容を知り、どのような治療を受けるか、自己決定する権利を有している。
□□	051 25-35	エビデンス・ベースド・メディスン（Evidence Based Medicine：EBM）は、根拠に基づく医療のことである。
□□	052 23-36	医師個人の経験だけに頼るのではなく、科学的な根拠に基づいた医療をナラティブ・ベースド・メディスン（Narrative Based Medicine：NBM）という。

044 ○
胸部Ｘ線検査は、呼吸器疾患だけでなく、［心不全］による心拡大や胸水の貯留などにも有用である。

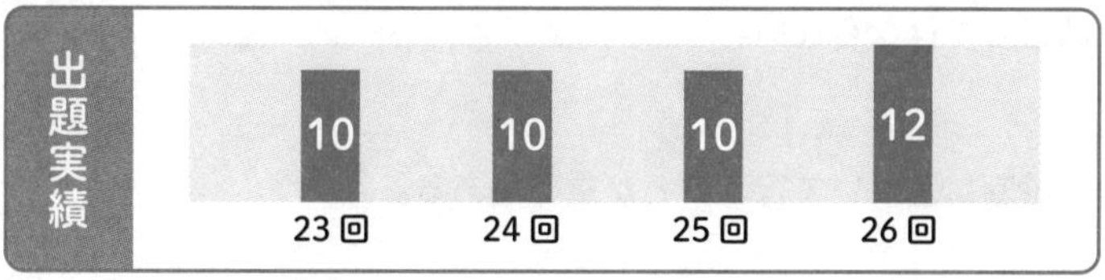

ワークブック2024
p.192~193
p.194~202
参照

045 ×
診察や検査は、［患者］の負担が少ないものから行うことが原則である。負担や侵襲が大きい検査の場合は、［患者］自身がその必要性や負担について理解した上で検査を受ける必要がある。

046 ○
医学的診断は、［医師又は歯科医師のみ］が行える。

047 ×
医学的診断のプロセスでは、通常、［主訴］と［現病歴］の聴取に始まり、［家族歴］や［既往歴］を確認しつつ、身体診察や検査を通して病気を診断していく。

048 ○
診察や検査は、患者の負担が［小さい］ものから行うことが原則である。

049 ○
［インフォームド・コンセント］は、患者が医師から説明をきちんと受けた上で、［同意する］ことをいう。 重要 p.155

050 ○
患者は、自分の傷病の内容を知り、どのような治療を受けるか、受けないかを［自己決定する権利］を有している。

051 ○
［エビデンス・ベースド・メディスン］（［EBM］）は、医師個人の経験だけに頼るのではない科学的な診断や治療を行うための、［根拠］（［エビデンス］）に基づいた医療をいう。 重要 p.155

052 ×
［ナラティブ・ベースド・メディスン］（［NBM］）は、［エビデンス・ベースド・メディスン］（［EBM］）の欠点を補完するために、個々の人間の［感じ方］や［考え方］に耳を傾けて自己決定を促す医療である。 重要 p.155

053	23-36	個々の人間の感じ方や考え方に耳を傾けて自己決定を促す医療をエビデンス・ベースド・メディスン（Evidence Based Medicine：EBM）という。
054	25-35	介護支援専門員は、患者自身が治療法を選択する際に、第三者的な立場から助言してはならない。
055	24-33	治療は、診断に基づいて行うことが重要である。
056	24-33	最も治療効果の高い治療法を常に選択する。
057	24-33	介護支援専門員は、医学的な立場から治療法について助言すべきである。
058	26-33	傷病の予後に関する説明では、患者の理解力なども考慮し、必要に応じて家族の立ちあいを求める。
059	26-33	介護サービスの選択を助言するに当たり、傷病の予後は考慮しなくてよい。
060	23-36	予後とは、疾患が今後たどり得る経過のことをいう。
061	23-36	疾患の予後に関する情報は、高齢者本人にのみ説明する必要がある。
062	25-35	介護支援専門員は、退院前カンファレンスに参加することが望ましい。
063	26-34	介護支援専門員は、利用者の入院時に、退院後の利用者・家族の生活について医療機関に伝えることが重要である。

053 ×

［エビデンス・ベースド・メディスン］（［EBM］）は、医師個人の経験だけに頼るのではない科学的な診断や治療を行うための、［根拠］（［エビデンス］）に基づいた医療をいう。 重要 p.155

054 ×

介護支援専門員は、治療法の選択を患者自身に促すために、［第三者的な立場］から、本人の生活状況や家族背景、考え方などに基づいて適切な助言をすることができる。

055 ○

治療は、［診断］に基づいて行われ、患者の理解力に応じて、適切な手段を選択することが重要になる。

056 ×

高齢者は、推測される余命と、治療に伴う忍耐や苦痛の時間とを、［個々の人生観に基づいて］選択する必要がある。

057 ×

介護支援専門員は、治療法の選択を患者自身に促すために、［第三者的な立場］から、本人の生活状況や家族背景、考え方などに基づいて適切な助言をすることができる。

058 ○

基本的に、傷病の予後に関する情報は、本人に説明されるべきものであるが、［認知機能］や［理解力の低下］、［心理状態］なども考慮し、家族の立ちあいを求めることも必要になる。

059 ×

介護サービスの選択を助言するに当たり、傷病の予後が不良である場合には、その説明には［配慮が必要］である。

060 ○

予後とは、疾患が今後たどり得る［経過］のことをいう。診断された疾患に基づき判断されるが、高齢者では一つの疾患のみではなく、同時に併せもつ疾患（併存症）の種類や重症度によっても変わる。

061 ×

基本的に、疾患の予後に関する情報は、本人に説明されるべきものであるが、認知機能や理解力の低下、心理状態なども考慮し、［家族］の立ちあいを求めることも必要になる。

062 ○

［退院前カンファレンス］は、治療を担当した「病院チーム」と在宅での生活を担当する「在宅チーム」が協働し、利用者の在宅生活を再開できるように準備する目的がある。介護支援専門員は、病院チームと在宅チームの橋渡し役をする。

063 ○

介護支援専門員は、利用者の入院時に、退院後の利用者・家族の思いや希望、利用者の能力、家族の介護力、住環境の状況を医療機関に伝えることが重要である。

064	25-35	居宅介護支援事業所から病院への情報提供のため、入院時情報提供書が使われることがある。
065	26-34	退院前カンファレンスに家族が参加する場合もある。
066	26-34	退院後の居宅サービス計画の立案に役立つ情報には、入院期間中に介護支援専門員に共有される情報が含まれる。
067	26-34	退院当日は、介護保険サービスを利用できない。
068	26-34	退院後の訪問看護は、介護支援専門員が指示する。
069	25-35	チームアプローチでは、住民によるボランティア活動を含まない。
070	24-37	在宅自己注射は、家族以外の訪問介護員も行うことができる。
071	24-37	悪性腫瘍疼痛管理では、身体的側面だけでなく、精神的側面からも考えることが重要である。
072	25-37	血液透析のためのシャントは、動脈と静脈をつなぎ合わせた部位のことである。
073	23-40	腹膜透析の管理について、利用者や家族が在宅で処置を行うことは禁止されている。
074	25-37	中心静脈栄養法では、静脈炎にならないように末梢静脈を用いる。

064 ○
居宅介護支援事業所の介護支援専門員は、利用者が入院する際には、退院後の生活につなぐために病院に情報提供を行う。その際に、[入院時情報提供書] などを使用する。

065 ○
入院中に [利用者・家族] の出席のもと、病院チームと在宅チームがメンバーとなり、退院前カンファレンスが開催される。

066 ○
入院期間中に介護支援専門員に共有される情報には、利用者の状況確認や新たな医療的管理に関する項目などがあり、これらは退院後の居宅サービス計画の立案に役立つ。

067 ×
退院当日についても、介護保険サービスを [利用できる]。退院当日にサービス担当者会議を開催することで、サービス利用が切れ目なく行えることが大切である。

068 ×
退院後の訪問看護は、[主治医] が記載した訪問看護指示書により [医師] が指示する。

069 ×
チームアプローチでは、専門職だけでなく、家族、親族、友人、[近隣住民] や民生委員、[ボランティア] 等のインフォーマルな支援者も含めてチームを構成する。

070 ×
在宅自己注射とは、[利用者自ら] が、病気の治療のために在宅で注射をする方法である。[家族] が行うこともあるが、[家族] 以外は医師、看護師などの免許を有しない者が行うことを禁止している。

071 ○
悪性腫瘍《しゅよう》疼痛管理とは、がんの痛みへの対応のことをいう。痛みは [身体的側面] だけではなく、[精神的側面] などからも考えることが重要である。

072 ○
血液透析のためのシャントは、[動脈] と [静脈] を自己血管若しくは人工血管でつなぎ合わせた部位をいう。

073 ×
腹膜透析の管理は、医療的な作業を [利用者] や [家族] が在宅で行う。そのため、手技を習得しているか確認する。

074 ×
中心静脈栄養法は、点滴栄養剤を [中心静脈] に直接入れる方法である。十分な栄養が入った点滴は浸透圧が高いため、静脈炎にならないよう、太い静脈である [中心静脈] を用いる。

075 24-37	在宅中心静脈栄養法は、点滴栄養剤を中心静脈に直接入れる方法である。	
076 23-40	在宅中心静脈栄養法は、医療処置として栄養を補う方法である。	
077 23-40	在宅中心静脈栄養法では、長期にカテーテルが体内にあるが、細菌感染を引き起こすことはない。	
078 25-37	経鼻胃管の種類には、バルーン型とバンパー型がある。	
079 24-37	経鼻胃管は、定期的に交換する必要はない。	
080 24-37	人工呼吸療法には、侵襲的、非侵襲的に行うものの２種類がある。	
081 23-40	在宅酸素療法では、携帯用酸素ボンベを使用して外出することができる。	
082 26-36	在宅酸素療法において、携帯用酸素ボンベの使用に慣れれば、介護支援専門員の判断で酸素流量を設定してよい。	
083 26-36	簡易酸素マスクで酸素流量が不足する場合は、鼻カニューレに交換する。	
084 23-40	ストーマには、消化管ストーマと尿路ストーマがある。	
085 25-37	ネブライザーは、気道を加湿して痰を出しやすくするために用いる機器である。	
086 25-37	パルスオキシメーターは、血液中の酸素飽和度を測定する機器である。	

075	○	在宅中心静脈栄養法は、点滴栄養剤を［中心静脈］に直接入れる方法である。
076	○	在宅中心静脈栄養法は、［医療処置］として栄養を補う方法の一つである。脳梗塞《こうそく》により飲み込むこと自体ができなくなった場合などに行われる。
077	×	在宅中心静脈栄養法では、長期にカテーテル（異物）が体内にあるため、［細菌感染］を引き起こすことがある。
078	×	経鼻胃管ではなく、［胃ろうカテーテル］の種類に、胃内で膨らませた風船で固定するバルーン型、ゴム製のストッパーで固定するバンパー型がある。
079	×	経鼻胃管は、カテーテルが常時、鼻から胃に留置された状態である。経鼻胃管の交換は、［1 か月］をめどに行う。
080	○	人工呼吸療法には、［侵襲的］、［非侵襲的］に行う 2 種類がある。［侵襲的陽圧換気法］（［IPPV］）は気管切開で人工呼吸器を装着することが多い。［非侵襲的陽圧換気法］（［NPPV］）は鼻と口の両方又は鼻のみでマスクを使用する。
081	○	携帯用酸素ボンベは、［外出時］や［災害時］（［停電時］）に使用する。医師の指示により、酸素供給時間を延長する目的で呼吸同調器を使用することがある。
082	×	在宅酸素療法の酸素流量は、［医師の指示］に従わなければならない。
083	×	［鼻カニューレ］で効果が不十分な場合に、［簡易酸素マスク］を使用する。簡易酸素マスクで酸素流量が不足する場合は、リザーバー付きマスクを使用することもある。
084	○	ストーマには、［消化管ストーマ］と［尿路ストーマ］がある。［消化管ストーマ］は、大腸がんなどの腫瘍《しゅよう》により腸管が閉塞《へいそく》し肛門を通じた排泄ができない場合などに造られる。［尿路ストーマ］は、膀胱がんや前立腺がんなどの腫瘍性疾患で尿路の変更が必要になった場合などに造られる。
085	○	ネブライザーとは、呼吸器疾患の利用者が霧状にした薬を［気管］や［肺］に吸い込むことで症状を抑えたり、［気道］を加湿して［痰］を出しやすくしたりするために用いる機器である。
086	○	パルスオキシメーターは、手足の指先に光センサーを装着し、血液中にどの程度の酸素が含まれているか（［酸素飽和度］：SpO_2）を測定する機器である。

③ 介護技術の展開

褥瘡の発生要因や対応、口腔機能と口腔ケアの方法などはよく問われる。摂食・嚥下プロセス、排泄障害や睡眠障害の種類と特徴なども確認しておこう。

087 25-30	介護を行うときには、利用者の残存能力をできる限り活かす。	
088 25-30	ボディメカニクスとは、起床、食事、排泄など、利用者の生活リズムを取り戻すことをいう。	
089 23-31	摂食・嚥下プロセスの口腔期では、視覚、触覚、嗅覚の認知により、無条件反射で唾液が分泌される。	
090 23-31	摂食・嚥下プロセスの咽頭期では、咽頭に食塊が入ると、気道が閉じられて食道に飲み込まれる。	
091 23-31	医師は、食事の介護のアセスメントに関わる必要はない。	
092 23-31	食事の介護のアセスメントでは、食欲がない場合には、痛み、口腔内の状態、服薬状況などを確認する。	
093 23-31	食事の介護のアセスメントでは、摂食動作ができているかを確認する。	
094 24-29	排泄のアセスメントでは、排便については、1週間の回数のみを確認すればよい。	
095 25-30	尿失禁とは、尿を全部出しきれず、膀胱の中に尿が残ることをいう。	

出題実績

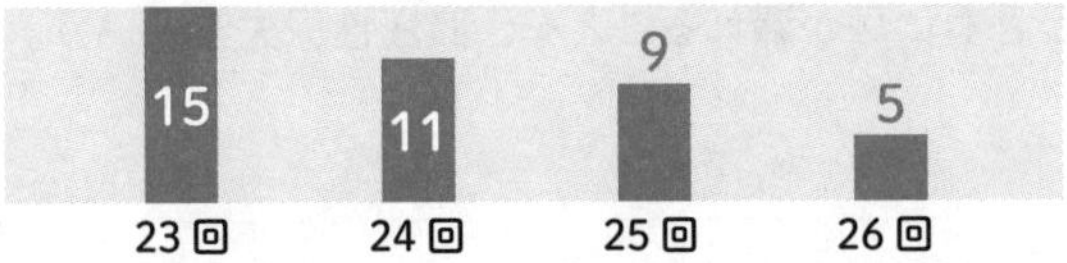

ワークブック2024 p.279~287参照

087	○	自立支援のためには、できる限り［利用者本人の残存能力］を活かし、時にはそれを引き出して、それでも足りない部分を介護するのが基本である。
088	×	身体的な特性を理解し、その［力学的な相互関係を利用して行う姿勢や動作］を、ボディメカニクスという。
089	×	摂食・嚥《えん》下《げ》プロセスは、①［先行期］（［認知期］）、②［準備期］、③［口腔期］、④［咽頭期《いんとうき》］、⑤［食道期］の五つの場面から成り立ち、［先行期］では、視覚、触覚、嗅覚の認知により、無条件反射で唾液が分泌される。［口腔期］は、食塊を咽頭に送り込む段階である。
090	○	［咽頭期《いんとうき》］では、咽頭に食塊が入ると、気道が閉じられて食道に飲み込まれる。
091	×	食事は、人間の生存に不可欠な基本的欲求であるとともに、生活の質に関わるものでもあることから、アセスメントの範囲も広範囲に及ぶ。そのため、アセスメントには、［医師］、看護師、歯科医師、歯科衛生士等、専門職が関わることが多くなる。
092	○	食事の介護のアセスメントでは、食欲がない場合には、疾患、痛み、口腔内の状態、服薬状況、認知症の有無、孤独感など［原因を確認する］。
093	○	食事の介護のアセスメントでは、［摂食動作］の確認をする。具体的には、箸やスプーンの使用、食器の種類（福祉用具）で、自力で食事が可能か（麻痺《まひ》、拘縮《こうしゅく》による可動域制限はないか）などの確認をする。
094	×	排便のアセスメントでは、［1週間の排便の回数］だけでなく、［便の量］、［形状］などについても確認する。
095	×	尿失禁とは一般に尿漏れともいわれ、［尿が意思に反して漏れてしまう］状態である。

096	24-29	強い尿意とともに尿が漏れることを、腹圧性尿失禁という。	
097	24-29	排泄のアセスメントでは、排泄場所がトイレの場合には、居室、廊下、トイレの温度や明るさを確認する。	
098	24-29	食事内容の確認は、排泄のコントロールに必要である。	
099	24-29	排泄の介助に伴い、家族は腰痛や睡眠不足などの身体的影響を受けることがある。	
100	23-32	褥瘡とは、体外からの圧力による皮下の血流障害により、細胞が壊死してしまう状態をいう。	
101	26-29	しびれや麻痺は、褥瘡の原因となる。	
102	23-32	褥瘡の発生要因には、病気や加齢による身体組織の耐久性低下がある。	
103	26-29	褥瘡は、細菌感染の原因となる。	
104	26-29	寝返りができない人に、体位変換は不要である。	
105	26-29	褥瘡の予防方法の一つに、栄養管理がある。	
106	24-34	排泄物による皮膚の湿潤が加わることで、褥瘡が生じやすくなる。	
107	23-32	同一部位への長時間にわたる圧力を減少させるためには、体圧分散用具を用いるとよい。	

096	×	強い尿意とともに尿が漏れることを、［切迫性尿失禁］という。［腹圧性尿失禁］は、くしゃみ、咳《せき》などの動作で腹圧が高まり、尿が漏れることをいい、女性に多くみられる。
097	○	排泄場所がトイレの場合のアセスメントでは、［居室］、［廊下］、［トイレの温度や明るさ］を確認し、日中と夜間で変化がないかなどを確認する。
098	○	排泄のコントロールのアセスメントでは、［食事内容］や［水分摂取量］などについて確認する。
099	○	排泄の介助に伴い、介護者、特に家族は腰痛、睡眠不足、慢性疲労などの［身体的影響］を受けることがある。
100	○	［褥瘡］とは、体外からの圧力による皮下の血流障害により、細胞が壊《え》死《し》してしまう状態をいう。圧迫される部位の皮膚の発《ほっ》赤《せき》、ただれ、水疱、傷などを指す。
101	○	褥瘡は、いくつかの原因が重なり発生するケースがほとんどで、［しびれ］や［麻《ま》痺《ひ》］などにより感覚が鈍いことも原因となる。
102	○	褥瘡は、様々な要因による活動性の低下と、病気や加齢による［身体組織の耐久性の低下］を要因とする。
103	○	褥瘡がひどくなると、感染を起こして細菌が全身にまわる［敗血症］を発症するおそれがある。
104	×	褥瘡は、いったんできると治療が難しいため予防が重要であり、［2］時間ごとの［体位変換］は予防の基本である。
105	○	褥瘡は［予防］と［早期発見］が重要であり、［栄養状態］の改善などで多くの褥瘡が予防できる。
106	○	加齢等による皮膚の脆《ぜい》弱《じゃく》化、摩擦やずれ、失禁や発汗などによる皮膚の浸軟（［湿潤した状態］）や汚染、皮膚疾患などで褥瘡が生じやすくなる。
107	○	長時間、同一部位にかかる圧力を減少させるための［体圧分散用具］として、臥《が》位《い》時には特殊ベッドやマットレスなどがあり、また、座位時にはクッション及び姿勢を整えるパッドなどがある。

108	23-32	褥瘡は、半座位や座位では、肩甲骨部には発生しない。
109	26-29	褥瘡は、寝たきりになると腹部にできやすい。
110	23-32	指定介護老人福祉施設において、褥瘡マネジメント加算は算定できない。
111	24-30	予定より早く目覚め、その後眠れなくなってしまうことを熟眠障害という。
112	24-30	ヒートショックとは、暑熱環境における身体適応の障害によって起こる病態である。
113	25-30	入浴は、全身の保清を図り、血液循環や新陳代謝を促進する。
114	25-30	清拭をするときには、その部屋の温度を確認する。
115	25-31	味覚は、舌や口蓋等にある味蕾《みらい》が刺激されて起こる。
116	23-33	歯のかみ合わせは、咀嚼だけでなく、嚥下にも影響する。
117	23-33	高齢者では、特に疾患がなくても、気道の閉じるタイミングが遅れることで誤嚥が生じやすくなる。
118	25-31	誤嚥とは、飲食物や唾液、胃の内容物が気管内に入ることをいう。

108 ×

褥瘡は、半座位や座位では、後頭部、［肩甲骨部《けんこうこつぶ》］、肘関節部《ちゅうかんせつぶ》、仙骨部《せんこつぶ》、殿部《でんぶ》、踵《しょう》骨部《こつぶ》など体圧がかかる部分などにできやすい。

109 ×

褥瘡は、寝ている状態で圧のかかりやすい［仙骨部《せんこつぶ》］、［後頭部］、［踵骨部《しょうこつぶ》］、［肩《けん》甲骨部《こうこつぶ》］が好発部位となる。

110 ×

施設サービスでは、褥瘡リスクに対して適切な管理を行った場合、［褥瘡マネジメント加算］が算定されることとなっている。

111 ×

予定より早く目覚め、その後眠れなくなってしまうことを［早朝覚醒］という。睡眠時間はある程度とれているが、眠りが浅く、すっきりと目覚めることができないことを［熟眠障害］という。

112 ×

［ヒートショック］とは、家の中の急激な温度差により、血圧が大きく変動することで、失神や心筋梗塞《こうそく》、脳梗塞などを引き起こし、身体へ悪影響を及ぼす症状を示す。暑熱環境における身体適応の障害によって起こる病態とは、［熱中症］のことである。

113 ○

入浴は、［全身の保清］を図り、［血液循環］や［新陳代謝］を促進するとともに、リラクゼーション効果を得たり、心身を爽快にしたりする。一方、全身の血液循環の状態への影響が大きい点に留意する必要がある。

114 ○

清拭をしている間に、利用者の身体を冷やさないよう、清拭を行う［居室等の温度の確認］や環境調整をする。

115 ○

味覚は、唾液に溶けた味の刺激物質が舌や口蓋等にある［味蕾《みらい》］を刺激して起こる。

116 ○

整ったかみ合わせでなくなると、食物を十分に咀嚼《そしゃく》できないだけでなく、［嚥下《えんげ》］にも影響し、窒息の要因になる。

117 ○

疾患による口腔の動きの低下や麻痺《まひ》等で［誤嚥《ごえん》］のリスクは高くなるが、高齢者では、特に疾患がなくても、気道の閉じるタイミングが遅れることで［誤嚥］が生じやすくなる。

118 ○

誤嚥《ごえん》とは、飲食物や唾液、胃の内容物が［気管内］に入ることをいう。通常は誤嚥すると、体の防御反射で咳《せき》、むせが生じる。

119	25-31	認知症と口腔環境とは、無関係である。
120	24-30	誤嚥性肺炎の発症を防ぐには、口腔内の環境を整えることが重要である。
121	24-30	唾液には、口腔内の自浄作用がある。
122	23-33	唾液腺を刺激しても、唾液は分泌されない。
123	23-33	食物残渣は、口臭の原因となる。
124	25-31	口腔内・口腔周囲を動かすことは、オーラルフレイル予防につながる。
125	24-30	本人から訴えがなくとも、義歯が合わないなど口腔に何らかの問題がある場合には、歯科受診を検討する。
126	23-33	摂食・嚥下リハビリテーションは、医師のみで行う。

119 ×	口腔環境と心疾患、脳血管疾患、[認知症] との関係性等が研究されている。
120 ○	誤嚥《ごえん》性肺炎の発症リスクを高める要因には、[口腔内が不衛生] であること等がある。発症を防ぐために、口腔内の環境を整えることは重要である。
121 ○	唾液には、咀嚼《そしゃく》を円滑にし、[自浄作用] として口腔内の清掃を行うなどの多くの役割がある。
122 ×	唾液腺を刺激することにより、唾液分泌が [促される]。
123 ○	食物残渣《ざんさ》や脱落した粘膜上皮細胞等が、口腔内の嫌気性《けんきせい》細菌により分解される際に発生する揮発性硫黄《いおう》化合物が [口臭] の原因となる。
124 ○	口腔内が清潔であり、動かすことができる状態に保つことがオーラルフレイル予防の一つである。そのため、[口腔内・口腔周囲を動かすこと]、嚥下《えんげ》反射を促すことがオーラルフレイル予防につながり、廃用を防ぐ。
125 ○	口腔に何らかの問題があるときは、[歯科受診の検討]、又は医師、歯科医師、その他の [専門職へ相談する] 等が必要になる。
126 ×	摂食・嚥下《えんげ》リハビリテーションは、常に [多職種] が連携して行うことが望ましい。

④ 高齢者に多い疾病

毎年出題されている重要項目。全般的な知識が求められるが、出題の多い脳・神経の疾患（脳卒中やパーキンソン病）、循環器の疾患（心筋梗塞や心不全）、骨・関節の疾患などを重点的に覚えよう！

□□	**127** 26-26	ロコモティブシンドロームとは、認知機能の低下によって起こるフレイルである。	
□□	**128** 26-26	フレイルとは、健康な状態と介護を要する状態の中間的な状態である。	
□□	**129** 26-26	「指輪っかテスト」は、サルコペニア（筋肉減弱症）の簡便な評価法である。	
□□	**130** 25-39	健康日本 21（第三次）では、健康寿命を延ばすことを目指している。 改変	
□□	**131** 25-39	就労、ボランティアなどの社会参加は、フレイル予防に役立たない。	
□□	**132** 26-39	喫煙は、脳卒中のリスク因子である。	
□□	**133** 24-39	脳卒中は、再発すると後遺症が重くなることがある。	
□□	**134** 23-28	高次脳機能障害における失語症には、話そうとするが言葉が出てこないという症状も含まれる。	
□□	**135** 23-28	筋萎縮性側索硬化症（ALS）では、筋力低下による運動障害は生じない。	

出題実績

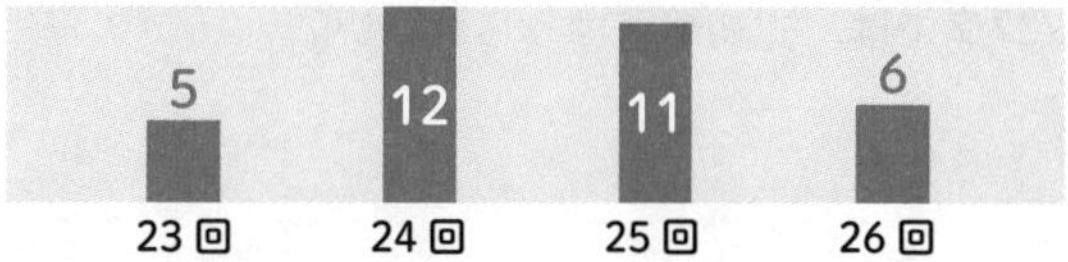

ワークブック2024 p.211~238 参照

I 介護支援分野
II 保健医療サービスの知識等
III 福祉サービスの知識等

127 ×	ロコモティブシンドロームとは、[運動器症候群] と呼ばれ、加齢変化に大きく影響した廃用症候群である。	
128 ○	フレイルとは、[健康] な状態と [介護を要する] 状態の中間的な状態である。	重要 p.154
129 ○	両手の親指と人差し指で「指輪っか」をつくり、ふくらはぎの最大部分を軽く囲むと「囲めない」「ちょうど囲める」「隙間ができる」という三つの集団に分かれる。「隙間ができる」群はサルコペニアの危険度が高い。	
130 ○	2024(令和6)年度からの健康日本21(第三次)の基本的な方向及び目標として、① [健康寿命の延伸]、② [健康格差の縮小] が示されている。 改変 制度改正等により、設問の表記を一部修正している。	
131 ×	「栄養(食・口腔機能)」「身体活動(運動、社会活動など)」「[社会参加(就労、余暇活動、ボランティアなど)]」の三つを生活に取り入れることは、[サルコペニア予防]・[フレイル予防] に役立ち、[健康長寿] の実現につながる。	
132 ○	脳卒中のリスク因子として、食事、運動、嗜好(飲酒、[喫煙])が挙げられる。	
133 ○	脳卒中は、発症から3年以内に10～15%の人が再発するとされており、再発すると後遺症が [さらに重くなる] ことがある。	
134 ○	高次脳機能障害における失語の主な症状として、[話そうとするが言葉が出てこない]、思ったことと違う言葉を言ってしまうなどが含まれる。失語症は言語中枢の障害によって起こり、主に言葉の表出が障害される運動失語、理解が障害される感覚失語、物の名前を呼ぶことが困難となる(喚語困難)失名詞失語、復唱が障害される伝導失語、言語機能全般が障害される全失語に分けられる。	
135 ×	筋萎縮性側索硬化症(ALS)は、原因が不明で、徐々に全身の骨格筋が萎縮して、四肢の [筋力低下] による運動や歩行などの [生活機能低下]、嚥《えん》下《げ》障害、言語障害などを生じる疾患である。	

□□	**136** 23-28	パーキンソン病では、認知障害はみられない。	
□□	**137** 25-39	パーキンソン病の場合、転倒しやすいため、運動療法は禁忌である。	
□□	**138** 23-28	変形性関節症は、高齢者に多く発症する。	
□□	**139** 25-39	膝関節症による痛みや腫脹を抑えるには、定期的な運動が効果的である。	
□□	**140** 25-39	高齢者においては、無症状であっても骨粗鬆症の検査を受けることが推奨される。	
□□	**141** 24-39	骨粗鬆症は、骨折後に診断されることもある。	
□□	**142** 23-28	骨粗鬆症は、骨折の大きな危険因子である。	
□□	**143** 26-35	骨粗鬆症予防には、アルコールを摂取することが大切である。	
□□	**144** 24-38	心筋梗塞の症状には、必ず強い胸痛がみられる。	
□□	**145** 25-26	狭心症では、前胸部の圧迫感が生じることはない。	
□□	**146** 25-26	心不全による呼吸困難時には、起座位にすると症状が改善することがある。	

136 ×
パーキンソン病では、認知障害が［みられる］。50〜60 歳代に発症して、徐々に進行し、起立性低血圧、排尿障害などの自律神経症状、認知症及び治療薬の副作用としての幻覚、妄想《もうそう》などが現れる。

137 ×
パーキンソン病は薬物治療が基本であるが、運動しないでいると、廃用症候群が加速し、より機能が低下しやすくなる。そのため、下肢の筋力や平衡機能を維持するための［運動療法］は大切である。

138 ○
変形性関節症は最も多い関節疾患であり、65 歳以上の高齢者の大多数に［発症する］。変形性関節症のなかでも、最も頻度の高い関節が膝である。

139 ○
膝《しつ》関節症において、［定期的な運動］は筋肉の強化を促し、痛みや腫脹を抑える効果がある。特に、水中での運動や筋力強化のためのストレッチが効果的である。

140 ○
骨《こつ》粗《そ》鬆《しょう》症《しょう》は、基本的に無症状のうちに骨が弱くなり、骨折してから骨の脆《ぜい》弱《じゃく》性に気づくことが多い。そのため、無症状のうちに骨粗鬆症の［検査］を受け、必要であれば治療することで将来的な骨の健康を保つことが重要である。

141 ○
骨《こつ》粗《そ》鬆《しょう》症《しょう》は、基本的に無症状のうちに骨が弱くなり、［骨折してから］骨の脆《ぜい》弱《じゃく》性に気づくことが多く、［骨折後］に診断されることもある。

142 ○
骨《こつ》粗《そ》鬆《しょう》症《しょう》は、低骨量と骨組織の微細構造の異常を特徴とし、骨の［脆《ぜい》弱《じゃく》性］が増大し、骨折の危険性が［増大する］疾患である。

143 ×
骨《こつ》粗《そ》鬆《しょう》症《しょう》予防には、［カルシウム］や、カルシウムの吸収を助ける［ビタミン D］、［ビタミン K］などをバランスよく摂取することが大切である。

144 ×
心筋梗塞《こうそく》の自覚症状として、長引く［前胸部の痛み］、［締めつけ感］が典型的であるが、高齢者では自覚症状が非特異的なため、必ずしも強い胸痛が［みられるわけではない］。

145 ×
労作性狭心症では、階段昇降など運動時の［前胸部の圧迫感］、異型狭心症では、労作の有無によらず、夜間・未明・睡眠中の［前胸部の圧迫感］の症状が典型的である。

146 ○
心不全による呼吸困難時には、身体を起こして座った状態（［起《き》座《ざ》位《い》］）にすることで自覚症状、血行動態の改善が得られる。

	147 25-26	慢性腎不全では、水分やカリウムの摂取量に注意する必要がある。	
	148 25-38	前立腺肥大症の場合、尿意を感じたら、早めにトイレに行くよう心がける。	
	149 25-26	高齢者の糖尿病では、口渇、多飲、多尿の症状が出現しにくい。	
	150 26-39	筋力トレーニングは、糖尿病の予防につながる。	
	151 24-39	糖尿病の薬物療法を受けている患者が食事をとらない場合には、低血糖になる可能性もある。	
	152 24-26	高齢者は、ナトリウムが欠乏していても、嘔気や頭痛などの自覚症状がないこともある。	
	153 24-26	高齢者の肺炎は、再発・再燃を繰り返して難治化することがある。	
	154 24-26	薬疹は、薬剤服用後 1～2 か月で出ることが多い。	
	155 24-34	褥瘡ができた直後から約 1～2 か月の時期を急性期と呼ぶ。	
	156 25-26	帯状疱疹は、細菌性感染症である。	
	157 24-26	白内障は、水晶体の混濁により視力低下をきたす。	
	158 24-39	眼の疾患により、ふらつきを生じることはない。	

147	○	慢性腎不全では、食事の管理、高血圧の管理、電解質の管理が必要となる。食事の管理では、カロリーを維持したままの［水分］、たんぱく質の制限、電解質の管理では、［カリウム］の制限が必要となる。
148	○	前立腺肥大症は、加齢に伴い前立腺が腫れ、尿の流れが悪くなる、男性にのみ起こる病気である。症状は年齢とともに強くなるため、尿意を感じたら、早めにトイレに行くよう心がける。
149	○	糖尿病の症状には、口渇《こうかつ》、多飲、多尿などがあるが、高齢者では症状が［出現しにくい］ことも多く、見過ごされると、かなり進行した状態で発見されることがある。
150	○	糖尿病の予防には、［筋力トレーニング］が有効である。
151	○	糖尿病の薬物療法を受けている患者が食事をとらない場合には、低血糖になる可能性が［ある］。
152	○	高齢者は［自覚症状がない］まま、電解質異常となっていることがあり、電解質異常のなかでも低ナトリウム血症は頻度の高い疾患である。
153	○	高齢者の肺炎は、［再発・再燃］を繰り返して［難治化する］ことが多くある。要因として、患者の低栄養、基礎疾患、加齢に伴う免疫力の低下などがある。
154	×	薬疹《やくしん》には様々な症状があるが、薬剤服用後［1、2 週間］で起こることが多い。
155	×	褥瘡ができた直後から［約 1、2 週間］の時期を急性期、それ以降を慢性期と呼ぶ。
156	×	帯状疱疹《たいじょうほうしん》は、水痘《すいとう》・帯状疱疹ウイルスの再活性化によって起こる［ウイルス性］の疾患である。
157	○	白内障は、［水晶体の混濁］により［視力低下］をきたす疾患で、加齢が原因で生じることが多い。
158	×	眼の疾患により、ふらつきを生じることが［ある］。身体のバランスは平衡覚、視覚、体性感覚（深部知覚）が担い、そのなかでも視覚が最も影響する。

□□	**159** 24-26	高齢者は、脱水があっても、めまいやふらつきは生じない。	
□□	**160** 24-34	高齢者は、薬の副作用によるふらつきにより、転倒を起こすことがある。	

⑤ 急変時の対応と感染症予防

高齢者に起こりやすい窒息や嘔吐など、その原因と急変時の対応方法をおさえておこう。また、感染症や感染症の予防に関する出題も多い。主な感染症と感染経路、標準予防策について確認しておこう！

□□	**161** 23-27	激しく出血している場合は、出血部位よりも心臓から遠い部位を圧迫して止血する。	
□□	**162** 25-38	転倒による頭部打撲後、すぐに意識障害が起こらなければ問題はない。	
□□	**163** 24-38	高齢者の脚の骨折で多い部位は、骨幹部（骨の中央）である。	
□□	**164** 23-27	誤嚥による呼吸困難では、「喉に手を当てる」などの窒息のサインやチアノーゼなどの症状が出現する。	
□□	**165** 26-38	異物をのどに詰まらせたときは、前かがみにさせて背中を強く叩くと排出することがある。	
□□	**166** 23-27	洗剤や漂白剤を飲み込んだ場合は、無理に吐かせる。	

159	×	高齢になると体液が減少し、食事量が減って、水分や塩分の摂取量も低下することが多い。そのため［脱水］を起こしやすく、［脱水］になると、［めまい］、［ふらつき］、だるさ、顔が赤くなるなどの症状がみられる。
160	○	高齢者の場合、薬の副作用によるめまいやふらつきにより［転倒し］、骨折することがあるため注意が必要である。

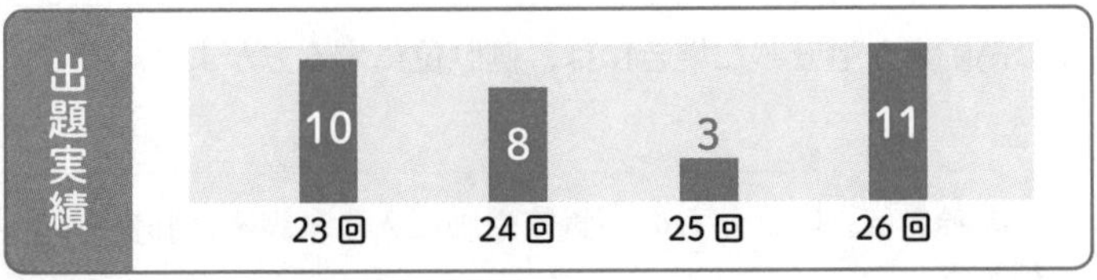

ワークブック2024
p.239~243
p.244~247
参照

161	×	激しく出血している場合や清潔な布がない場合は、出血部位よりも［心臓に近い側］を圧迫し止血する。
162	×	転倒による頭部打撲において、［記憶障害］、［意識障害］、［痙攣《けいれん》］、［嘔吐］、［瞳孔の左右不同］などを伴う場合は、硬膜下出血、硬膜外出血、脳出血などが疑われるので、すぐに［医療機関を受診する］。
163	×	高齢者に多い骨折は、［脚の付け根］の骨折（［大腿骨頸部《けいぶ》骨折］）、［手首］の骨折（［橈骨《とうこつ》遠位端骨折］）、［肩］の骨折（［上腕骨近位端骨折］）、［腰］の骨折（［腰椎圧迫骨折］）がある。
164	○	誤嚥《ごえん》による呼吸困難では、「喉に手を当てる」「手足をバタバタさせる」などの［窒息のサイン］や、酸欠のため［チアノーゼ］で唇が青紫色になっているなどの症状が出現する。
165	○	異物をのどに詰まらせたときは、［背部叩打《こうだ》法］を数回繰り返し行う。［背部叩打法］は、利用者を前かがみにさせて両肩の肩甲骨の間を強く叩く方法である。
166	×	洗剤や漂白剤を飲み込んだ場合、水を飲ませたり吐かせたりすると、飲み込んだ刺激性の洗剤や漂白剤が気管に入って、窒息や誤嚥《ごえん》性肺炎を起こす可能性があるため、［無理に吐かせることはせず］、ただちに医療機関を受診する。

□□	**167** 26-38	衣類の下の皮膚をやけどしたときは、衣類を脱がしてから冷やすようにする。	
□□	**168** 23-27	衣服の下をやけどしている場合は、衣服を脱がさずその上から流水を当てる。	
□□	**169** 26-38	心肺蘇生時の胸骨圧迫は、1 分間に 60 回を目安に行う。	
□□	**170** 26-38	寝たきりの高齢者が嘔吐した場合には、側臥位にする方がよい。	
□□	**171** 24-38	寝たきりの高齢者は、吐いたものが気管や肺に入り、誤嚥性肺炎を起こすことがある。	
□□	**172** 23-27	寝たきりの高齢者に吐き気があるときは、身体を横向きにして、吐物の誤嚥を防ぐ。	
□□	**173** 25-38	言葉が出てこない、又はろれつが回らないという症状が突然生じた場合は、脳卒中の可能性がある。	
□□	**174** 26-39	冬の寒い時期の運動中は、汗をかかなくても水分補給が必要である。	
□□	**175** 24-38	急激に浮腫が出現した場合には、心不全の増悪なども考えられる。	
□□	**176** 25-38	手の甲の皮膚をつまみ上げて離したとき、すぐには元に戻らない場合は、脱水を疑う。	
□□	**177** 26-38	せん妄の原因の一つに薬剤の投与がある。	
□□	**178** 24-36	すべての人が感染症にかかっている可能性があると考え、感染予防に努める。	

167 ×
衣類の下の皮膚をやけどしたときは、皮膚が衣類に貼りついていることがあるため、［脱がさず衣類の上から］流水を当てて冷やす。

168 ○
衣服の下をやけどしている場合には、皮膚が衣服に貼りついていることがあるため、［脱がさず衣服の上から］流水を当てて冷やす。

169 ×
心肺蘇生時の胸骨圧迫は、1分間に［100～120］回を目安に行う。

170 ○
寝たきりの高齢者が嘔吐した場合には、身体を［側臥位《そくがい》］（［横向き］）にして、吐物の誤嚥《ごえん》を防ぐ。

171 ○
寝たきりの高齢者は、吐いたものが気管や肺に入り、［誤嚥《ごえん》性肺炎］や［窒息］を起こすことがある。

172 ○
寝たきりの高齢者に吐き気があるときは、身体を［横向き］にして、吐物の誤嚥《ごえん》を防ぐ。

173 ○
顔や腕に麻痺《まひ》がある、［言葉が出てこない］、［ろれつが回らない］という症状が突然生じた場合は、脳卒中の可能性がある。

174 ○
高齢になると体液が減少し、食事量が減って水分や塩分の摂取も低下する。発汗による体温調節機構が十分に機能せず、［脱水］を起こしやすいため、水分補給が必要である。

175 ○
急激に浮腫が出現した場合には、［心不全］の増悪なども考えられる。また、低栄養、貧血などから［心不全］が急性に増悪することもある。

176 ○
手の甲の皮膚をつまみ上げて離したとき、すぐには元に戻らないという皮膚の緊張の低下は、［脱水］を疑う特徴的な所見である。

177 ○
せん妄の原因・誘因の第一は、［薬剤］である。せん妄は、認知症や脳卒中、睡眠不足などがある場合の［薬剤］の使用や、入院や施設入所など環境の変化などがきっかけになって起こる。

178 ○
標準予防策（スタンダード・プリコーション）では、［すべての人］が感染症にかかる可能性があると考え、感染予防に努める。 重要 p.160

179	23-39	標準予防策（スタンダード・プリコーション）とは、感染症の有無にかかわらず、すべての人に実施する感染予防対策である。	
180	23-39	感染症を予防するためには、感染源の排除、感染経路の遮断、宿主の抵抗力の向上が重要である。	
181	24-36	症状のある人だけマスクを着用して感染予防に努めればよい。	
182	24-36	手洗いでは、指先、指の間、親指、手首を洗い忘れないようにすることが基本となる。	
183	23-39	手袋を使用すれば、使用後の手指衛生は必要ない。	
184	24-36	マスクや手袋、エプロンやガウンはできるだけ節約し、使い回すように心がける。	
185	26-37	腸管出血性大腸菌感染症の主な感染経路は、接触感染である。	
186	26-37	疥癬の主な感染経路は、飛沫感染である。	
187	26-37	MRSA（メチシリン耐性黄色ブドウ球菌）感染症の主な感染経路は、空気感染である。	
188	26-37	季節性インフルエンザの主な感染経路は、飛沫感染である。	
189	26-37	結核の主な感染経路は、空気感染である。	
190	23-39	インフルエンザの主な感染経路は、飛沫感染である。	
191	24-36	高齢者は、一般的に感染症に対する抵抗力が低下していることを前提とする。	

179 ○	標準予防策（スタンダード・プリコーション）とは、感染症の有無にかかわらず、［すべての人］に実施する感染予防対策である。	重要 p.160
180 ○	感染症を予防するためには、感染成立の連鎖を遮断する必要がある。そのため、［感染源］の排除、［感染経路］の遮断、宿主の［抵抗力］の向上が重要である。	
181 ×	感染予防については、症状の有無に［かかわらず］、マスクを着用するなどの感染予防に努める。	
182 ○	標準予防策として、手指衛生の励行が重要である。［指先］、［指の間］、［親指］、［手首］の順に洗い忘れないようにする。	
183 ×	手袋を使用していても、流水と石けんによる［手洗い］と速乾性擦式《さっしき》手指消毒薬（アルコール製剤等）による［手指消毒］が重要である。	
184 ×	マスクや手袋、エプロンやガウンは、ケアが終了したら速やかに［廃棄する］。	
185 ○	腸管出血性大腸菌感染症の主な感染経路は、［接触感染］である。［接触感染］は、利用者や利用者の周囲の環境、物品などとの接触で、手指を介して伝播《でんぱ》する。	重要 p.160
186 ×	疥癬《かいせん》の主な感染経路は、［接触感染］である。	重要 p.160
187 ×	MRSA（メチシリン耐性黄色ブドウ球菌）感染症の主な感染経路は、［接触感染］である。	重要 p.160
188 ○	季節性インフルエンザの主な感染経路は、［飛沫《ひまつ》感染］である。［飛沫感染］は、咳《せき》・くしゃみ・会話などで飛散した飛沫粒子で伝播《でんぱ》する。	重要 p.160
189 ○	結核の主な感染経路は、［空気感染］である。［空気感染］は、咳《せき》やくしゃみなどで飛散した飛沫《ひまつ》核が、空中を浮遊して伝播《でんぱ》する。	重要 p.160
190 ○	インフルエンザの主な感染経路は、［飛沫《ひまつ》感染］である。	重要 p.160
191 ○	高齢者は、若年者より免疫力が低下しているため、感染症に対する抵抗力が［低下している］。	

○○ **192** 23-39 肺炎球菌ワクチンを接種すれば、すべての肺炎を予防できる。

192 ×
肺炎球菌ワクチンは、肺炎球菌によって引き起こされる病気を予防するためのワクチンであり、すべての肺炎を予防できるわけではない。

COLUMN

3回解き直し、高得点で合格！

受験１度目は、過去問題集を漫然と何回か解いて、わかったような気持ちになり満足していました。その結果、あと１点足りずに不合格でした。

そこで次は勉強法を変えました。まず「一問一答」を順番に問題を解き、答え合わせをします。この答え合わせのときに、正解不正解に関係なく、必ず解説を読み込みました。

そして、もう一度「一問一答」を解いていきます。２回目には苦手分野がわかってきます。その苦手分野の覚えられない用語を「図表で覚える！　重要ポイント」のなかから単語帳に書き出し、単語帳の裏には解説を書いて暗記しました。

３回目に「一問一答」を解くときには、解説が頭に浮かびながら○×がつけられるようになりました。

そして、受験２度目は、かなりの高得点で合格することができました。現在は居宅の介護支援専門員として、充実した毎日です。　(M. M.)

2 確実におさえておこう！

① 認知症高齢者の介護

認知症の原因疾患とその特徴、認知症高齢者への支援について問われることが多い。近年は認知症施策推進大綱の基本的考え方や、認知症初期集中支援チームなどの出題もみられる。

193	26-31	認知症施策推進大綱においては、認知症の発症を遅らせることを目指している。	
194	23-34	認知症施策推進大綱では、認知症の人本人からの発信支援を推進するよう明記されている。	
195	26-31	運動不足の改善は、認知症の予防につながらない。	
196	25-32	介護支援専門員が、認知症の利用者本人の同意を得て、心身の変化などを主治医に伝えることは、よりよい医療につながる。	
197	26-31	認知症の人が自分の意思で決定できるように支援することが大切である。	
198	25-32	若年性認知症は、うつ病など、他の精神疾患と疑われることがある。	
199	26-31	MCI（軽度認知障害）は、すべて認知症に移行する。	
200	25-32	前頭側頭型認知症では、リアルな幻視やパーキンソニズムが特徴である。	

よくでる項目

重要 p.○ は本書「重要ポイント」の参照ページを示しています。

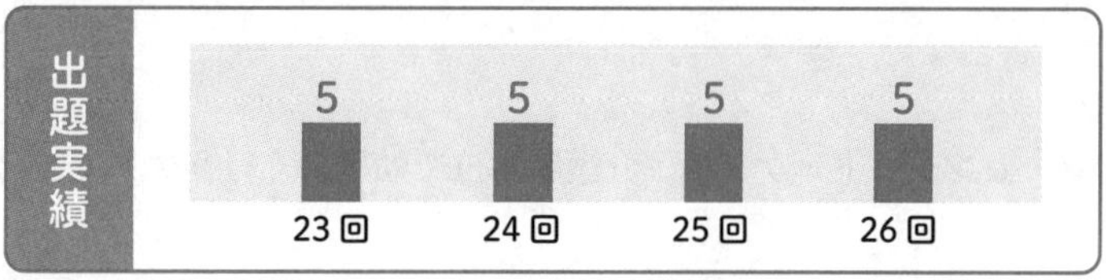

ワークブック2024 p.248~256 参照

193 ○	2019（令和元）年６月に策定された認知症施策推進大綱においては、認知症の発症を遅らせ、［認知症になっても希望を持って日常生活を過ごせる社会］を目指している。 重要 p.158～159
194 ○	認知症施策推進大綱では、「共生」と「予防」を基本的な考え方として五つの柱があり、その一つに普及啓発・［本人発信支援］がある。 重要 p.158～159
195 ×	認知症の予防対策には、［運動不足の改善］がある。
196 ○	認知症により本人の病識が低下している場合もあるため、介護支援専門員が利用者本人の同意を得て、心身の変化などの本人の状況を適切に［主治医］に伝えることは、よりよい医療につながる。
197 ○	「認知症の人の日常生活・社会生活における意思決定支援ガイドライン」を参考にして、［認知症の人の意思決定］による自律的生活を支援する。
198 ○	若年性認知症は、うつ病や統合失調症などの［精神疾患］と思われて診断が［遅れる］傾向がある。
199 ×	年間にMCI（軽度認知障害）の［約１割］が認知症へ移行する。
200 ×	リアルな幻視やパーキンソニズムが特徴の認知症は、［レビー小体型認知症］である。［前頭側頭型認知症］は、主に前頭葉が萎縮するタイプは独特の［行動障害］を示し、主に側頭葉が萎縮するタイプは、物品の名前が出てこないため、［意味性認知症］といわれる。 重要 p.158

201 26-31	前頭側頭型認知症の症状の一つとして、物品の名前が出てこない意味性認知症の症状がある。	
202 25-32	BPSD（認知症の行動・心理症状）は、住環境などの環境因子の影響は受けない。	
203 25-32	パーソン・センタード・ケアは、介護者本位で効率よく行うケアである。	
204 23-34	パーソン・センタード・ケアは、認知症を持つ人を一人の「人」として尊重し、その人の立場に立って考え、ケアを行おうとする認知症ケアの１つの考え方である。	
205 24-31	認知症施策推進大綱では、医療従事者等の認知症対応力向上の促進を図ることとしている。	
206 24-31	認知症ケアパスとは、認知症の人の状態に応じた適切な医療や介護サービスの提供の流れを示すものである。	
207 24-31	認知症初期集中支援チームは、警察と介護事業者や地域の関係団体が協力して認知症の人を捜索する仕組みである。	
208 23-34	認知症初期集中支援チームは、都道府県が配置する。	
209 24-31	認知症疾患医療センターは、地域の介護関係者等への研修は行わない。	

201 ○

主に［側頭葉］が萎縮するタイプは、物品の名前が出てこない［意味性認知症］の症状がある。 重要 p.158

202 ×

BPSD（認知症の行動・心理症状）は、生い立ちや職歴などの個人因子や、住環境やケアの状況などの環境因子の影響を［強く受ける］症状とされている。 重要 p.158

203 ×

パーソン・センタード・ケアは、［利用者本位］で、［その人らしさ］をケアの中心に据えて、自分の気持ちや考えをうまく表現できない認知症の人の気持ちを介護者がくみ取り、本人の意向に沿い、［本人の尊厳を傷つけない］ようにケアすることである。

204 ○

［パーソン・センタード・ケア］は、認知症の高齢者を一人の「人」として尊重し、その人の視点や立場に立って理解しながらケアを行うという、［認知症ケア］における考え方の１つである。

205 ○

認知症施策推進大綱では、医療・ケア・介護サービス・介護者への支援として、［医療従事者等の認知症対応力向上］の促進を図ることとしている。

206 ○

認知症施策推進大綱では、認知症ケアパスは、「［認知症発症予防から人生の最終段階まで］、認知症の容態に応じ、相談先や、いつ、どこで、どのような医療・介護サービスを受ければいいのか、［これらの流れ］をあらかじめ標準的に示したもの」とされている。 重要 p.158～159

207 ×

認知症施策推進大綱では、認知症初期集中支援チームは、「複数の専門家が、認知症が疑われる人や認知症の人及びその家族を訪問し、観察・評価を行った上で、［家族支援等の初期の支援を行うチーム］」とされている。 重要 p.158～159

208 ×

認知症初期集中支援チームは、包括的支援事業（社会保障充実分）の認知症総合支援事業に位置付けられており、［市町村］が配置する。

209 ×

認知症施策推進大綱では、認知症疾患医療センターは、「［地域の医療提供体制の中核］として認知症の速やかな鑑別診断、診断後のフォロー、症状増悪期の対応、BPSDや身体合併症に対する急性期医療」などが役割として示され、地域の介護関係者等への研修も［行っている］。

□□	**210** 23-34	認知症初期集中支援チームの対象者は、原則として、40 歳以上で、在宅で生活しており、かつ認知症が疑われる人又は認知症の人である。
□□	**211** 24-31	認知症地域支援推進員は、認知症の人やその家族を支援する相談支援や支援体制を構築するための取組を行う。
□□	**212** 23-34	認知症カフェは、認知症初期集中支援チームが運営することとされている。

② ターミナルケア

終末期であっても、利用者の尊厳を重視して意思決定を支援するという前提をおさえておこう。また、アドバンス・ケア・プランニングや、臨終が近づいたときの徴候と対応、死後のケアなども確認しておこう！

□□	**213** 26-40	人生の最終段階を穏やかに過ごすことができる環境の整備は、法律に基づく政府の努力義務とされている。
□□	**214** 25-40	臨死期では、家族に対して、今後予想される状況に即した病状説明が行われるよう配慮する。
□□	**215** 26-40	ターミナルケアにおける痛みの訴えは、身体的な要因によるものであるため、医療処置で対応できる。
□□	**216** 23-41	リビングウィルとは、本人の意思が明確なうちに、医療やケアに関する選択を本人が表明しておくことをいう。
□□	**217** 23-41	本人の人生観や生命観などの情報は、関係者で共有すべきではない。

210 ○	認知症初期集中支援チームの対象者は、40 歳以上で、在宅で生活しており、かつ［認知症が疑われる人］又は［認知症の人］で、医療サービス、介護サービスを受けていない者、又は中断している者、サービスを受けているが認知症の行動・心理症状（BPSD）が顕著なため、対応に苦慮している者である。 重要 p.158～159
211 ○	認知症施策推進大綱では、認知症地域支援推進員は、「市町村に配置し、地域の支援機関間の連携づくりや、認知症ケアパス・認知症カフェ・社会参加活動などの地域支援体制づくり、［認知症の人やその家族を支援する相談業務等］」の役割が示されている。 重要 p.158～159
212 ×	認知症施策推進大綱では、認知症カフェは、「認知症の人やその家族が、地域の人や専門家と相互に情報を共有し、お互いを理解し合う場」とされ、主催者や開催頻度・場所、活動内容などが様々である。 重要 p.158～159

出題実績

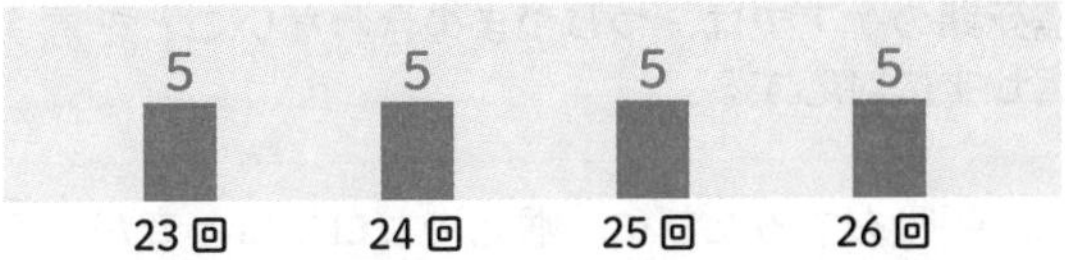

ワークブック 2024 p.265~268 参照

213 ○	「患者の意思がより尊重され、人生の最終段階を穏やかに過ごすことができる環境の整備を行うよう努める」と、「持続可能な社会保障制度の確立を図るための改革の推進に関する法律」に政府の［努力義務］として規定されている。
214 ○	終末期に当たり、生命予後の予測や今後予想される経過について、医師から情報を得るとともに、主治医や訪問看護師と密に連携し、利用者家族に対して［状況に即した病状説明］がなされるよう配慮する。
215 ×	痛みの訴えは、身体的な要因によるもの［だけではない］。精神的・心理的苦痛、社会的苦痛、スピリチュアルな苦痛の影響も受けている。
216 ○	［リビングウィル］とは、本人の意思が明確なうちに、人生の最終段階を迎えたときの医療やケアに関する選択を本人が表明しておくことをいう。
217 ×	人生観や生命観、健康観などの類推に役立つ情報は、意思決定支援の場面において貴重な情報となるため、関係者で［共有すべきである］。

218	23-41	医学的観点だけに基づく診療方針の決定では、本人の意向に反する結果となるおそれがある。
219	23-41	重度の認知機能障害などを有する利用者の場合に、家族に加えて複数の医療・介護専門職が集まって方針を決める方法をコンセンサス・ベースド・アプローチという。
220	26-40	介護保険の特定施設は、看取りの場となり得る。
221	23-41	介護保険の特定施設では、ターミナルケアは提供できない。
222	24-40	高齢者の臨死期のケアでは、急変時の対応は、そのときに考えればよい。
223	24-40	高齢者の臨死期のケアでは、つじつまの合わないことを言う場合も、それを否定せずに対応する。
224	25-40	臨死期では、呼吸をするたびに、喉元でゴロゴロと音がする状態（死前喘鳴）になることがある。
225	25-40	臨終が近づき、応答がなくなった場合には、本人への語りかけをやめる。
226	24-40	高齢者の臨死期のケアでは、反応がないように見えても、いつもどおりの声かけをする。
227	24-40	高齢者の臨死期のケアでは、息苦しさが楽になるように、常にベッドを平らにする。
228	24-40	高齢者の臨死期のケアでは、口腔内の保湿や清潔を保つ。
229	26-40	看護師は、死亡診断書を作成することができる。

218	○	高度に倫理的な判断は、医学的側面だけに基づく検討では［不十分であり］、本人の意向に反する結果となるおそれがある。
219	○	重度の認知機能障害などを有する利用者の場合に、家族に加えて関わっている複数の医療・介護専門職が集まって話し合いを行い、方針を決める方法を［コンセンサス・ベースド・アプローチ］という。
220	○	サービス付き高齢者向け住宅、有料老人ホームなどの特定施設も様々な「住まい」の類型であり、看取りの場と［なり得る］。
221	×	ターミナルケアは、病院や自宅だけではなく、特定施設であるサービス付き高齢者向け住宅、有料老人ホームなどにおいても［提供できる］。
222	×	家族や主治医への緊急連絡方法や救急搬送要請、心肺蘇生の実施についての取り決めの確認など、急変時の対応について［あらかじめ検討し］、［統一］を図っておく必要がある。
223	○	臨死期の利用者がつじつまの合わないことを言う場合も、［否定せずに］利用者が安心できるような会話で対応する。
224	○	身体が弱って眠りが深くなると、唾液をうまく飲み込めなくなるため、呼吸をするたびに、喉元でゴロゴロと音がする状態（［死前喘鳴《ぜんめい》］）になることがある。
225	×	臨死期においても、耳は最期まで聞こえるといわれているため、反応がないように見えても、［いつもどおり声をかける］ことは大切である。
226	○	臨時期においても、耳は最期まで聞こえるといわれているため、反応がないように見えても、［いつもどおり声をかける］ことは大切である。
227	×	頭を［少し高くする］と横隔膜が下がり、肺が広がりやすくなり楽なことが多い。息苦しさが楽になるような姿勢やベッドの角度調整などの工夫が必要である。
228	○	口唇も口腔内も乾燥するため、口腔内の［保湿］や［清潔］を保つことが推奨されている。
229	×	死亡診断書を作成することができる資格は、［医師］及び［歯科医師］である。

□□	**230** 25-40	在宅で看取る場合、呼吸停止の瞬間に、医師が立ち会う必要がある。	
□□	**231** 25-40	死後のケアであるエンゼルケアは、身体を清潔にし、その人らしい外見に整えるためのものである。	
□□	**232** 26-40	グリーフケアとは、遺族の悲嘆への配慮や対応を行うことである。	

③ 介護老人保健施設

連続で出題されているため、確実におさえておきたい。介護老人保健施設の役割や目的、利用者の特徴を理解しよう。その他、類型、運営基準など幅広く出題されている。

□□	**233** 25-45	社会福祉法人は、介護老人保健施設を開設できる。	
□□	**234** 24-44	介護老人保健施設は、入所者の在宅復帰を目指す。	
□□	**235** 23-44	介護老人保健施設は、要介護者であって、主として長期にわたり療養が必要である者に対してサービスを行う施設と定義されている。	
□□	**236** 24-44	介護老人保健施設内で提供される保健医療サービスで完結する施設サービス計画を立てる。	
□□	**237** 25-45	介護老人保健施設のユニット型では、一のユニットの定員は、15 人を超えることが認められている。	

230 ×
在宅で看取る場合、家族が納得していることが前提で、呼吸が止まったことを確認したら主治医へ連絡し、主治医は［死亡診断］のために［往診をする］。

231 ○
［エンゼルケア］は、身体を清潔にし、その人らしい外見に整えるための死後のケアである。

232 ○
遺族の悲嘆への配慮や対応は、［グリーフケア］（悲嘆へのケア）と呼ばれる。
重要 p.159

出題実績

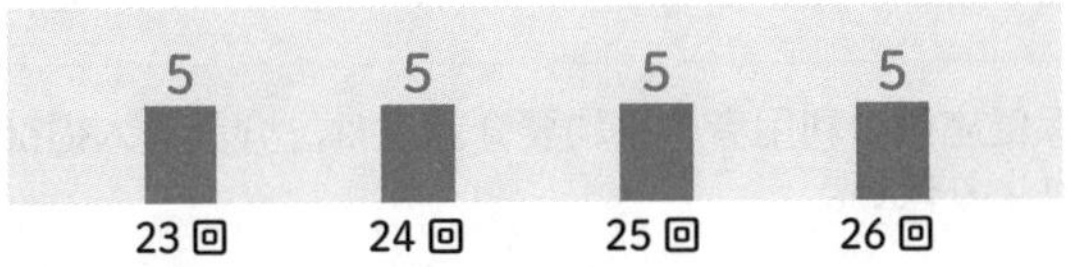

ワークブック 2024 p.324~331 参照

233 ○
介護老人保健施設の開設者は、地方公共団体、医療法人、［社会福祉法人］その他厚生労働大臣が定めるものとされている。

234 ○
介護老人保健施設は、［在宅復帰］、［在宅療養支援］のための地域拠点となる施設であり、機能の維持・改善を目的とするリハビリテーションを提供する施設といえる。
重要 p.164

235 ×
［介護老人保健施設］は、「［要介護者］であって、主としてその［心身の機能の維持回復］を図り、居宅における生活を営むことができるようにするための支援が必要である者（その治療の必要の程度につき厚生労働省令で定めるものに限る）に対し、施設サービス計画に基づいて、看護、医学的管理の下における介護及び機能訓練その他［必要な医療］並びに［日常生活上の世話］を行うことを目的とする施設」と定義されている。設問は［介護医療院］の定義である。

236 ×
施設サービス計画の作成に当たっては、入所者の日常生活全般を支援する観点から、当該地域の住民による自発的な活動によるサービス等の利用も含めて施設サービス計画上に位置付けるよう努めなければならない。

237 ×
1つのユニットの入居定員は、原則としておおむね［10］人以下とし、［15］人を超えないものと定められている。
重要 p.164

□□	238 24-44	サテライト型小規模介護老人保健施設は、定員 29 人以下である。	
□□	239 26-44	介護老人保健施設の入所者は、病状が安定し入院治療の必要がない要介護 3 以上の認定を受けた者である。	
□□	240 25-45	全国では、介護老人保健施設の全入所者のうち要介護 4 及び要介護 5 の者が占める割合は、80%以上である。	
□□	241 24-44	介護老人保健施設の入所者は、要介護者より要支援者が多い。	
□□	242 23-44	介護老人保健施設の利用者の平均要介護度は、介護老人福祉施設の入所者のそれより低い。	
□□	243 23-44	介護老人保健施設では、終末期にある利用者は、皆無である。	
□□	244 26-44	介護老人保健施設は、保健医療サービス又は福祉サービスを提供する者との密接な連携に努めなければならない。	
□□	245 26-44	介護老人保健施設には、理学療法士、作業療法士又は言語聴覚士を置かなければならない。	
□□	246 23-44	介護老人保健施設の人員に関する基準には、医療分野から介護分野まで幅広い職種が含まれている。	
□□	247 25-45	介護老人保健施設では、入所定員が 100 人以上の場合には、栄養士又は管理栄養士を置かなければならない。	
□□	248 25-45	介護老人保健施設には、処置室を設けなければならない。	

238 ○
サテライト型小規模介護老人保健施設は、定員［29］人以下の小規模な介護老人保健施設である。本体施設として一般的な介護老人保健施設・介護医療院又は病院・診療所があることが前提とされている。 重要 p.164

239 ×
介護老人保健施設の入所者は、［要介護 1～5］に認定されていて、病状が安定し入院治療の必要がないこと、リハビリテーションが必要なこととされている。

240 ×
「令和４年度介護給付費等実態統計の概況」によると、介護老人保健施設では、全入所者のうち要介護４と５の者を合わせた割合は、約［45］％である。

241 ×
介護老人保健施設の入所者は、［要介護 1～5］に認定されていて、病状が安定し入院治療の必要がないこと、リハビリテーションが必要なこととされている。

242 ○
「令和４年度介護給付費等実態統計の概況」によると、介護老人保健施設は、介護老人福祉施設に比べ、要介護４、５の利用者が［少ない］ため、平均要介護度が［低く］、各要介護度の利用者がある程度平均的に分布している。

243 ×
終末期を介護老人保健施設で過ごす利用者が［増えている］ことが、近年の傾向である。

244 ○
介護老人保健施設は、市町村、居宅介護支援事業者、居宅サービス事業者、他の介護保険施設その他の［保健医療サービス又は福祉サービスを提供する者］との密接な連携に努めなければならない。

245 ○
介護老人保健施設には、［理学療法士］、［作業療法士］又は［言語聴覚士］を置かなければならない。 重要 p.165

246 ○
介護老人保健施設には、医師、薬剤師、看護職員、介護職員、支援相談員、理学療法士、作業療法士又は言語聴覚士、栄養士又は管理栄養士、介護支援専門員、調理員、事務員などの幅広い職種が配置されている。 重要 p.165

247 ○
入所定員が 100 人以上の施設は、常勤で１人以上の［栄養士］又は［管理栄養士］を配置すると定められている。 重要 p.165

248 ×
介護老人保健施設には、療養室、診察室、機能訓練室、談話室、食堂、浴室、レクリエーション・ルーム、洗面所、便所などの施設を有しなければならないと規定されている。処置室は［規定されていない］。

249 26-44	介護老人保健施設では、看取り等を行う際のターミナルケア加算は、算定できない。	
250 23-44	介護老人保健施設では、従来型の多床室に係る介護報酬は、在宅強化型と基本型の２類型だけである。	
251 26-44	介護老人保健施設は、口腔衛生の管理体制を整備し、各入所者の状態に応じた口腔衛生の管理を計画的に行わなければならない。	
252 24-44	介護老人保健施設は、災害その他のやむを得ない事情がある場合でも、入所定員を超えて入所させてはならない。	

④ 精神に障害のある場合の介護

老年期うつ病の原因や症状、特徴はよく問われるため、必ずおさえておこう！　統合失調症やアルコール依存症などの精神障害についても、老年期の特徴を理解しておこう。

253 26-32	高齢者は、急激な環境の変化があっても、環境への適応力は高い。	
254 24-32	高齢者の精神疾患は、精神症状は定型的でなく、訴えが多彩かつ曖昧なのが特徴である。	
255 26-32	身体疾患の治療薬の中には、うつなどの精神症状を引き起こすものがある。	
256 24-32	老年期の抑うつの背景要因としては、社会的役割の喪失などがある。	
257 23-35	老年期うつ病では、心気的な訴えは少ない。	

249 ×

入所者に対して計画的なターミナルケアを行った場合は、死亡日以前45日以下に行ったターミナルケアについてターミナルケア加算を［算定できる］。

重要 p.159

250 ×

従来型の多床室の場合、［在宅強化型］、［基本型］、［その他］の［3］種類の基本報酬が設定されている。

251 ○

介護老人保健施設は、入所者の口腔の健康の保持を図り、自立した日常生活を営むことができるよう、［口腔衛生の管理体制］を整備し、各入所者の状態に応じた［口腔衛生の管理］を計画的に行わなければならない。

252 ×

介護老人保健施設は、入所定員及び療養室の定員を超えて入所させてはならない。ただし、災害、虐待その他のやむを得ない事情がある場合は、［この限りでない］。

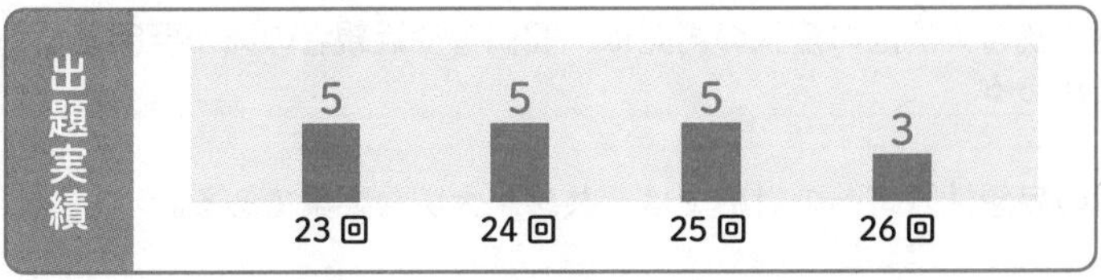

ワークブック2024
p.257~259
参照

253 ×

急激な環境の変化は、適応力の［低下している］高齢者に混乱をもたらし、精神症状の引き金となる。

254 ○

高齢者の精神疾患は、加齢に伴う変化が深く関与しており、しばしば精神症状が定型的ではなく、訴えが［多彩かつ曖昧］なのが特徴である。

255 ○

高齢者では、身体疾患の治療薬が精神症状を引き起こすことがある。

256 ○

高齢者では、［身体的な衰え］や［機能障害］、［慢性疾患への罹患］、［家族との死別］、［社会的な役割の喪失］など身体的、社会心理的な要因が抑うつの背景となっている。

257 ×

老年期うつ病では、特に心気的な訴えが［多くなり］、［めまい］、［しびれ］、［排尿障害］、［便秘］などの自律神経症状が目立つ。

○○	258 23-35	老年期うつ病では、気分の落ち込みよりも、不安、緊張、焦燥が目立つ。	
○○	259 25-27	老年期うつ病では、妄想の症状が発現することはない。	
○○	260 25-27	老年期うつ病では、自死を図ることはない。	
○○	261 24-32	老年期うつ病は、1年後に半数以上が認知症に移行する。	
○○	262 26-32	統合失調症の陰性症状とは、妄想や幻覚をいう。	
○○	263 23-35	老年期の統合失調症の症状の再発は、配偶者や近親者の死が要因となることがある。	
○○	264 25-27	高齢者の妄想性障害への対応では、共感が大切な要素である。	
○○	265 23-35	遅発パラフレニーは、老年期の妄想性障害の代表的な疾患とされている。	
○○	266 24-32	アルコール依存症の患者数に占める高齢者の割合は、近年急速に減少している。	
○○	267 24-32	老年期のアルコール依存症には、若年発症型と老年発症型がある。	
○○	268 23-35	老年期のアルコール依存症は、認知症を合併することはない。	

258	○	老年期うつ病では、気分の落ち込みよりも、[不安]、[緊張]、[焦燥] が目立つ。
259	×	老年期うつ病がひどくなると、自分を責める内容の妄想《もうそう》（罪業《ざいごう》妄想）や、お金がなくなり生活ができないという妄想（貧困妄想）、不治の病にかかったという内容の妄想（心気妄想）などが [発現する]。
260	×	老年期うつ病がひどくなると、様々な妄想《もうそう》が出現し、自死を図ることが [ある]。
261	×	老年期うつ病は、長引き、治りにくいという特徴があり、[一部] は、認知症に移行することがある。
262	×	統合失調症の [陽性症状] とは、妄想《もうそう》や幻覚をいう。陰性症状は、[無気力]、[自発性の低下] などが挙げられる。
263	○	老年期の統合失調症の症状の再発は、配偶者や近親者の [死]、生活環境の変化が要因となることがある。
264	○	高齢者の妄想《もうそう》性障害では、高齢者の心理及び高齢者のおかれた状況への洞察と [共感] が、治療の第一歩となる。
265	○	高齢者にみられる人格と感情反応がよく保たれ、体系化された妄想《もうそう》を [遅発パラフレニー] と呼ぶ。[遅発パラフレニー] は老年期の妄想性障害の代表的な疾患とされている。
266	×	人口の高齢化と相まって、アルコール依存症の患者数に占める高齢者の割合は [年々増加している]。
267	○	老年期のアルコール依存症は、①若年期に発症し老年期まで持続した [若年発症型] と、②若年期には飲酒問題がなく、老年期になって初めて発症した [老年発症型] に分けられる。
268	×	老年期のアルコール依存症では、① [離脱症状が遷延《せんえん》しやすい]、②糖尿病、高血圧などの身体合併症が高率に出現する、③ [認知症] やうつ病を合併する割合が高いという特徴がある。

269 25-27	アルコール依存症のケアには、自助グループなどの地域の社会資源の活用も有用である。	
270 25-27	神経症は、病気ではなく、気のもちようである。	

⑤ 栄養・食生活からの支援と介護

栄養状態を見極めるアセスメントや状態に応じた食事支援の工夫、摂食・嚥下障害などをおさえておこう！　第 26 回試験では、低栄養などが出題された。

271 25-36	高齢者の栄養・食生活では、食べることを通じて尊厳ある自己実現を目指す。	
272 26-39	疾病によるたんぱく質摂取に制限のない高齢者では、その摂取の目標量は 1 日 30g である。	
273 25-36	高齢者の食事支援では、介護する家族の状況を考える必要はない。	
274 24-35	高齢者は、若年者に比べてエネルギー摂取量が少ないことを当然の前提とする。	
275 25-36	必要な栄養を食事では摂りきれない場合でも、間食で補うことは適当でない。	
276 23-38	摂食・嚥下機能に合わない食事形態での食事の提供は、誤嚥や窒息を招くことがある。	
277 26-35	男性では、加齢とともに低栄養傾向の者の割合は減少する。	

269 ○
アルコール依存症のケアには、[自助グループ] などの地域の社会資源の活用も有用である。断酒会や AA（アルコホーリクス・アノニマス）の集会への継続参加や、楽しみを持てる生活ができるよう支援する必要がある。

270 ×
神経症は、不定愁訴や、不安感の増強に伴い日常生活に支障をきたす場合がある。こうした状態は生活のなかで生じる不安感が契機になっている場合が多いが、神経症は [気のもちよう] ではなく、[病気] であることを認識することが重要である。

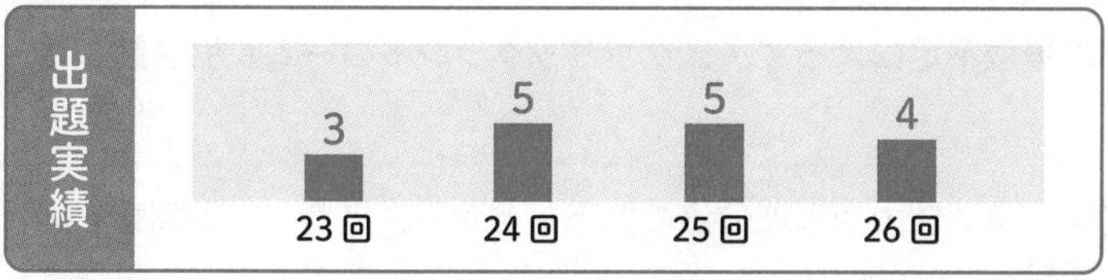

ワークブック 2024 p.276~278 参照

271 ○
高齢者にとって「食べること」は単なる栄養補給にとどまらず、食べること自体が大きな楽しみや生きがいとなる。食べることを通して社会参加の機会となり、[QOL] の向上や高齢者の尊厳である [自己実現] が可能となる。

272 ×
高齢者の食事摂取基準におけるたんぱく質の推奨量は、男性が 1 日 [60] g、女性が 1 日 [50] g である。

273 ×
高齢者の食事支援は、対象者ばかりを重要視すると、介護負担が増大し家族が疲弊するおそれがあるため、[家族] についても注意を払う必要がある。

274 ×
高齢者は加齢、疾病の後遺症などが原因で味覚、嗅覚、視覚などの感覚が低下し、食欲や食事量が低下しやすくなるが、エネルギー摂取量が少ないことを当然の前提とするのは [適切でない]。

275 ×
一度にたくさん食べられず、1 日に必要な栄養が摂りきれない場合には、[間食] で補う。

276 ○
摂食・嚥下《えんげ》機能に合わない食事形態での食事の提供は、[誤嚥《ごえん》] や [窒息] を招く場合があるので注意が必要である。

277 ×
男性では、加齢とともに低栄養傾向の者の割合は [増加する]。

278	26-35	低栄養状態では、筋力の低下により転倒しやすい。
279	24-35	低栄養状態の徴候には、筋肉量の減少、血清たんぱく質の減少などがある。
280	24-35	低栄養状態は、フレイルや要介護状態の要因の一つである。
281	23-38	栄養素の摂取不足によって、メタボリックシンドロームが引き起こされる。
282	25-36	高齢者は、咀嚼能力や唾液分泌の低下などから、摂食・嚥下障害を起こしやすい。
283	24-35	認知症高齢者については、異食、盗食などの摂食行動の有無を把握する。
284	24-35	高齢者の摂食・嚥下障害は、栄養過多を引き起こすおそれがある。
285	25-36	食事中に口から食べ物をこぼす場合、口腔・嚥下機能評価を行うとよい。
286	26-35	高齢者の栄養・食生活では、一方的な指導ではなく、双方向的なコミュニケーションを重視した相談の場を設ける。
287	23-38	経口維持加算は、現に経管により食事を摂取している者も対象となる。

278	○	低栄養状態では、筋肉量の減少から筋力が低下し、［転倒しやすい］。
279	○	低栄養状態の徴候には、［筋肉量の減少］、［血清たんぱく質の減少］のほか、［低体重］（［やせ］）、［体重減少］などがある。
280	○	高齢者が低栄養状態になると、生活機能の低下や免疫力の低下により感染症にかかりやすくなるなど、QOL は著しく低下する。さらに筋肉量の減少、基礎代謝の低下、消費エネルギー量の低下、食欲低下も伴い、進行すると［フレイル］や［要介護状態］の大きな要因の一つとなる。
281	×	メタボリックシンドロームは、栄養素の過剰、栄養素の不適切な摂取、あるいは運動・活動量不足によって引き起こされる［過栄養］の代表である。
282	○	高齢者の多くは、歯の欠損や口腔・咽頭《いんとう》・喉頭《こうとう》の筋力低下、唾液分泌の低下などによって、［摂食・嚥下《えんげ》障害］を起こしやすい状態になっている。
283	○	認知症高齢者の BPSD（認知症の行動・心理症状）のなかには、［異食］、［盗食］など摂食行動に大きく影響する症状が多くみられ、食事中に BPSD が出現することにより、自分で適切に食べられないなどの状況が生じる。
284	×	摂食・嚥下《えんげ》障害が生じると食事の楽しみを失うばかりでなく、［誤嚥《ごえん》による肺炎］や［窒息］、［脱水］、［低栄養状態］を引き起こす。
285	○	食事中に口から食べ物をこぼす場合、［口腔・嚥下《えんげ》機能評価］などを行う。
286	○	栄養ケア・マネジメントの体制のもとに行われるサービスでは、従来の栄養食事指導の「指導」ではなく、双方向的なコミュニケーションを重視した［相談］として行う。
287	×	経口維持加算は、現に［経口］により食事を摂取する者であって、摂食機能障害があり、誤嚥《ごえん》が認められる入所者に対し、一定の条件の下で栄養管理を行った場合に算定できる。

⑥ 訪問看護

介護保険だけでなく医療保険でも利用できるサービスであるため、それぞれの給付の対象をおさえておこう。また、人員基準や運営基準についても理解しておこう。

288 24-41	指定訪問看護は、高齢者が自立した日常生活を営むことができるよう、その療養生活を支援する。
289 24-41	訪問看護事業所は、介護老人保健施設の入所者にも訪問看護を提供できる。
290 25-41	訪問看護の提供に当たっては、常に利用者の病状、心身の状況及びその置かれている環境の的確な把握に努める。
291 24-41	訪問看護では、薬剤の処方も行う。
292 25-41	訪問看護は、24 時間 365 日、サービスを提供しなければならない。
293 25-41	訪問看護は、急性増悪時に主治医から特別指示書が交付された場合、介護保険から給付が行われる。
294 23-42	特別訪問看護指示書があるときは、7 日間に限り、医療保険による訪問看護を提供することができる。
295 25-41	保険医療機関の指定を受けている病院は、介護保険の指定訪問看護事業者とみなされる。
296 23-42	訪問看護事業を行う事業所は、指定訪問看護ステーションに限られる。
297 23-42	訪問看護の根拠法には、高齢者の医療の確保に関する法律も含まれる。

出題実績	23回	24回	25回	26回
	5	5	5	0

ワークブック2024
p.288~292
参照

288 ○
指定訪問看護の基本方針は、「要介護状態となった場合においても、その利用者が可能な限りその居宅において、その有する能力に応じ［自立した日常生活］を営むことができるよう、その［療養生活］を支援し、心身の機能の維持回復及び生活機能の維持又は向上を目指すものでなければならない」とされている。

289 ×
訪問看護とは、「［居宅要介護者］について、その者の居宅において看護師その他厚生労働省令で定める者により行われる療養上の世話又は必要な診療の補助をいう」と定められている。

290 ○
訪問看護の提供に当たっては、常に［利用者の病状］、［心身の状況］及び［その置かれている環境］の的確な把握に努める。

291 ×
訪問看護では、薬剤の処方は行うことが［できない］。

292 ×
24時間365日、サービスを提供する［義務はない］が、その体制をとることで、［緊急時訪問看護加算］を算定することができる。

293 ×
病状が悪化するなど急性増悪等により一時的に頻回の訪問看護を行うことを認めた場合、主治医から特別訪問看護指示書が交付される。この場合、［医療保険］から給付が行われる。 重要 p.161

294 ×
特別訪問看護指示書があるときは、［14］日間に限り毎日、［医療保険］による訪問看護を提供することができる。 重要 p.161

295 ○
［保険医療機関］の指定を受けている病院又は診療所は、指定申請を行うことなく、介護保険の指定訪問看護事業者とみなされる。

296 ×
訪問看護事業を行う事業所には、［指定訪問看護ステーション］と、［病院］又は［診療所］から訪問看護を提供する［指定訪問看護事業所］の2種類がある。

297 ○
訪問看護の根拠法は、［高齢者の医療の確保に関する法律］、［健康保険法］及び［介護保険法］である。

298 25-41	介護保険の指定訪問看護ステーションの管理者は、原則として、常勤の保健師又は看護師でなければならない。
299 24-41	訪問看護事業所には、言語聴覚士を配置することができる。
300 23-42	利用者が短期入所療養介護を利用している場合には、訪問看護費は算定できない。
301 23-42	指定訪問看護事業者は、主治の医師に訪問看護計画書及び訪問看護報告書を提出しなければならない。
302 24-41	訪問看護の提供に当たっては、家族に対しても適切な指導を行う。

⑦ 看護小規模多機能型居宅介護

小規模多機能型居宅介護と訪問看護を組み合わせたサービスである。運営基準やサービスの内容、併用できる介護保険サービスを確認しておこう。

303 26-43	指定看護小規模多機能型居宅介護は、居宅で生活している要支援者も利用できる。
304 24-43	指定看護小規模多機能型居宅介護は、訪問看護及び小規模多機能型居宅介護の組合せによりサービスを提供する。
305 24-43	指定看護小規模多機能型居宅介護では、登録者の居宅サービス計画は、居宅介護支援事業所の介護支援専門員が作成する。
306 26-43	看護小規模多機能型居宅介護費は、月単位で設定されている。

298 ○ 指定訪問看護ステーションの管理者は、原則として、常勤の［保健師］又は［看護師］とされている。

299 ○ 病院又は診療所以外の訪問看護事業所（訪問看護ステーション）は、事業所ごとに、理学療法士、作業療法士又は［言語聴覚士］を訪問看護ステーションの実情に応じた適当数配置するとされている。

300 ○ 利用者が短期入所療養介護を利用している場合には、訪問看護費は［算定できない］。

301 ○ 指定訪問看護事業者は、訪問看護の提供の開始に際し、主治の医師による指示を文書で受けなければならない。また、主治の医師に［訪問看護計画書］及び［訪問看護報告書］を提出しなければならない。

302 ○ 訪問看護の提供に当たっては、懇切丁寧に行うことを旨とし、［利用者］又は［その家族］に対し、療養上必要な事項について、理解しやすいように指導又は説明を行う。

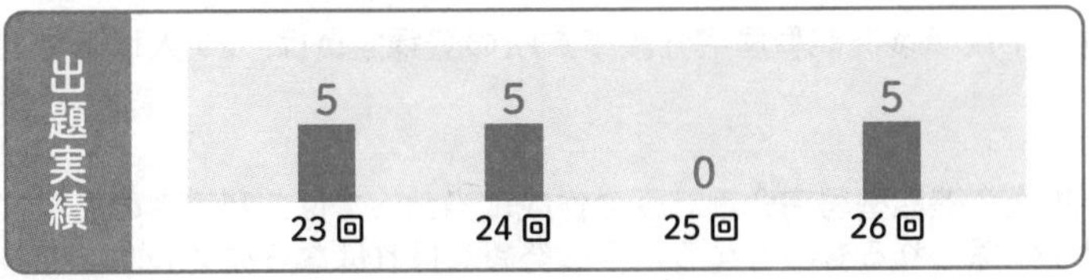

ワークブック2024
p.319~323
参照

303 × 指定看護小規模多機能型居宅介護は、［要介護者］を対象としたサービスであるため、居宅で生活している要支援者は［利用できない］。

304 ○ 指定看護小規模多機能型居宅介護は、［訪問看護］及び［小規模多機能型居宅介護］の組合せにより提供されるサービスである。

305 × 指定看護小規模多機能型居宅介護事業所の管理者は、［指定看護小規模多機能型居宅介護事業所］ごとに配置された介護支援専門員に居宅サービス計画及び看護小規模多機能型居宅介護計画の作成に関する業務を担当させる。

306 ○ 介護報酬は要介護度別の［月］単位の定額制であり、サービス量によって料金は変わらない。

□□	**307** 24-43	指定看護小規模多機能型居宅介護では、居宅サービス事業者その他保健医療サービス又は福祉サービスを提供する者との密接な連携に努めなければならない。	
□□	**308** 24-43	指定看護小規模多機能型居宅介護では、利用者に対してターミナルケアを行うことができる。	
□□	**309** 23-43	指定看護小規模多機能型居宅介護事業所の管理者は、必ずしも保健師又は看護師でなくてもよい。	
□□	**310** 23-43	指定看護小規模多機能型居宅介護事業所には、介護支援専門員を配置する必要はない。	
□□	**311** 26-43	サテライト型指定看護小規模多機能型居宅介護事業所の登録定員は、18 人以下である。	
□□	**312** 23-43	指定看護小規模多機能型居宅介護事業所の登録定員は、29 人以下である。	
□□	**313** 26-43	看護小規模多機能型居宅介護計画の作成に当たっては、利用者の多様な活動が確保されるものとなるように努めなければならない。	
□□	**314** 24-43	指定看護小規模多機能型居宅介護のサービスを利用しない日に登録者が通所介護を利用した場合には、通所介護費を算定することができる。	
□□	**315** 23-43	指定看護小規模多機能型居宅介護の利用者については、訪問介護費を算定することができない。	
□□	**316** 26-43	指定看護小規模多機能型居宅介護では、看護サービスの提供開始時は、主治の医師による指示を口頭で受けなければならない。	
□□	**317** 23-43	指定看護小規模多機能型居宅介護事業者は、看護サービスを提供する場合は、1 人の利用者について複数の医師から指示を受けなければならない。	

307	○	指定看護小規模多機能型居宅介護事業者は、居宅サービス事業者その他保健医療サービス又は福祉サービスを提供する者との［密接な連携］に努めなければならない。
308	○	指定看護小規模多機能型居宅介護では、利用者の在宅療養生活から看取りまでの支援（［ターミナルケア］）を行うことができる。なお、在宅又は指定看護小規模多機能型居宅介護事業所で死亡した利用者に対して、その死亡日及び死亡日前14日以内に2日（末期の悪性腫瘍等の場合は1日）以上ターミナルケアを行った場合は、当該利用者の死亡月につきターミナルケア加算が算定できる。
309	○	指定看護小規模多機能型居宅介護事業所の管理者は、事業所などで3年以上認知症ケアに従事した経験があり、厚生労働大臣が定める［研修修了者］又は［保健師］、［看護師］で、常勤専従と定められている。
310	×	指定看護小規模多機能型居宅介護事業所には、専従（利用者の処遇に支障がない場合は他の職務と兼務可）の［介護支援専門員］を配置しなければならない。
311	○	サテライト型指定看護小規模多機能型居宅介護事業所の登録定員は、［18］人以下である。
312	○	指定看護小規模多機能型居宅介護事業所の登録定員は、［29］人以下である。
313	○	看護小規模多機能型居宅介護計画の作成に当たっては、地域における活動への参加の機会が提供されること等により、［利用者の多様な活動］が確保されるものとなるように努めなければならない。
314	×	看護小規模多機能型居宅介護の介護報酬は、短期利用を除き、要介護度別、月単位で設定されている。利用者が指定看護小規模多機能型居宅介護のサービスを受けている間は、通所介護費を［算定できない］。
315	○	指定看護小規模多機能型居宅介護を受けている間は、［訪問リハビリテーション費］、［居宅療養管理指導費］、［福祉用具貸与費］以外の算定はできない。
316	×	看護サービスの提供開始時は、主治の医師による指示を［文書］で受けなければならない。
317	×	指定看護小規模多機能型居宅介護事業者は、看護サービスの提供の開始に際し、［主治の医師］による指示を文書で受けなければならない。複数の医師から指示を受けなければならないという［規定はない］。

⑧ 介護医療院

2017（平成29）年の介護保険法改正により創設された介護保険施設である。介護医療院の目的や利用者の特徴、施設基準、運営基準など基本的な内容は確実におさえておこう。

318	24-45	介護医療院は、2023（令和5）年9月末時点で全国で1,000施設以上ある。 改変
319	26-45	介護医療院は、住まいと生活を医療が支える新たなモデルとして創設された。
320	26-45	介護医療院の療養床には、Ⅰ型療養床とⅡ型療養床がある。
321	24-45	介護医療院は、主として短期的な療養が必要である要介護者を対象とする。
322	24-45	介護医療院の開設に当たっては、医療法に基づく都道府県知事の許可を受けなければならない。
323	23-45	介護医療院は、要介護者であって、主としてその心身の機能の維持回復を図り、居宅における生活を営むことができるようにするための支援が必要な者に対してサービスを行う施設と定義されている。
324	23-45	介護医療院の創設により、介護療養型医療施設は2018（平成30）年4月にすべて廃止された。
325	26-45	介護医療院の開設者は、医療法人でなければならない。

出題実績

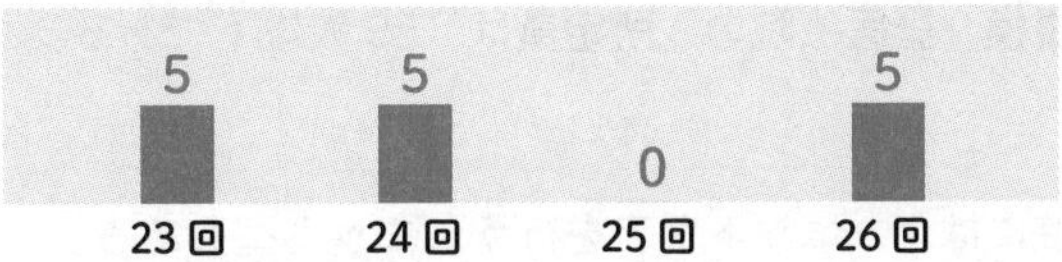

ワークブック2024
p.332~338
参照

318 ×

厚生労働省の「介護医療院の開設状況について」によると、2023（令和5）年9月30日時点で［802］施設の介護医療院が開設されている。

改変 統計の更新により、設問の表記を一部修正している。

319 ○

介護医療院は、［日常的な医学管理］を必要とする要介護者の受け入れや、看取り・ターミナルケアの実施といった機能と、生活施設としての［住まい］の機能を兼ね備えたものとなっている。 重要 p.163

320 ○

［Ⅰ型療養床］は、主として長期にわたり療養が必要である者であって、重篤な身体疾患を有する者、身体合併症を有する認知症高齢者等を入所させるための療養床である。［Ⅱ型療養床］は、療養床のうち、Ⅰ型療養床以外のものである。 重要 p.163

321 ×

介護医療院は、主として［長期］にわたり療養が必要である要介護者を対象とし、施設サービス計画に基づいて、療養上の管理、看護、医学的管理の下における介護及び機能訓練その他必要な医療並びに日常生活上の世話を行うことを目的とした施設である。 重要 p.163

322 ×

介護医療院の開設に当たっては、［介護保険法］に基づいて厚生労働省令で定めるところにより、都道府県知事の許可を受けなければならない。

323 ×

［介護医療院］は、「［要介護者］であって、主として長期にわたり［療養］が必要である者（その治療の必要の程度につき厚生労働省令で定めるものに限る）に対し、施設サービス計画に基づいて、療養上の管理、看護、医学的管理の下における介護及び機能訓練その他［必要な医療］並びに［日常生活上の世話］を行うことを目的とする施設」と定義されている。設問は［介護老人保健施設］の定義である。 重要 p.163

324 ×

介護医療院は、介護療養型医療施設が［2024（令和6）年3月31日］で廃止されることを考慮して、2017（平成29）年6月の介護保険法改正により創設された施設である。

325 ×

介護医療院の開設者は、［医療法人］のほか、［地方公共団体］や［社会福祉法人］等も含まれる。 重要 p.163

326 26-45	併設型小規模介護医療院の入所定員は、25 人以下である。	
327 24-45	介護医療院には、ユニットケアを行うユニット型もある。	
328 23-45	介護医療院の入所対象者には、身体合併症を有する認知症高齢者も含まれる。	
329 23-45	介護医療院では、定員 100 人のⅡ型療養床の場合には、常勤換算で 1 人の医師の配置が必要である。	
330 26-45	介護医療院では、療養室入所者 1 人当たりの床面積は、5. 0m^2以上とされている。	
331 23-45	介護医療院では、入所者 1 人当たりの療養室の床面積は、8㎡以上とされている。	
332 24-45	介護医療院は、入所者のためのレクリエーション行事を行うよう努める。	

326 ×	併設型小規模介護医療院とは、医療機関併設型介護医療院のうち、入所定員が［19］人以下のものである。
327 ○	介護医療院には、ユニットケアを行う［ユニット型介護医療院］がある。施設の全部において少数の療養室及び療養室に近接して設けられる共同生活室により一体的に構成される場所ごとに入居者の日常生活の支援を行う。
328 ○	入所対象者には、病状が比較的安定期にあり、重篤な身体疾患を有する者、［身体合併症を有する認知症高齢者］等であって、介護医療院において、療養上の管理、看護、医学的管理の下における介護及び機能訓練その他必要な医療を要する要介護者が含まれる。 重要 p.163
329 ○	Ⅱ型療養床の場合には、入所者定員 100 人に対して常勤換算で［1］人の医師が必要である。
330 ×	介護医療院の施設基準において、入所者 1 人当たりの療養室の床面積は、[8] m^2 以上と定められている。
331 ○	介護医療院の施設基準において、入所者 1 人当たりの療養室の床面積は、[8] m^2 以上と定められている。
332 ○	介護医療院の運営基準において、適宜入所者のための［レクリエーション行事］を行うよう努めるものとするとされている。

⑨ 通所リハビリテーション

通所リハビリテーションの利用者やサービスの特性を確実に理解しておこう！　人員基準、運営基準等を確認し、通所介護との目的の違いにも注意しておこう。

□□	**333** 26-41	要介護認定を受けた若年性認知症患者は、指定通所リハビリテーションを利用できる。	
□□	**334** 26-41	介護老人保健施設は、指定通所リハビリテーションを提供することができる。	
□□	**335** 25-42	指定通所リハビリテーションは、介護老人福祉施設で提供される。	
□□	**336** 26-41	指定通所リハビリテーションは、心身機能の維持回復を図り、日常生活の自立を助けるために行われる。	
□□	**337** 25-42	指定通所リハビリテーションは、利用者の生活機能の維持又は向上を目指し、心身の機能の維持回復を図るものでなければならない。	
□□	**338** 26-41	通所リハビリテーション計画は、介護支援専門員が作成しなければならない。	
□□	**339** 25-42	通所リハビリテーション計画は、医師及び理学療法士、作業療法士等の従業者が、共同して作成する。	
□□	**340** 25-42	通所リハビリテーション計画の進捗状況を定期的に評価し、必要に応じて当該計画を見直す。	
□□	**341** 25-42	指定通所リハビリテーション事業所には、生活相談員を配置しなければならない。	

出題実績

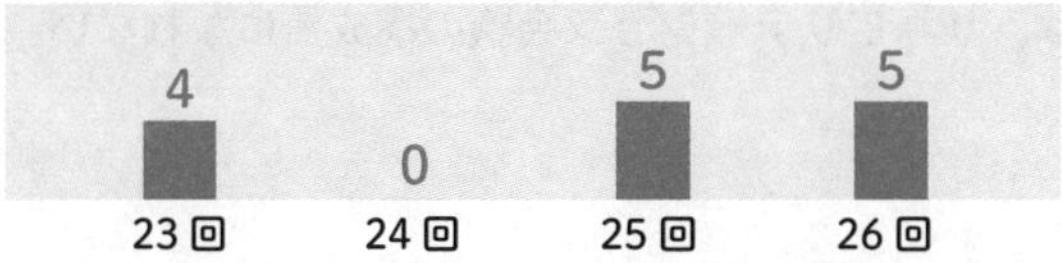

ワークブック2024 p.302~308 参照

333 ○	要介護認定を受けた若年性認知症患者は、指定通所リハビリテーションを［利用できる］。
334 ○	介護老人保健施設は、指定通所リハビリテーションを提供することが［できる］。指定通所リハビリテーションはこのほか、［介護医療院］、［病院］、［診療所］で提供される。 重要 p.161
335 ×	介護老人福祉施設では、指定通所リハビリテーションを提供することが［できない］。 重要 p.161
336 ○	指定通所リハビリテーションは、利用者の［心身の機能の維持回復］を図り、［日常生活の自立］を助けるために行われる。 重要 p.161
337 ○	指定通所リハビリテーションは、利用者の有する能力に応じ自立した日常生活を営むことができるよう［生活機能の維持又は向上］を目指し、［心身の機能の維持回復］を図るものでなければならないとされている。
338 ×	通所リハビリテーション計画は、医師及び理学療法士、作業療法士その他専ら指定通所リハビリテーションの提供に当たる通所リハビリテーション従業者が［共同して］作成する。 重要 p.161
339 ○	通所リハビリテーション計画は、医師及び理学療法士、作業療法士その他専ら指定通所リハビリテーションの提供に当たる通所リハビリテーション従業者が［共同して］作成する。 重要 p.161
340 ○	通所リハビリテーション計画の進捗状況を定期的に評価し、必要に応じて当該計画を見直す。初回はサービス提供開始からおおむね2週間以内、その後はおおむね3月ごとにアセスメントと当該計画の見直しを行うこととされている。
341 ×	指定通所リハビリテーション事業所には、生活相談員の配置は［義務付けられていない］。指定通所リハビリテーション事業者は、医師、理学療法士、作業療法士、言語聴覚士、看護職員、介護職員などの人員を配置する必要がある。

342 26-41	介護職員は、リハビリテーション会議の構成員になれない。	
343 23-37	リハビリテーション会議は、利用者及びその家族の参加が基本とされている。	
344 23-37	通所リハビリテーションに係る単位数は、事業所の規模とは無関係に設定されている。	
345 23-37	通所リハビリテーション計画に位置付けられていなくても、事業所の屋外で指定通所リハビリテーションのサービスを提供することができる。	
346 23-37	指定通所リハビリテーション事業所の管理者は、専ら指定通所リハビリテーションの提供に当たる看護師に管理の代行をさせることができる。	

⑩ 高齢者の心身機能の特徴

高齢者に多くみられる老年症候群は、確実に覚えよう！　近年は、老年症候群のなかでも、せん妄、脱水、難聴などが出題されている。

347 26-26	要支援と認定された者では、介護が必要となった原因の第１位は認知症である。	
348 24-34	大腿骨頸部骨折は、寝たきりの原因となりやすい。	
349 23-26	老年症候群では、高齢期において生活機能の低下がみられる。	

342 ✕	リハビリテーション会議（テレビ電話装置等を活用して行うことができる。利用者又は家族が参加する場合は、その活用について同意を得なければならない）の構成員は、利用者及びその家族、医師、理学療法士、作業療法士、言語聴覚士、介護支援専門員、居宅サービス計画の原案に位置付けた指定居宅サービス等の担当者その他の関係者（看護師、［介護職員］等）である。	重要 p.161
343 ○	リハビリテーション会議は、［利用者］及び［その家族］の参加が基本とされている。リハビリテーションに関する専門的な見地から、利用者の状況等に関する情報を、会議の構成員と共有するように努める。	重要 p.161
344 ✕	通所リハビリテーションに係る単位数は、［事業所の規模］、介護の所要時間、要介護度に応じて単位が決められている。	
345 ✕	通所リハビリテーション計画に［位置付けられ］、効果的なリハビリテーションのサービスが提供できる場合、事業所の屋外でも指定通所リハビリテーションのサービスを提供することが［できる］。	
346 ○	指定通所リハビリテーション事業所の管理者は、医師、理学療法士、作業療法士、言語聴覚士又は専ら指定通所リハビリテーションの提供に当たる［看護師］のうちから選任した者に、必要な管理の代行をさせることができる。	

出題実績

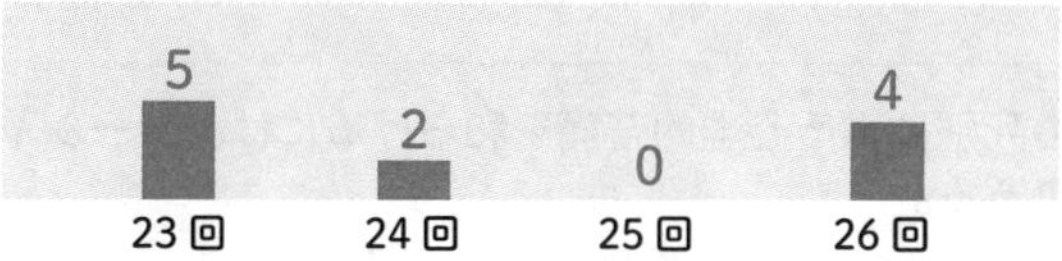

ワークブック 2024
p.186~191 参照

347 ✕	2022（令和 4）年国民生活基礎調査によると、要支援者では、介護が必要となった原因の第 1 位は［関節疾患］である。	
348 ○	大腿骨頸《けい》部《ぶ》骨折は、高齢者に多く、太ももの付け根部分に激痛があり、立つことや歩くことができなくなり、手術をして治療しなければ［寝たきり］になる。	
349 ○	老年症候群とは、高齢者に多くみられ、高齢者の生活機能を［低下させ］、さらに QOL を低下させる症状・病態を指す。	重要 p.154

350 26-32	せん妄の有病率は、年齢とともに上昇する。	
351 26-32	せん妄については、その発症に至ったきっかけで除去可能な要因がないか検討する。	
352 23-26	高齢者では、身体的な衰えや機能障害、慢性疾患の罹患、家族との死別などにより抑うつが高頻度にみられる。	
353 23-26	高齢者では、エネルギーの消費が多くなるため、食欲が増す。	
354 23-26	高齢者では、若年者に比べて体内水分貯蔵量が少なく、口渇も感じにくいため、脱水のリスクが高い。	
355 23-26	内耳から大脳に異常があるために生じる難聴を、伝音性難聴という。	
356 24-34	誤嚥性肺炎の予防には、嚥下機能のみを維持すればよい。	
357 26-26	配偶者との死別による心理的苦痛を和らげるには、ソーシャルサポートが有効である。	

350 ○ せん妄は、［高齢者に特有］の、あるいは主として高齢者にみられる病態の一つである。 重要 p.154

351 ○ せん妄は意識障害であり、意識障害を引き起こす原因・誘因を取り除けば消失するため、除去可能な要因がないか検討することが必要である。

352 ○ 高齢者では、身体的な衰えや機能障害、慢性疾患への罹患、家族との死別、社会的な役割の喪失など身体的、社会心理的な要因により抑うつが［高頻度］にみられる。 重要 p.154

353 × 高齢者では、エネルギーの消費が［少なく］なるため、身体がエネルギーを必要とせず、食欲が［低下する］。

354 ○ 高齢者は、若年者に比べて体内水分貯蔵量が［少なく］、口渇《こうかつ》も感じにくいため、脱水になるリスクが［高く］なっている。 重要 p.154

355 × 内耳《ないじ》から大脳に異常があるために生じるのは、［感音性難聴］である。［伝音性難聴］は、外耳《がいじ》や中耳《ちゅうじ》に異常があり、内耳に音信号が伝わりにくくなるために生じる。

356 × 誤嚥《ごえん》性肺炎の予防には、口腔ケアの徹底、夜間の胃食道逆流を防ぐための頭部挙上なども必要である。また、誤嚥を防ぐためには［嚥下《えんげ》機能評価］と［嚥下訓練］が重要となる。

357 ○ ソーシャルサポートとは、社会的関係の中でやりとりされる支援のことであり、死別による心理的苦痛を和らげるには、ソーシャルサポートが有効であるとされている。

⑪ ケアにおけるリハビリテーション

リハビリテーションの範囲は広いため、リハビリテーションの分類や対象者、リハビリテーションにおける治療（アプローチ）、リハビリテーションを行う上で配慮が必要な症状などを理解しておこう！

□□	**358** 26-30	高齢者のケアは、リハビリテーション後置主義にのっとっている。	
□□	**359** 25-33	終末期にある者は、リハビリテーションの対象とならない。	
□□	**360** 26-30	回復が見込めない要介護高齢者に対しては、リハビリテーションを実施しない。	
□□	**361** 26-30	急性期病床は、急性期リハビリテーションの提供の場である。	
□□	**362** 25-33	急性期リハビリテーションは、一般に、廃用症候群の予防と早期からのセルフケアの自立を目標とする。	
□□	**363** 26-30	リハビリテーションは、多職種が連携して行う。	
□□	**364** 25-33	代償的アプローチには、残存機能の活用が含まれる。	
□□	**365** 26-30	運動に伴って低血糖発作が起こることがある。	
□□	**366** 25-33	指定訪問リハビリテーションは、バス等の公共交通機関への乗降の支援を対象としない。	
□□	**367** 26-39	大きな負荷で行う筋力トレーニングは、息を止めて行うと安全である。	

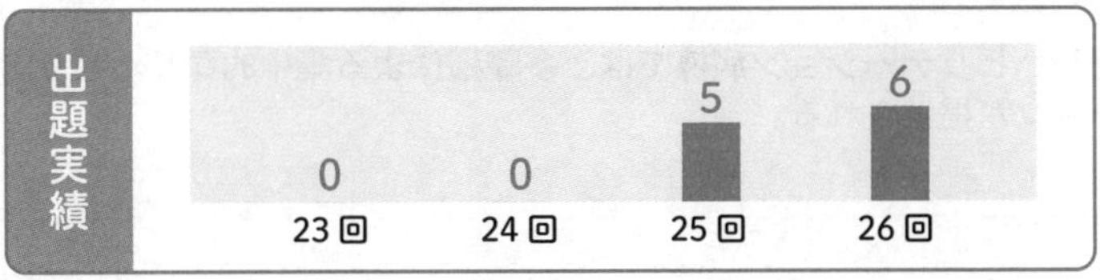

ワークブック2024
p.260~264
参照

358 ×
高齢者のケアにおいては、常に［リハビリテーション前置主義］の考え方にのっとり、適切かつタイムリーにリハビリテーション医療サービスを活用する。

359 ×
リハビリテーションは、予防的リハビリテーション、治療的リハビリテーション、維持的リハビリテーションに分けられる。終末期リハビリテーションは［維持的リハビリテーション］に含まれ、主に［介護保険］により給付される。

360 ×
回復が見込めない要介護高齢者に対しても［不動の悪循環］を予防することが重要である。要介護者の活動性とQOL（生活の質）の向上を図るためにリハビリテーションを実施する。

361 ○
急性期リハビリテーションは、［発症（手術）］直後からベッドサイドで開始され、［廃用症候群の予防］と［早期からのセルフケアの自立］を目標とする。

362 ○
急性期リハビリテーションは、発症（手術）直後からベッドサイドで開始され、［廃用症候群の予防］と［早期からのセルフケアの自立］を目標とする。

363 ○
リハビリテーションは、多職種が連携して行い、［多面的］に［評価］と［治療］にあたる。

364 ○
代償的アプローチには、［残存機能の活用］、［補助具の活用］、［環境の調整］が含まれる。

365 ○
運動に伴って起こりやすいリスクの一つに［低血糖発作］がある。

366 ×
活動と参加の視点から、買い物やバス等の公共交通機関への乗降などの行為に関する指定訪問リハビリテーションの提供も［可能］になっている。

367 ×
大きな負荷で行う筋力トレーニングは、息を［吐き出して］行う。

□□	**368** 25-33	回復期リハビリテーション病棟では、多職種による集中的なリハビリテーションが提供される。	

⑫ 短期入所療養介護

第 26 回試験、第 25 回試験で出題された。サービスの目的と内容、利用者の特徴、短期入所療養介護計画についてよく問われるので、理解しておこう！

□□	**369** 26-42	指定短期入所療養介護は、胃ろうがある場合には、利用できない。	
□□	**370** 25-43	指定短期入所療養介護は、家族の身体的及び精神的な負担軽減を図るために利用できる。	
□□	**371** 25-43	指定短期入所療養介護は、看護、医学的管理の下における介護及び機能訓練その他必要な医療並びに日常生活上の世話を行う。	
□□	**372** 25-43	短期入所療養介護計画は、おおむね 4 日以上連続して利用する場合に作成する必要がある。	
□□	**373** 26-42	短期入所療養介護計画は、既に居宅サービス計画が作成されている場合は、当該計画の内容に沿って作成しなければならない。	
□□	**374** 25-43	指定短期入所療養介護では、ターミナルケアは、行われない。	
□□	**375** 25-43	指定短期入所療養介護は、居宅サービス計画において、あらかじめ位置付けられていない場合には、利用することができない。	
□□	**376** 26-42	指定短期入所療養介護では、検査、投薬、注射、処置等は、利用者の病状に照らして妥当適切に行うものとされている。	

368 ○ 回復期リハビリテーション病棟では、機能回復、日常生活自立度の向上、社会復帰などを目的として、多職種による［集中的］なリハビリテーションが提供される。

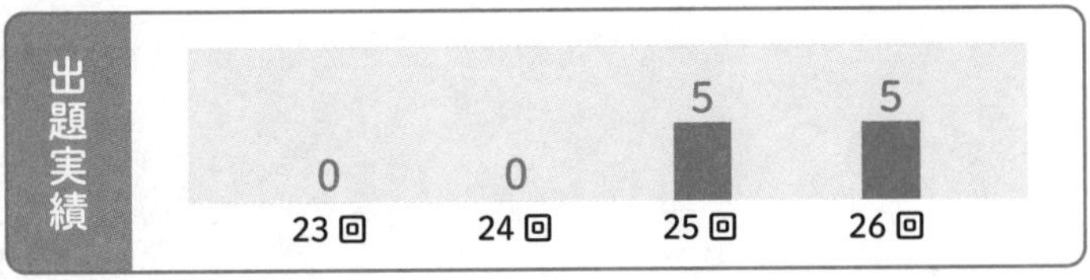

ワークブック2024 p.310~312 参照

369 × 指定短期入所療養介護は、胃ろうがある場合においても、［利用できる］。指定短期入所療養介護は、病状が安定期にあり、看護、医学的管理の下における介護及び機能訓練その他必要な医療を要する居宅要介護者が利用することができる。

370 ○ 指定短期入所療養介護は、療養生活の質の向上及び［利用者の家族の身体的及び精神的負担の軽減］を図るものでなければならないとされている。 重要 p.162

371 ○ 指定短期入所療養介護は、看護、医学的管理の下における介護及び機能訓練その他必要な医療並びに日常生活上の世話を行うとされている。 重要 p.162

372 ○ おおむね［4］日以上連続して利用する場合は、利用者の心身の状況、病状、希望及びその置かれている環境や医師の診療の方針に基づき、短期入所療養介護計画を作成しなければならない。 重要 p.162

373 ○ 短期入所療養介護計画は、既に居宅サービス計画が作成されている場合は、［当該計画の内容に沿って］作成しなければならないとされている。 重要 p.162

374 × 指定短期入所療養介護の内容には、疾病に対する医学的管理、装着された医療機器の調整・交換、リハビリテーション、認知症患者への対応、緊急時の受け入れ、急変時の対応、［ターミナルケア］がある。 重要 p.162

375 × 指定短期入所療養介護は、居宅サービス計画において、あらかじめ位置付けられていなくても、［緊急時］に利用することができる。 重要 p.162

376 ○ 指定短期入所療養介護の診療の方針では、検査、投薬、注射、処置等は、［利用者の病状に照らして妥当適切に行う］ものとされている。

○○	**377** 26-42	指定短期入所療養介護では、おむつ代は、利用者が負担するものとされている。	
○○	**378** 26-42	指定短期入所療養介護は、日帰りの利用はできない。	

377 ×	おむつ代は、保険給付の対象となるため、利用者の負担は［ない］。
378 ×	特定短期入所療養介護として、難病やがん末期の要介護者などが、一定の基準を満たした指定短期入所療養介護事業所において日帰りの利用を行うことが［できる］。

3　+1点をつかみとろう！

① 薬の知識

服薬の方法や薬の副作用、その他留意点など、過去に出題された内容を参考に理解しておこう！　第 25 回試験では、薬剤師や介護職員の役割についても問われた。

379 25-34	薬剤師は、薬剤を処方してはならない。
380 25-34	介護職員は、服薬介助を行ってはならない。
381 24-39	高齢者では、若年者と異なり、薬の副作用は出ない。
382 25-34	医療用医薬品と健康食品の併用による有害な相互作用の可能性について注意が必要である。
383 25-34	内服薬は、通常、水又はぬるま湯で飲む。
384 26-35	使用している薬剤によっては、摂取してはならない食品がある。
385 25-34	薬の変更や中止で重篤な症状が起こることはない。
386 25-31	薬の PTP 包装シート（プラスチックにアルミなどを貼り付けたもの）を誤って飲み込んだ場合、排泄されるため心配はない。

差がつく項目

(重要 p.○) は本書「重要ポイント」の参照ページを示しています。

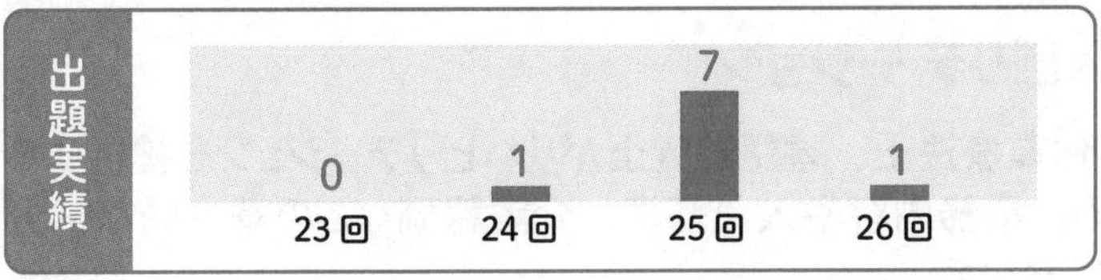

ワークブック2024 p.269~275 参照

379 ○
薬剤師は、[調剤] を行うことはできるが、薬剤の [処方] を行うことはできない。薬剤師は、医師、歯科医師又は獣医師の処方せんに基づき、[調剤] を行う。

380 ×
介護職員は、一包化された内用薬などの服薬介助を行うことが [できる]。要介護者の薬の効果を理解してサービスを提供することは、服薬事故を防ぐことにもつながる。

381 ×
高齢者は若年者と異なり、薬の吸収、分布、特に代謝や排泄に加齢による影響を受けるため、薬の副作用が [起こる] ことがある。

382 ○
医療用医薬品と健康食品の併用による [有害な相互作用] の可能性があるので注意が必要である。

383 ○
内服薬は、通常は約 100mL の [水又はぬるま湯] で飲む。薬は水に溶けることにより、腸の粘膜から吸収されやすくなる。

384 ○
[相互作用] は薬同士だけでなく、[食品等との併用] でも起こる可能性がある。使用している薬剤によっては、摂取してはならない食品があるため、必ず医療職に確認する。

385 ×
薬の変更や中止で重篤な症状が起こることは [ある]。例えば、ステロイド薬を長期あるいは大量に服用している人は、急に服用を中止すると身体がそれに順応できず、離脱症状を起こすことがある。

386 ×
PTP 包装シートを誤飲した場合、[喉や食道の粘膜を傷つけてしまったり]、刺さったところに穴があいてしまう場合もあり、[注意が必要] である。

□□ **387** 25-38 薬の服用時間における食間とは、食事中に服用することである。

② 訪問リハビリテーション

理学療法士、作業療法士、言語聴覚士がリハビリテーションを提供するサービスである。業務内容や人員基準、介護報酬などの基本的な部分を確実に覚えておこう。

□□ **388** 24-42 指定訪問リハビリテーションの対象者は、通院でのリハビリテーションが困難な利用者である。

□□ **389** 24-42 訪問看護ステーションの理学療法士がサービスを提供した場合は、訪問リハビリテーションに分類される。

□□ **390** 24-42 指定訪問リハビリテーションでは、指定訪問介護事業等の従業者に対し、介護の工夫に関する指導を行うことができる。

□□ **391** 24-42 指定訪問リハビリテーションのリハビリテーション会議の構成員には、指定居宅サービスの担当者も含まれる。

□□ **392** 24-42 指定訪問リハビリテーションでは、介護報酬上、サービスの提供回数に限度はない。

387 ×

食間とは、[食事と食事の間]（食事の 2 時間後が目安）のことである。食事中に服用することではない。

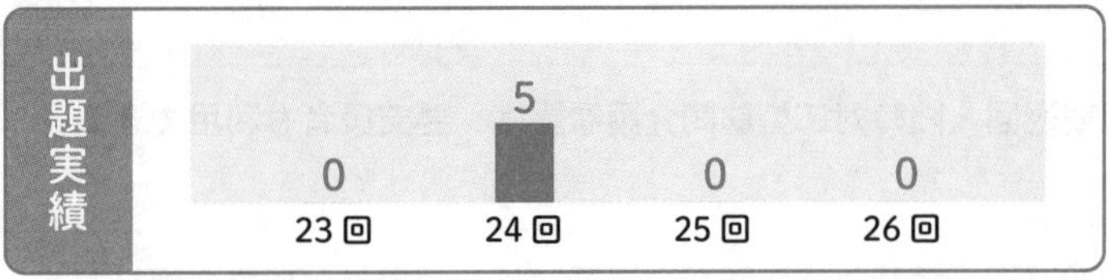

ワークブック2024 p.294~297 参照

388 ○

指定訪問リハビリテーションは、[通院が困難な利用者] が対象である。

389 ×

訪問リハビリテーションとは、病院、診療所、介護老人保健施設又は介護医療院から理学療法士、作業療法士、言語聴覚士が訪問するサービスを指す。訪問看護ステーションの理学療法士がサービスを提供した場合は、[訪問看護] に分類される。

390 ○

指定訪問介護事業等の従業者に対する［介護の工夫に関する指導］も、指定訪問リハビリテーションの重要な役割である。

391 ○

リハビリテーション会議（テレビ電話装置等を活用して行うことができる。利用者又は家族が参加する場合は、その活用について同意を得なければならない）は、計画作成のために、利用者及びその家族の参加を基本としつつ、医師、理学療法士、作業療法士、言語聴覚士、介護支援専門員、居宅サービス計画の原案に位置付けた［指定居宅サービス等の担当者］その他の関係者により構成される。

392 ×

指定訪問リハビリテーションは、利用者又はその家族等利用者の看護に当たる者に対して 1 回当たり 20 分以上指導を行った場合に、1 週間に [6] 回を限度として算定する。ただし、退院（所）の日から起算して 3 月以内に、医師の指示に基づきリハビリテーションを行う場合は、週 12 回まで算定可能である。

③ 定期巡回・随時対応型訪問介護看護

定期巡回サービス、随時対応サービス、随時訪問サービス、訪問看護サービスのそれぞれの内容について理解しておこう。第 25 回試験では、介護・医療連携推進会議についても問われた。

393 25-44	指定定期巡回・随時対応型訪問介護看護は、要支援者も利用できる。	
394 25-44	指定定期巡回・随時対応型訪問介護看護は、利用者が尊厳を保持し、可能な限りその居宅において、その有する能力に応じ自立した日常生活を営むことができるよう援助を行う。	
395 25-44	指定定期巡回・随時対応型訪問介護看護では、利用者の心身の状況にかかわらず、毎日、訪問しなければならない。	
396 25-44	指定定期巡回・随時対応型訪問介護看護の随時対応サービスについては、利用者のみならずその家族等からの在宅介護における相談等にも適切に対応する。	
397 25-44	指定定期巡回・随時対応型訪問介護看護では、介護・医療連携推進会議は、おおむね 6 月に 1 回以上、開催しなければならない。	

出題実績

23回	24回	25回	26回
0	0	5	0

ワークブック2024
p.314~318
参照

393 ✕	指定定期巡回・随時対応型訪問介護看護は、介護給付を行うサービスのため、要支援者は［利用できない］。
394 ○	指定定期巡回・随時対応型訪問介護看護は、利用者が尊厳を保持し、可能な限りその居宅において、その有する能力に応じ自立した日常生活を営むことができるよう、［定期的な巡回］又は［随時通報］によりその者の居宅を訪問し、入浴、排泄、食事等の介護、日常生活上の緊急時の対応その他の安心してその居宅において生活を送ることができるようにするための援助を行う。
395 ✕	定期巡回サービスについては、利用者の心身の状況等に応じて訪問を行わない日があることを必ずしも妨げるものではないとされており、毎日、訪問しなければならないわけではない。
396 ○	随時対応サービスについては、利用者のみならず［利用者の家族］等からの在宅介護における相談等にも適切に対応する。
397 ○	指定定期巡回・随時対応型訪問介護看護事業者は、介護・医療連携推進会議（テレビ電話装置等を活用して行うことができる。利用者又は家族が参加する場合は、その活用について同意を得なければならない）を設置し、おおむね［6］月に1回以上、サービス提供状況等を報告して評価を受けるとともに、必要な要望、助言等を聴く機会を設けなければならない。 重要 p.270～271

④ 介護予防通所リハビリテーション

通所リハビリテーションとの共通点に留意しながら、その意義・目的や利用者の特性についておさえておこう！　また、介護報酬の算定要件もサービスの内容と併せて確認しておこう。

□□ **398** 23-37	介護予防通所リハビリテーションにおいて、利用者の居宅と指定介護予防通所リハビリテーション事業所との間の送迎を実施しない場合であっても、利用者の同意があれば、基本報酬を算定できる。

出題実績

23回	24回	25回	26回
1	0	0	0

ワークブック2024
p.308参照

398 ○

利用者の居宅から指定介護予防通所リハビリテーション事業所との間の送迎を実施することが望ましいが、利用者の状態を把握し、利用者の同意が得られれば、送迎を実施しない場合であっても基本報酬を［算定できる］。

COLUMN 解けない問題がどんどん減っていく！

私は合格された先輩より勧められ、本書を手にとりました。

まずは問題を一通り解き、間違いのあったページに付箋をつけていきました。間違えた問題は『基本テキスト』で確認して補強し、２巡目は付箋をつけたページのみ解いていきました。そして１巡目と同様に、間違いのあったページに色を変えた付箋を１回目と位置をずらして貼っていきました。これを繰り返していくと、新しく貼る付箋の数が減っていき、間違う問題が減っていくことを体感できます。私はこの方法を５巡しました。

本書は他の問題集と違い、分野別に問題が整理されているため、自分の苦手分野、得意分野が明確になります。試験前日は、過去に間違えたことが多いページのみを確認しました。

仕事と勉強の両立で無理をしがちになりますが、体調管理に気をつけて前日は早めに休み、試験当日は万全の態勢で臨みましょう！

III

福祉サービスの知識等

- 文中の「市町村」は、「市町村及び特別区」の意味となります。
- 指定居宅サービス、指定施設サービス、指定地域密着型サービス、指定介護予防サービス、指定地域密着型介護予防サービス、指定居宅介護支援、指定介護予防支援についての人員・設備・運営などの基準に関する設問は、厚生労働省令で定める指定基準によります。
- 「障害者総合支援法」は、「障害者の日常生活及び社会生活を総合的に支援するための法律（平成17年法律第123号）」のことをいいます。
- 「高齢者虐待防止法」は、「高齢者虐待の防止、高齢者の養護者に対する支援等に関する法律（平成17年法律第124号）」のことをいいます。

図表で覚える! 重要ポイント

● ソーシャルワークの概要

個人・家族に対する ソーシャルワーク (個別援助)	相談ニーズを抱えるクライエントに対して、その心理的力動に着目し、必要な心理社会的な働きかけを行うとともに、多様な社会資源の活用や調整を通して生活課題を個別的に解決する方法
集団に対する ソーシャルワーク (集団援助)	人々が集団的に力強く活動することで、一人ひとりの成長・発達や抱えている問題の解決を目指す方法
地域に対する ソーシャルワーク (地域援助)	地域社会における社会関係に働きかけ、個人や集団に対する支援が有効に機能するように、社会資源を調整・開発する支援方法

● バイステックの7原則

① 個別化(クライエントを個人としてとらえる)
② 意図的な感情の表出(クライエントの感情表現を大切にする)
③ 統制された情緒的関与(援助者は自分の感情を自覚して吟味する)
④ 受容(クライエントの全人間像を受け止める)
⑤ 非審判的態度(クライエントを一方的に非難しない)
⑥ クライエントの自己決定(クライエントの自己決定を促して尊重する)
⑦ 秘密保持(秘密を保持して信頼感を醸成する)

● コミュニケーション技術

傾聴	相手の話す内容と、その思いに積極的に耳と心を傾ける態度やありよう
共感	援助者がクライエントの世界を、クライエント自身がとらえるように理解する能力
クローズド クエスチョン	「はい」「いいえ」や限られた数語で答えられる質問。頻回に用いるとクライエントの意向を制限するおそれがある。反面、相手の語ることを明確化し、焦点をあてることも可能
オープン クエスチョン	相手が自由に答えられる質問。相手が自分自身の選択や決定による答えを見つけることを促す
焦点化	相手の話す内容を、受け止める側が自分の理解の中で要約し、要約したことを相手に戻す技法
直面化	成長を促すコミュニケーションの技法。感情・体験・行動それぞれの間にある矛盾について問いかけ、クライエントが自身の感情・体験・行動を見直すきっかけを設ける

● 生活保護受給者（第１号被保険者）と介護保険制度

介護保険制度においては、生活保護受給者であっても介護保険料を納める義務があります。生活保護の対象者に対してサービス利用料の自己負担分１割については**介護扶助**により給付が行われ、介護保険の保険料（普通徴収の場合）及び介護保険施設入所者の日常生活費（介護施設入所者基本生活費）については**生活扶助**によって給付が行われます。また、介護扶助の給付は、原則として**現物給付**されますが、住宅改修や福祉用具など現物給付が難しいサービスについては**金銭給付**となります。

扶助の種類	概要	給付の形態
①生活扶助	８種類の扶助の中で最も基本的な扶助。飲食物費、被服費、光熱水費、家具什器費などの日常生活を営む上での基本的な需要を満たす給付	原則として金銭給付
②教育扶助	義務教育就学中の児童・生徒について、義務教育に伴って必要な学用品費、実験実習見学費、通学用品等の費用のための給付	原則として金銭給付
③住宅扶助	被保護世帯が借間・借家住まいをしている場合に、家賃、地代等に充てる費用として、基準額の範囲内の額が支給される	原則として金銭給付
④医療扶助	疾病や負傷による入院又は通院により治療を必要とする場合に、医療保護施設又は生活保護の指定医療機関に委託して行う給付。入院、診療、投薬、注射、手術などのほか、施術や入退院等の場合の交通費も給付の対象となる。医療扶助を受ける場合は、福祉事務所から医療券の発行が必要	原則として現物給付
⑤介護扶助	介護保険法に規定する要介護者・要支援者に対して、居宅介護（居宅介護支援計画に基づき行うものに限る）や介護予防（介護予防支援計画に基づき行うものに限る）、施設介護、福祉用具、住宅改修等の介護サービスが受けられるようにするための給付	原則として現物給付
⑥出産扶助	出産に伴う費用のための給付。分娩介助料や分娩前後の処置料、衛生材料費など	原則として金銭給付
⑦生業扶助	生業費、技能修得費等の就労に必要な費用のための給付。高校就学に必要な費用（公立高校授業料相当分）も含む	原則として金銭給付
⑧葬祭扶助	死体の運搬や火葬・埋葬、納骨その他葬祭に必要な費用について基準額の範囲内で給付	原則として金銭給付

● 生活困窮者自立支援法

生活困窮者自立支援法は、生活保護に至る前の自立支援策の強化を図ることを目的としています。事業の実施機関は、都道府県、市及び福祉事務所を設置する町村であり、対象者は生活困窮者です。

生活困窮者自立支援法に基づく事業

必須事業	生活困窮者自立相談支援事業 生活困窮者住居確保給付金の支給
任意事業	生活困窮者就労準備支援事業（努力義務） 生活困窮者家計改善支援事業（努力義務） 生活困窮者一時生活支援事業 子どもの学習・生活支援事業 その他の生活困窮者の自立の促進を図るために必要な事業

● 高齢者虐待防止法

高齢者虐待防止法では、虐待を受けたと思われる高齢者を発見した者は、市町村への通報が義務付けられています。また、地域包括支援センター等とも連携を図り、地域でのネットワークを構築していくことが求められています。

＊高齢者の定義：65歳以上の者
＊高齢者虐待の定義：養護者と養介護施設従事者等による5種類の虐待

高齢者虐待

①身体的虐待	高齢者の身体に外傷が生じ、又は生じるおそれのある暴行を加えること
②ネグレクト（介護・世話の放棄・放任）	高齢者を衰弱させるような著しい減食、長時間の放置など、養護を著しく怠ること
③心理的虐待	高齢者に対する著しい暴言、又は著しく拒絶的な対応その他の高齢者に著しい心理的外傷を与える言動を行うこと
④性的虐待	高齢者にわいせつな行為をすること、又は高齢者をしてわいせつな行為をさせること
⑤経済的虐待	高齢者の財産を不当に処分することその他当該高齢者から不当に財産上の利益を得ること

↓ 発見したら…

市町村への通報等
・生命・身体に重大な危険がある場合（通報義務）
・重大な危険がない場合でも通報する（努力義務）
・虐待を受けている本人も、市町村に届け出ることができる

高齢者虐待防止法に定める「養介護施設従事者等」の範囲

	養介護施設	養介護事業	養介護施設従事者等
老人福祉法による規定	・老人福祉施設 ・有料老人ホーム	・老人居宅生活支援事業	「養介護施設」又は「養介護事業」の業務に従事する者
介護保険法による規定	・介護老人福祉施設 ・介護老人保健施設 ・介護医療院 ・地域密着型介護老人福祉施設 ・地域包括支援センター	・居宅サービス事業 ・地域密着型サービス事業 ・居宅介護支援事業 ・介護予防サービス事業 ・地域密着型介護予防サービス事業 ・介護予防支援事業	

● 成年後見制度

成年後見制度は、認知症、知的障害、精神障害等により判断能力が不十分であるために、意思決定が困難な者に対し、成年後見人等が判断能力を補う制度です。成年後見制度には、認知症等の理由で判断能力が不十分となったときに、本人、配偶者、四親等内の親族、検察官等の申し立てに基づき、家庭裁判所の職権で成年後見人等を選任する**法定後見制度**と、認知症等になる前にあらかじめ後見人と契約をしておく**任意後見制度**の二つがあります。また、65歳以上の者につき、その福祉を図るため特に必要があると認めるときは、住所地の市町村長から家庭裁判所に申し出ることもできます。

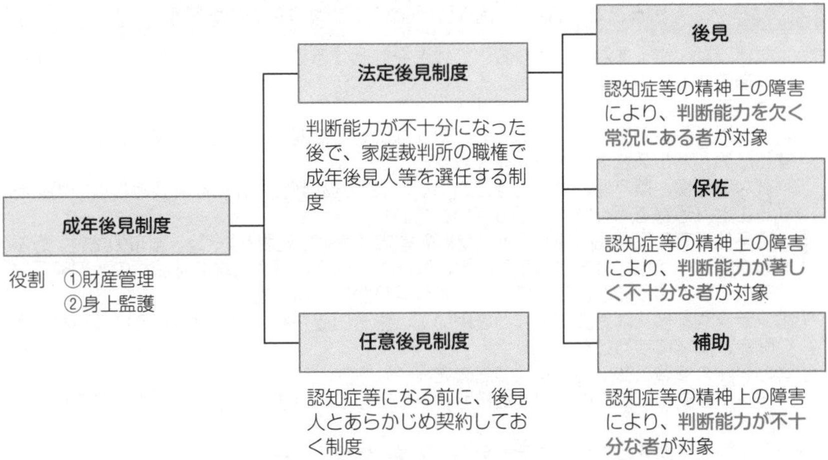

※成年後見制度の利用の促進に関する法律（成年後見制度利用促進法）では、基本理念として「本人の意思決定の支援」「身上保護の重視」等を定め、また、市町村は、成年後見制度の利用の促進に関する施策についての基本的な計画を定めるよう努めることとされている。

● 訪問介護

訪問介護は、要介護状態となった場合でも、可能な限り居宅において、有する能力に応じて自立した日常生活を営むことができるよう支援するものです。サービス内容は、**身体介護**と**生活援助**に大別されます。

身体介護	生活援助
・サービス準備・記録等 ・排泄・食事介助 ・清拭・入浴、身体整容 ・体位変換、移動・移乗介助、外出介助 ・起床及び就寝介助 ・服薬介助 ・自立生活支援・重度化防止のための見守り的援助	・サービス準備等 ・掃除・洗濯・ベッドメイク ・衣類の整理・被服の補修 ・一般的な調理・配下膳 ・買い物・薬の受け取り

介護保険の給付の対象とならないもの
●「直接本人の援助」に該当しない行為 ・利用者以外の者にかかる洗濯、調理、買い物、布団干し ・主として利用者が使用する居室等以外の掃除 ・来客の応接（お茶、食事の手配等） ・自家用車の洗車・清掃　など
●「日常生活の援助」に該当しない行為 ・草むしり、花木の水やり、犬の散歩等ペットの世話 ・家具・電気器具等の移動、修繕、模様替え ・大掃除、窓のガラス磨き、床のワックスがけ ・室内外家屋の修理、ペンキ塗り ・植木の剪定等の園芸 ・正月、節句等のために特別な手間をかけて行う調理　など

医行為でないもの（訪問介護のうち身体介護で提供可能）
①水銀体温計・電子体温計により腋下で体温を計測すること、及び耳式電子体温計により外耳道で体温を測定すること ②自動血圧測定器により血圧を測定すること ③新生児以外の者であって入院治療の必要がないものに対して、動脈血酸素飽和度を測定するため、パルスオキシメータを装着すること ④軽微な切り傷、擦り傷、やけど等について、専門的な判断や技術を必要としない処置をすること（汚物で汚れたガーゼの交換を含む） ⑤一定条件下での医薬品の使用介助（軟膏の塗布（褥瘡の処置を除く）、湿布の貼付、点眼薬の点眼、一包化された内用薬の内服、肛門からの坐薬挿入、鼻腔粘膜への薬剤噴霧） ⑥爪を爪切りで切ること、及び爪ヤスリでやすりがけすること ⑦歯ブラシや綿棒又は巻き綿子などを用いて、歯、口腔粘膜、舌に付着している汚れを取り除き、清潔にすること ⑧耳垢を除去すること（耳垢塞栓の除去を除く） ⑨ストーマ装具のパウチにたまった排泄物を捨てること（肌に接着したパウチの取り替えを除く）（※） ⑩自己導尿を補助するため、カテーテルの準備、体位の保持などを行うこと ⑪市販品の浣腸を使用すること

※2011（平成23）年に厚生労働省から、ストーマ及びその周辺の状態が安定し専門的な管理が必要とされない場合、パウチの交換は原則として医行為には該当しないとされる通知が出された。

● 訪問入浴介護

訪問入浴介護は、自宅浴槽での入浴が困難な要介護者に対して、専用の浴槽を提供して行われます。

人員基準等

職種	資格要件・配置基準等
管理者	特段の専門資格は不要　事業所ごとに常勤・専従で１人以上 （管理上支障がなければ事業所の他の職務や同一敷地内にある他の事業所・施設等の職務に従事することができる）
看護職員・介護職員	・看護職員：看護師又は准看護師　１人以上 ・介護職員：２人以上 ＊看護職員、介護職員のうち、１人以上は常勤 ＊サービスの提供は、原則として看護職員１人、介護職員２人の計３人で実施。そのうち１人がサービス提供の責任者を務める。ただし、利用者の身体の状況が安定していること等から、入浴により利用者の身体の状況等に支障を生ずるおそれがないと認められる場合においては、主治医の意見を確認した上で、**看護職員**に代えて**介護職員**を充てることができる

なお、訪問入浴介護計画の作成は義務付けられていません。

● 通所介護、地域密着型通所介護、療養通所介護、認知症対応型通所介護

通所介護は規模や利用対象によって次のように分類されます。

都道府県が指定	**居宅サービス【定員19人以上】**	大規模型（Ⅱ）【前年度１月当たり平均利用延人員数：900人超】
		大規模型（Ⅰ）【前年度１月当たり平均利用延人員数：900人以下（通常規模型を除く）】
		通常規模型【前年度１月当たり平均利用延人員数：750人以下】
市町村が指定	**地域密着型サービス**	**地域密着型通所介護**【定員：19人未満】
		療養通所介護【定員：18人以下】
		認知症対応型通所介護【定員：単独型・併設型12人以下、共用型（指定認知症対応型共同生活介護事業所等の居間や食堂、指定地域密着型特定施設等の食堂や共同生活室を活用して行う場合）共同生活住居、施設ごとに１日３人以下など】

介護報酬の算定基準

通所介護費	事業所規模３区分、サービス提供時間６区分、要介護度５区分に分けて設定された所定単位数
地域密着型通所介護費	サービス提供時間６区分、要介護度５区分に分けて設定された所定単位数
療養通所介護費	１月当たりで設定された所定単位数
認知症対応型通所介護費	単独型、併設型、共用型ごとに、サービス提供時間６区分、要介護度５区分に分けて設定された所定単位数

なお、送迎時間はサービス提供時間に含まれません。ただし、居宅サービス計画及び通所介護計画等に位置付けた上で、介護福祉士等の一定の資格を有する職員（又は勤続年数の合計が３年以上の介護職員）によって送迎時に実施した居宅内での介助等（着替え、ベッド・車いすへの移乗、戸締まり等）について、１日あたり30分以内を限度にサービス提供時間に含めることができます。

● 短期入所生活介護

短期入所生活介護は、①利用者の心身の状況、②家族の疾病・冠婚葬祭・出張等、③家族の身体的及び精神的な負担の軽減などの理由から、一時的に居宅において日常生活を営むのに支障がある者を対象にサービスを提供します。

短期入所生活介護の事業ができる施設は、特別養護老人ホーム、養護老人ホームその他これらに準ずる施設と、老人短期入所施設とされています。

短期入所生活介護の類型

<table>
<tr><th>類型</th><th>概要</th><th>定員</th></tr>
<tr><td>単独型</td><td>老人短期入所施設など、単独で短期入所ができる施設</td><td>20人以上</td></tr>
<tr><td>併設型</td><td>特別養護老人ホーム等と一体的に運営が行われるもの</td><td rowspan="2">20人未満でも可
（実質、定員の定めがない）</td></tr>
<tr><td>空床利用型</td><td>特別養護老人ホームにおいて「入所者に利用されていない居室又はベッドを利用」して、短期入所生活介護を行うもの</td></tr>
</table>

なお、管理者は、おおむね**4**日以上にわたり継続して入所することが予定される利用者については、利用者の心身の状況、希望、環境を踏まえて、居宅サービス計画の内容に沿って**短期入所生活介護計画**を作成しなければならないとされています。

● 福祉用具貸与

福祉用具貸与に係る福祉用具（13種目）

種目	ポイント
①車いす	①自走用標準型車いす ②普通型電動車いす ③介助用標準型車いす（電動、ティルト機能、リクライニング機能があるものなど）
②車いす付属品	①クッション又はパッド　③テーブル ②電動補助装置　④ブレーキ
③特殊寝台	いわゆる介護ベッド
④特殊寝台付属品	①特殊寝台と一体的に使用されるサイドレール ②特殊寝台と一体的に使用されるマットレス ③ベッド用手すり ④テーブル ⑤スライディングボード・スライディングマット ⑥介助用ベルト
⑤床ずれ防止用具	①送風装置又は空気圧調整装置を備えた空気パッドが装着された空気マット ②水、エア、ゲル、シリコン、ウレタン等からなる全身用のマット
⑥体位変換器	体位の変換を容易に行うことができるもの（体位を保持するためのもの（まくら等）は除く）
⑦手すり	取付けに際し工事を伴うものは除かれる（工事を伴う手すりは住宅改修としての給付の対象）
⑧スロープ	持ち運びが容易なもの。取付けに際し工事を伴うものは除かれる（工事を伴うスロープは住宅改修としての給付の対象）
⑨歩行器	歩行が困難な者の歩行機能を補う機能を有し、移動時に体重を支える構造を有するもの
⑩歩行補助つえ	松葉づえ、カナディアン・クラッチ、ロフストランド・クラッチ、プラットホームクラッチ、多点杖
⑪認知症老人徘徊感知機器	認知症である高齢者が、屋外に出ようとしたときなどに、センサーにより感知し、家族、隣人等へ通報するもの
⑫移動用リフト（つり具の部分を除く）	①床走行式　②固定式　③据置式 段差解消機（車いす昇降機）、浴槽用昇降座面なども含まれるが、住宅の改修を伴うものは除かれる
⑬自動排泄処理装置（本体部分）	尿又は便が自動的に吸引されるものであり、かつ、尿や便の経路となる部分を分割することが可能な構造を有するもの 交換可能部品、専用パッド、洗浄液、専用パンツ、専用シーツ等は除く

福祉用具貸与の要介護度等別対象一覧

	要支援		要介護				
	1	2	1	2	3	4	5
①車いす				○	○	○	○
②車いす付属品				○	○	○	○
③特殊寝台				○	○	○	○
④特殊寝台付属品				○	○	○	○
⑤床ずれ防止用具				○	○	○	○
⑥体位変換器				○	○	○	○
⑦手すり	○	○	○	○	○	○	○
⑧スロープ	○	○	○	○	○	○	○
⑨歩行器	○	○	○	○	○	○	○
⑩歩行補助つえ	○	○	○	○	○	○	○
⑪認知症老人徘徊感知機器				○	○	○	○
⑫移動用リフト（つり具の部分を除く）				○	○	○	○
⑬自動排泄処理装置（尿のみを自動的に吸引する機能のものを除く）						○	○
⑭自動排泄処理装置（⑬以外）	○	○	○	○	○	○	○

※○は給付可能な種目。ただし、要支援１・２、要介護１～３のために利用できない福祉用具であっても、認定調査票（基本調査）の結果や、医学的な所見に基づく医師の判断、サービス担当者会議などを通じた適切なケアマネジメントにより福祉用具が必要と判断された場合は、市町村が確認することにより給付が可能となる。

● 特定福祉用具販売

利用者負担は購入額の１割（２割又は３割）です（ただし、年間10万円を限度。原則として、**償還払い**）。

特定福祉用具（６種目）

種目	ポイント
①腰掛便座	ポータブルトイレ、水洗ポータブルトイレ、便座の底上げ部材など
②自動排泄処理装置の交換可能部品	交換可能部品（レシーバー、チューブ、タンク等）のうち尿や便の経路となるもの（衛生上、レンタルになじまない部分）であって、要介護者等又は介護を行う者が容易に交換できるもの 専用パッド、洗浄液、専用パンツ、専用シーツ等は除く
③排泄予測支援機器	膀胱内の状態を感知し、尿量を推定するものであって、排尿の機会を要介護者等又は介護を行う者に通知するもの 専用ジェル、専用シート等は除く
④入浴補助用具	入浴用いす（シャワーチェア）、浴槽用手すり、浴槽内いす、入浴台、浴室内すのこ、浴槽内すのこ、入浴用介助ベルト
⑤簡易浴槽	空気式又は折りたたみ式等で容易に移動できるものであって、取水又は排水のために工事を伴わないもの
⑥移動用リフトのつり具の部分	身体に適合するもので、移動用リフトに連結可能なもの

● 住宅改修費の給付

住宅改修費は、市町村から被保険者に改修費用の９割（８割又は７割）が、原則として、**償還払い**で給付されます。

支給額には、要支援・要介護状態区分にかかわらず、居住する住宅につき定額で**20**万円が支給限度基準額として設定されています。したがって、住宅改修に要した費用については**20**万円まで支給を申請することができ、利用者負担が１割の場合、そのうちの９割にあたる**18**万円まで支給されます（**２**万円は自己負担）。**20**万円を超える費用は自費となります。

また、要介護等状態区分が**３**段階以上あがった場合は、それまでに支給を受けた住宅改修費の額にかかわらず、再度、１回に限り、支給限度基準額の**20**万円まで支給を申請することができます。

なお、転居した場合には、転居前の住宅に対する住宅改修費の支給状況にかかわらず、転居後の住宅について、支給限度基準額の**20**万円まで支給を申請することができます。

介護の必要の程度をはかる目安（段階）	要介護等状態区分
第六段階	要介護５
第五段階	要介護４
第四段階	要介護３
第三段階	要介護２
第二段階	要支援２又は要介護１
第一段階	要支援１

例：
要支援２→要介護３＝２段階：再度給付対象外
要支援２→要介護４＝３段階：再度給付

３段階（上昇）

住宅改修費の給付対象

種類	ポイント
①手すりの取付け	廊下、便所、浴室、玄関、玄関から道路までの通路などに、転倒の予防や移動又は移乗動作のための手すりを設置する工事 ※取付けに際し工事を伴わない手すりは福祉用具貸与の対象となる
②段差の解消	居室、廊下、便所、浴室、玄関など各室間の床の段差や玄関から道路までの通路などの段差又は傾斜を解消する工事。具体的には、敷居を低く（又は撤去）する、スロープの設置、浴室の床のかさ上げなど ※取付けに際し工事を伴わないスロープの設置は福祉用具貸与、浴室内すのこの設置は特定福祉用具販売の対象となる ※昇降機、リフト、段差解消機など動力により段差を解消する機器を設置する工事は除く
③滑りの防止及び移動の円滑化等のための床又は通路面の材料の変更	居室、浴室、通路などの滑りの防止や移動の円滑化のために床材を変更する工事。例として、畳敷から板製床材やビニル系床材等への変更など
④引き戸等への扉の取替え	開き戸から引き戸、折戸、アコーディオンカーテンなどに取り替えるなどの工事。扉全体の取替えのほか、扉の撤去、ドアノブの変更、戸車の設置等も含まれる ※自動ドアとした場合は、自動ドアの動力部分の設置は除く
⑤洋式便器等への便器の取替え	和式便器を洋式便器（暖房便座、洗浄機能付きを含む）に取り替える工事（便器の位置・向きの変更を含む） ※特定福祉用具販売の対象である腰掛便座の設置は除く ※すでに洋式便器である場合に暖房等の機能を付加するだけの場合や、非水洗和式便器から水洗（簡易水洗）洋式便器への取替えにおける水洗化（簡易水洗化）工事の部分は除く
⑥その他	上記の住宅改修に付帯して必要となる工事。例として、①手すりの取付けのための壁の下地補強、②浴室の床の段差解消（かさ上げ）に伴う給排水設備工事、スロープの設置に伴う転落や脱輪防止を目的とする柵や立ち上がりの設置、③床材の変更のための下地の補修や根太の補強又は通路面の材料の変更のための路盤の整備、④扉の取替えに伴う壁又は柱の改修工事、⑤便器の取替えに伴う給排水設備工事（水洗化又は簡易水洗化に係るものを除く）、便器の取替えに伴う床材の変更など

● 介護老人福祉施設

介護老人福祉施設は、特別養護老人ホーム（入所定員が30人以上のもの）に入所する**要介護者**に対し、施設サービス計画に基づいて、入浴、排泄、食事等の介護その他の日常生活上の世話、機能訓練、健康管理及び療養上の世話を行うことを目的とする施設です。原則として、**要介護３以上**の者を対象としますが、**要介護１又は２**の者であっても、やむを得ない事由により介護老人福祉施設以外での生活が著しく困難であると認められる場合、市町村の適切な関与の下、施設での検討を経て、特例的に入所が可能です。

人員基準

職種	資格要件・配置基準等
医師	健康管理や療養上の指導ができる必要な数で、その基準数は明示されていない。非常勤でも可
生活相談員	入所者の数が100人又はその端数を増すごとに１人以上。常勤職員
看護職員・介護職員	入所者対看護職員・介護職員は３：１（常勤換算） 看護職員については 30人を超えない施設では１人以上（常勤換算） 30人を超えて50人を超えない施設では２人以上（常勤換算） 50人を超えて130人を超えない施設では３人以上（常勤換算） 130人を超える施設では３人、プラス50人又はその端数を増すごとに１人を加えた数（常勤換算） 看護職員のうち１人以上は常勤の職員 介護職員は、夜間を含めて常時１人以上の常勤の職員を置く
栄養士・管理栄養士	１人以上。ただし、入所定員が40人を超えない施設で他の社会福祉施設等の栄養士又は管理栄養士との連携を図ることにより適切な栄養管理が行われ、入所者の処遇に支障がない場合は配置しなくてもよい
機能訓練指導員	１人以上。日常生活機能を改善、又は減退防止の訓練ができる能力のあるもの。他の職務との兼務可
介護支援専門員	１人以上。入所者の数が100人又はその端数を増すごとに１人を増やすこと。常勤専従の職員。ただし、入所者の処遇に支障がない場合は他の職務との兼務可
管理者	常勤専従の者を配置。ただし、管理上支障がない場合は、同一敷地内の他の事業所、施設等の職務との兼務可

※サテライト型居住施設を併設している介護老人福祉施設で、サテライト型居住施設に医師、介護支援専門員を置かない場合には、本体施設とサテライトの入所者の合計数を基礎として、本体施設に置くべき医師、介護支援専門員の人員を算定することになっている。

運営基準

入退所	・施設サービスを受ける必要性が高いと認められる入所申込者を優先的に入所させるよう努めなければならない ・入所者が居宅において日常生活を営むことができるかどうかについて定期的に検討しなければならない ・居宅において日常生活を営むことができると認められる入所者に対し、円滑な退所のために必要な援助を行わなければならない ・入所者の退所に際しては、居宅サービス計画の作成等の援助に資するため、居宅介護支援事業者に対する情報の提供に努めるほか、保健医療サービス又は福祉サービスを提供する者との密接な連携に努めなければならない
施設サービス計画の作成	介護福祉施設サービスは**施設サービス計画**に基づいて行われることとなっており、当該計画は当該施設の**計画担当介護支援専門員**が作成する ・施設サービス計画の作成に当たっては、地域住民による自発的な活動によるサービス等の利用も含めて施設サービス計画上に位置付けるよう努めなければならない ・計画担当介護支援専門員は、**サービス担当者会議**（テレビ電話装置等の活用も可。ただし、入所者又はその家族が参加する場合にあっては、テレビ電話装置等の活用について当該入所者等の同意を得なければならない）の開催、他のサービス担当者に対する照会等により、施設サービス計画の原案の内容について、担当者から専門的な見地からの意見を求める ・計画担当介護支援専門員は、施設サービス計画の作成後、**定期的**に入所者に面接し、施設サービス計画の実施状況の把握（**モニタリング**）を行い、必要に応じて施設サービス計画の変更を行う
介護	・1週間に**2**回以上、適切な方法により、入所者を入浴させ、又は清拭しなければならない ・常時1人以上の常勤の介護職員を介護に従事させなければならない ・入所者の負担により、当該施設の従業者以外の者による介護を受けさせてはならない
入所者の入院期間中の取扱い	入院後おおむね**3**月以内に退院することが明らかなときは、退院後、再び当該施設に円滑に入所できるようにしなければならない
定員の遵守	入所定員及び居室の定員を超えて入所させてはならない。ただし、災害、虐待その他のやむを得ない事情がある場合は、この限りでない
衛生管理等	感染症又は食中毒が発生し、又はまん延しないよう、感染症及び食中毒の予防及びまん延の防止のための対策を検討する委員会（感染対策委員会。テレビ電話装置等の活用も可）をおおむね**3**月に1回以上開催する。指針を整備し、介護職員その他の従業者に対し、研修を定期的に実施する
協力病院等	あらかじめ**協力病院**を定めておかなければならない（義務）。また、あらかじめ**協力歯科医療機関**を定めておくよう努めなければならない（努力義務）

● “会議等”のまとめ

区分	運営推進会議	介護・医療連携推進会議
対象サービス	・地域密着型通所介護（療養通所介護を含む） ・認知症対応型通所介護（予防含む） ・小規模多機能型居宅介護（予防含む） ・認知症対応型共同生活介護（予防含む） ・地域密着型特定施設入居者生活介護 ・地域密着型介護老人福祉施設入所者生活介護 ・看護小規模多機能型居宅介護	・定期巡回・随時対応型訪問介護看護
開催頻度	・おおむね2月に1回以上 ・地域密着型通所介護、認知症対応型通所介護（予防含む）についてはおおむね6月に1回以上（療養通所介護は12月に1回以上）	・おおむね6月に1回以上
構成員	・利用者 ・利用者の家族 ・地域住民の代表者 ・市町村職員又は当該事業所を管轄する地域包括支援センターの職員 ・当該サービスについて知見を有する者	・利用者 ・利用者の家族 ・地域住民の代表者 ・地域の医療関係者 ・市町村職員又は当該事業所を管轄する地域包括支援センター職員 ・当該サービスについて知見を有する者
会議の目的・内容	・事業所が提供しているサービスの内容等を明らかにすることにより、利用者の「抱え込み」を防止し、地域に開かれたサービスとすることで、サービスの質の確保を図る ・事業所は活動状況を報告し、評価を受けるとともに、必要な要望、助言等を聴く	・事業所が提供しているサービスの内容等を明らかにすることにより、地域に開かれたサービスとすることで、サービスの質の確保を図る ・地域における介護及び医療に関する課題について関係者が情報共有を行い、介護と医療の連携を図る ・事業所はサービスの提供状況等を報告し、評価を受けるとともに、必要な要望、助言等を聴く
記録の作成・公表	事業所は会議への報告、評価、要望、助言等の記録を作成し、公表する	事業所は会議への報告、評価、要望、助言等の記録を作成し、公表する

安全・サービス提供管理委員会	サービス担当者会議	地域ケア会議
・療養通所介護	・居宅介護支援 ・介護予防支援 ・施設介護支援	・地域ケア会議推進事業（地域支援事業）
・おおむね6月に1回以上	・初回ケアプラン作成時 ・利用者が要介護更新認定（介護予防支援は要支援更新認定）を受けたとき ・利用者が要介護状態区分（介護予防支援は要支援状態区分）の変更の認定を受けたとき	・市町村内のすべての介護支援専門員が年に1回は地域ケア会議での支援が受けられるようにする
・地域の医療関係団体に属する者 ・地域の保健、医療又は福祉の分野を専門とする者 ・安全かつ適切なサービスの提供の確保のために必要と認められる者	・利用者 ・利用者の家族 ・サービスの担当者	・介護支援専門員 ・保健医療及び福祉に関する専門的知識を有する者 ・民生委員その他の関係者、関係機関及び関係団体
・事故事例等、安全管理に必要なデータの収集 ・安全かつ適切なサービスの提供を確保するための方策の検討	・ケアプランの作成 ・利用者の状況等に関する情報をサービス担当者と共有 ・ケアプラン原案についてサービス担当者から専門的見地からの意見を求める	【地域ケア個別会議】 ・介護支援専門員のケアマネジメント支援を通じて、介護等が必要な高齢者の住み慣れた住まいでの生活を地域全体で支援していく ・個別ケースを検討する 【地域ケア推進会議】 ・地域課題を地域づくりや政策形成に結びつけていく
記録を作成しなければならない	支援の完結の日から2年間保存する	—

1 絶対に覚えておこう！

① ソーシャルワークとケアマネジメント

個別援助・集団援助・地域援助の違いや、面接場面におけるコミュニケーション技術、支援困難事例への対応などが、過去に多く出題されている。基本的な原理・原則をおさえ、確実に得点につなげよう！

□□	**001** 26-47	ソーシャルワークには、個人の問題解決力や対処能力を強化する役割がある。	
□□	**002** 26-47	アドボカシーとは、クライエントが相談した機関では必要な援助ができないとき、他機関へ紹介することである。	
□□	**003** 26-47	ソーシャルワークにおける送致とは、自己の権利を表明することが困難なクライエントに代わり、援助者が代理としてその権利獲得を行うことである。	
□□	**004** 25-48	家族や地域住民は、アウトリーチの対象に含まれない。	
□□	**005** 25-48	ソーシャルワークでは、クライエントの視点から、人生観や価値観等についての理解をより深めることが重要である。	
□□	**006** 24-49	自治体職員による外国人に対する入院費用等の個別相談は、ソーシャルワークにおける地域援助技術である。	
□□	**007** 23-49	医療機関における医療ソーシャルワーカーによる入院中のクライエントへの相談支援は、ソーシャルワークにおける集団援助である。	
□□	**008** 25-49	地域包括支援センターの主任介護支援専門員による認知症高齢者の家族を対象とした交流活動は、ソーシャルワークにおける集団援助である。	

とてもよくでる項目

（重要 p.○）は本書「重要ポイント」の参照ページを示しています。

出題実績

23回	24回	25回	26回
20	20	20	20

ワークブック 2024 p.340~348 参照

---

001 ○
ソーシャルワークには、個人の［問題解決力］や［対処能力］を強化する役割がある。このような援助のあり方をエンパワメント・アプローチという。

002 ×
アドボカシーとは、［権利擁護］のことである。自己の権利を表明することが困難なクライエントに代わり、援助者が代理としてその権利獲得を行うことをいう。

003 ×
ソーシャルワークにおける送致とは、クライエントが相談した機関では必要な援助ができないとき、［他機関へ紹介］することである。

004 ×
アウトリーチとは、相談に来るのを待つのではなく、援助を必要としている人のところへ出向いて行う援助活動をいう。対象は［本人］、［家族］、［地域住民等］と多岐にわたる。

005 ○
援助者は、クライエントの人生観や価値観等についての理解を深め、課題の歴史性や全体関連性に十分配慮しながら、全人的な視点を持つことが重要である。

006 ×
入院費用等の個別相談は、個人を対象とする支援であるため、ソーシャルワークにおける［個別援助技術］である。

007 ×
入院中のクライエントへの相談支援は、個人を対象とする支援であるため、ソーシャルワークにおける［個別援助］である。

008 ○
クライエントのみならず、介護者側の集団の力動を活用してより強力なチームワークを形成し、介護者一人ひとりが持つ能力の活用や開発を図ることは、ソーシャルワークにおける［集団援助］である。

009 25-49	医療機関で行われる、難病の当事者による分かち合いの場の体験は、ソーシャルワークにおける集団援助である。	
010 25-49	養護老人ホームの生活相談員による入所者グループに対するプログラム活動は、ソーシャルワークにおける集団援助である。	
011 23-49	地域包括支援センターの社会福祉士による一人暮らしの高齢者を集めた生きがいづくりのためのプログラム活動は、ソーシャルワークにおける集団援助である。	
012 23-49	精神科クリニックで行われるアルコール依存症患者の家族を対象とした交流活動は、ソーシャルワークにおける集団援助である。	
013 25-49	社会福祉協議会によるヤングケアラー支援のための地域ネットワークの構築は、ソーシャルワークにおける集団援助である。	
014 24-49	生活支援コーディネーターによる地域住民に対する支え合い活動の組織化は、ソーシャルワークにおける地域援助技術である。	
015 24-49	老人クラブによる子どもに対する昔遊びなどを通じた世代間交流の促進は、ソーシャルワークにおける地域援助技術である。	
016 24-49	社会福祉協議会による視覚障害者団体の会員に対するレクリエーション活動は、ソーシャルワークにおける地域援助技術である。	
017 24-49	震災被災者に対する支援のための NPO の組織化は、ソーシャルワークにおける地域援助技術である。	
018 23-49	社会福祉協議会の職員と民生委員による「福祉マップ」の作成は、ソーシャルワークにおける集団援助である。	
019 23-49	NPO 法人のスタッフと地域住民による高齢者の見守り活動は、ソーシャルワークにおける集団援助である。	
020 25-49	民生委員による地域の認知症高齢者の見守り活動は、ソーシャルワークにおける集団援助である。	

009	○	同じ疾患のある当事者同士の力を活用し、一人ひとりの成長や抱えている問題の解決を目指す取組は、ソーシャルワークにおける［集団援助］である。
010	○	養護老人ホームの生活相談員による入所者グループに対するプログラム活動は、ソーシャルワークにおける［集団援助］である。
011	○	高齢者が集う場面で行われる、共通の趣味や生きがい活動を通して人間関係や生活を豊かにするための支援は、ソーシャルワークにおける［集団援助］である。
012	○	クライエントのみならず、介護者側の集団の力動を活用してより強力なチームワークを形成し、介護者一人ひとりが持つ能力の活用や開発を図ることは、ソーシャルワークにおける［集団援助］である。
013	×	ヤングケアラー支援のための地域ネットワークの構築は、ソーシャルワークにおける［地域援助］である。
014	○	地域住民を対象としたネットワークの構築などは、ソーシャルワークにおける［地域援助技術］である。
015	○	地域住民との交流など、地域の社会資源を調整・開発する支援は、ソーシャルワークにおける［地域援助技術］である。
016	×	視覚障害者団体の会員に対するレクリエーション活動は、同じ障害のあるメンバー同士の力を活用した取組であり、ソーシャルワークにおける［集団援助技術］となる。
017	○	震災被災者に対する支援のためのNPOの組織化や支援集団の結成など、新たなサービスや資源等の創造・提供を行うことは、ソーシャルワークにおける［地域援助技術］である。
018	×	「福祉マップ」の作成など、地域住民が福祉サービスを理解しやすいように働きかけることは、ソーシャルワークにおける［地域援助］である。
019	×	地域住民による高齢者の見守り活動は、地域を対象とした支援体制の構築という意味において、ソーシャルワークにおける［地域援助］となる。
020	×	地域の認知症高齢者の見守り活動は、地域を対象とした支援体制の構築という意味において、ソーシャルワークにおける［地域援助］となる。

□□	021 26-49	ソーシャルワークにおける集団援助では、グループで生じるメンバーの相互作用を意図的に活用する。	
□□	022 26-49	ソーシャルワークにおける集団援助では、プログラム活動は、ソーシャルワーカーの興味や関心事から開始して、そのリーダーシップの下で展開する。	
□□	023 26-49	ソーシャルワークにおける集団援助では、メンバーの個別課題と結びつけて支援するよりも、メンバーに共通する課題の解決を優先する。	
□□	024 26-49	ソーシャルワークにおける集団援助では、他のメンバーの行動を観察することは、自分の問題について新たな見方を獲得する機会にはならない。	
□□	025 26-49	ソーシャルワークにおける集団援助では、生きがいを喪失しているような心理的ニーズの高い高齢者に対しては、セルフヘルプグループのミーティングを活用することも効果的である。	
□□	026 25-48	利用できる社会資源が不足している場合、新たな社会資源の開発が求められる。	
□□	027 26-48	統制された情緒的関与とは、個々の人間の状況は独自なものであり、一つとして同じ問題はないと捉え、支援することである。	
□□	028 26-48	相談援助者の基本姿勢として、サービスについて様々な情報提供を行い、利用するサービスや事業者をクライエントが決定できるようにする。	
□□	029 26-48	相談援助者の基本姿勢として、非審判的態度で関わる必要がある。	
□□	030 26-48	相談援助者の基本姿勢として、クライエントを画一的に分類して、援助計画を立てることが必要である。	
□□	031 26-48	意図的な感情表出とは、クライエントが感情を自由に表現できるように、意識してクライエントに接することである。	

021 ○
集団援助では、グループで生じるメンバーの［相互作用］を意図的に活用し、メンバーの個別的なニーズやグループ活動の促進に向かって働きかける。

022 ×
プログラム活動は、［参加メンバーの希望に沿って決定する］など、メンバーのリーダーシップや［主体性］を最大限重視する。

023 ×
集団援助では、人々や人と身近な組織との力動を活用して、［個人の成長や抱える問題の解決］を目指す。

024 ×
特に、同じ問題を抱えていることがあらかじめわかっている人々の集団においては、他のメンバーの行動を観察することは、［自分の問題を改めて確認］したり、［新たな見方を獲得］したりする機会となる。

025 ○
心理的なニーズの高い高齢者に対しては、グループの力動を活用して行う［治療的なアプローチ］や、メンバー間の［相互支援機能］を持つセルフヘルプグループを活用する。

026 ○
利用できる社会資源が不足している場合、フォーマル・インフォーマルな枠組みにかかわらず、ニーズに即した［社会資源を開発］していくことが求められる。

027 ×
統制された情緒的関与とは、援助者が自分の［感情を自覚］して吟味することである。個々の人間の状況は独自なものであり、一つとして同じ問題はないと捉え、支援することは［個別化］である。 重要 p.256

028 ○
クライエントの自己の人生における重大な決定については、クライエントが十分な説明を受け、自分なりの判断を加え、最後は［主体的に決定］することを目標にする。 重要 p.256

029 ○
クライエントや家族、関係者の意見や行動を、相談援助者の価値観や社会通念から［一方的に評価したり、表明したりしない］。そのような態度は、相談を相談援助者の側から打ち切ってしまうことになる。 重要 p.256

030 ×
相談の目的であるケアの種類や提供方法などを［個別のニーズに合わせる］とともに、相談の過程への参加の仕方や範囲なども［個別化］する。 重要 p.256

031 ○
意図的な感情表出とは、クライエントの［感情表現を大切にする］ことである。相談援助者は「そのときあなたの気持ちは？」といった質問をして、クライエントに［自分の感情に目を向けさせる］きっかけにするなどの配慮をする。 重要 p.256

□□	**032** 25-47	インテーク面接の終わりには、問題解決に向けて一定の方向性を確認することが重要である。	
□□	**033** 25-47	インテーク面接は、必ずしも１回で終了させる必要はない。	
□□	**034** 25-47	インテーク面接では、クライエントが訪れた支援機関の機能や提供可能なサービスを説明する。	
□□	**035** 24-48	インテークでは、クライエントの主訴と支援機関の役割が合致するかを確認することが重要である。	
□□	**036** 26-46	面接を行う部屋の雰囲気や相談援助者の服装などの外的条件は、円滑なコミュニケーションのために重要である。	
□□	**037** 25-47	インテーク面接は、地域援助技術の一つである。	
□□	**038** 25-47	インテーク面接は、支援過程の後期に実施する面接である。	
□□	**039** 24-46	初回面接では、チェックリストに従って次々と質問し、答えてもらうことが必要である。	
□□	**040** 23-48	インテーク面接で得られた情報が少ない場合には、それを記録する必要はない。	
□□	**041** 24-48	アセスメントでは、解決する問題、クライエント、取り巻く環境及びそれらの相互関係を確定することが必要である。	
□□	**042** 23-48	クライエントとソーシャルワーカーとの契約とは、両者の間で焦点となる問題や目標を明らかにして、援助に関する合意をすることである。	

032 ○	インテーク面接の終わりには、問題の解決に向けて、一定の方向性を［相互に確認する］ことが重要である。
033 ○	インテーク面接では、画一的な対応ではなく、個別性を尊重した対応が求められるため、必ずしも１回で終わらせる必要はなく、必要があれば複数回行うこともある。
034 ○	インテーク面接では、支援機関ができること及び提供できるサービスの内容などについて［具体的に説明する］必要がある。
035 ○	クライエントの主訴に対し、その支援機関の役割が合致するかどうかを確認することは、インテークの重要な目的である。
036 ○	面接場所の設定、いす、［部屋の雰囲気］、相談援助者の［服装］、書類の形式、あらかじめ記入を求めるものがあればそれについての説明などの外的条件も、円滑なコミュニケーションを可能にするよう配慮する。
037 ×	インテーク面接とは、クライエントと援助者が相談のために行う受付・初期面接のことであり、［個別援助技術］の一つである。
038 ×	インテーク面接は、支援過程の［初期］に実施する面接である。
039 ×	重要事項を把握するために、チェックリストに従って次々と質問するのは適切でない。初回面接においては、重要事項の把握だけではなく、面接者に寄せるクライエントの［親近感］や［信頼感］がどれだけ醸成され、［ラポール形成］が展開しているかを判断することが必要である。
040 ×	インテーク面接で得られた情報が少ない場合でも、相談者が話した内容、［経過］や［主訴］、［課題］など面接の内容を正確かつ迅速に記録する必要がある。
041 ○	アセスメントとは、クライエントとソーシャルワーカーの間で、解決する問題、クライエント、取り巻く環境及びそれらの相互関係について［確定し］、［評価する］過程である。
042 ○	契約とは、クライエントとソーシャルワーカーの間で、焦点となる問題、目標、調整や介入の方法、及び相互の役割や分担課題を明確に表現し、［合意していく］一連の過程である。

043	24-48	支援計画では、長期、短期などと期間を分けずに目標を立てることが重要である。	
044	23-48	クライエントの主訴のとおりに援助計画を立てることが、重要である。	
045	23-48	多職種連携の際は、誰もが支援できるように、それぞれの役割を曖昧にすることが重要である。	
046	23-48	モニタリングとは、援助計画の進捗を定期的、継続的に観察して評価することである。	
047	26-46	面接場面では、相談援助者とクライエントの双方が事態を明確にしていくことが必要である。	
048	26-47	ソーシャルワークには、支援の終結と事後評価の後のアフターケアが含まれる。	
049	24-48	支援を終結する際は、終結に伴うクライエントの不安に配慮する必要がある。	
050	24-48	支援の記録は、スーパービジョンに使用してはならない。	
051	25-46	面接場面におけるイラストや写真などの表現方法の利用は、クライエントを混乱させるので控える。	
052	24-46	時間の配分、情報のまとめ方など面接場面の構造的な配置に関わる技術は、コミュニケーション技術に含まれる。	
053	23-46	面接場面における観察は、非言語的なメッセージを感知することを含む。	
054	25-46	援助者は、クライエントの主訴の把握に当たっては、言語的な手段だけでなく、非言語的な手段も用いることが望ましい。	

043 ×	支援計画では、［長期的な目標］とそこに至るための［短期的な目標］を立てることが重要となる。
044 ×	援助計画において重要なのは、クライエントの主訴のとおりに計画を立てることではない。援助計画は［アセスメント］・［事前評価］を基礎とし、有効な実行や介入の計画案を立てる過程である。
045 ×	多職種連携の際は、それぞれの支援の範囲や責任をチームで共有し、仕事内容や役割を［明確化］することが重要である。
046 ○	モニタリングでは、援助計画が計画どおりに進められているかどうか、また新たな課題や予期せぬ障害が発生していないかについて［評価］を行う。
047 ○	傾聴を主とした面接の過程において、その面接で焦点となっている問題をしだいに絞り込んでいき、その周辺の状況を併せて聴き取りながら、相談援助者とクライエントの［双方が事態を明確にしていく］ことが必要である。
048 ○	支援の終結に伴うクライエントの思いへの［共感的理解］を、明確にクライエントに戻すことが望まれる。事後評価の結果はクライエントを含む援助関係者に［フィードバック］して今後のクライエント及び別のケースへの示唆とする。
049 ○	支援の終結に伴うクライエントの不安に配慮し、不安への共感的理解を明確にクライエントに戻すことが望まれる。
050 ×	支援の記録は、そのときの判断やほかの支援方法を検討するなど、スーパービジョンにおいては［重要なツール］となる。
051 ×	心身の障害その他の理由によって、［イラスト］や［写真］、［手話］、［ビデオ］、［文字盤］など多様な表現方法を利用することもある。クライエントのコミュニケーション能力を見定めつつ、適切な手段を選ぶ必要がある。
052 ○	時間の配分、情報のまとめ方など面接場面の構造的な配置に関わる技術や、必要な情報を記録として関係者に伝達する技術などは、［コミュニケーション技術］に含まれる。
053 ○	面接場面における観察とは、言語だけではなく、［しぐさ］、［表情］、［視線］、［口調］など、［非言語的なメッセージ］も感知することが重要である。
054 ○	コミュニケーションでは、言語的な手段だけでなく、声のトーン、抑揚、話すときの表情や速さ、目線などの［非言語的な手段］も大きな役割を果たす。

055	26-46	傾聴とは、クライエントの支援計画を立てることである。
056	26-46	面接場面でクライエントが長く沈黙している場合には、話し始めるまで待たなければならない。
057	25-46	面接場面における共感とは、クライエントの言動に対して、援助者自身の過去の重要な人との関係を投影することをいう。
058	24-46	「なぜ」で始まる質問は、クライエントの戸惑いが増幅することが多いので、注意が必要である。
059	24-46	オープンクエスチョンは、「はい」か「いいえ」で答えることができる質問である。
060	23-46	オープンクエスチョンとは、チェックリストに従って質問していくことである。
061	25-46	クローズドクエスチョンは、明確な回答を得たいときに用いる。
062	23-46	クローズドクエスチョンは、面接を一方通行にしないために有効である。
063	23-46	面接を効果的に実施するためには、面接の焦点を的確に定めることが重要である。
064	23-46	面接場面における明確化とは、クライエントの言葉をそのまま反射することである。
065	24-46	面接場面における要約とは、クライエントの話をまとめて伝え返すことである。

055 ×

傾聴は、相手の話す内容と、その思いに積極的に耳と心を傾ける態度やありようを示す。クライエントの支援計画を立てることは［プランニング］である。

重要 p.256

056 ×

沈黙が長く続く場合には、必ずしも話し始めるまで待たなくてよいが、クライエントの返答を［ゆったりと丁寧に待つ］ことは基本である。

057 ×

［共感］とは、援助者がクライエントの立場に立って、クライエントが感じている感情を、あたかも自分が感じているかのように感じることをいう。

重要 p.256

058 ○

「なぜ」で始まる質問は、聞く側が納得できないことを無意識のうちに含み、質問される側は必然的に自分を防衛しがちになるため、注意が必要である。

059 ×

「はい」「いいえ」で答えられたり、限られた数語で答えられる質問を［クローズドクエスチョン］という。［オープンクエスチョン］とは、相手が自由に答えられる質問であり、自分自身の選択や決定による答えを見つけることを促す。

重要 p.256

060 ×

［オープンクエスチョン］とは、相手が自由に答えられる質問である。チェックリストに従って質問していくことではない。

重要 p.256

061 ○

［クローズドクエスチョン］は、頻回に用いると、クライエントの意向を［制限］することにもなるが、適切に用いることで、相手が語ることを［明確化］し、焦点をあてていくことが可能となる。

重要 p.256

062 ×

［クローズドクエスチョン］は、頻回に用いると、クライエントの意向を［制限］してしまうことにもなり、話をしながら広がっていくクライエントの世界を、ケアする側が［狭めてしまう］おそれもある。

重要 p.256

063 ○

時間的制約があるなかで、面接を効果的に実施するためには、問題解決に向けて取り扱う話題を［的確に定める］ことが重要となる。

064 ×

［明確化］とは、クライエントがはっきりと伝えられない話の内容や言葉にできない感情、また、言葉にしていないが、潜在的に気づいていることなどを援助者が［言語化］することである。

065 ○

［要約］とは、クライエントの発言内容の趣旨をくみ取り、クライエントの言いたいことに波長を合わせながら、的確にまとめて伝え返すことで、面接を円滑かつ効果的に進める技法である。

□□	066 25-46	面接場面における直面化とは、クライエントが否認していることによって生じている話の矛盾点を指摘することをいう。	
□□	067 26-46	面接の焦点を的確に定めることは、面接を効果的に実施する上で重要である。	
□□	068 26-47	ラポールとは、特定領域の専門家から助言・指導を受けることである。	
□□	069 23-47	高齢者が不平・不満を何度も訴えるため、担当の介護支援専門員が地域包括支援センターにスーパービジョンを依頼することは適切である。	
□□	070 24-47	支援困難事例は、専門職や関係機関が連携して支援することが望ましい。	
□□	071 24-47	物が散乱し、異臭がする家屋に住んでいる独居高齢者に対し、まずはごみを片付けることを目的に話をすることは適切である。	
□□	072 24-47	近隣住民から「虐待されているかもしれない高齢者がいる」との訴えがあったので、直ちに警察へ通報することは適切である。	
□□	073 23-47	セルフ・ネグレクトには、親族による介護放棄が含まれる。	
□□	074 23-47	支援を拒否している高齢者には、信頼できる人を探し、支援につなげることが有効である。	
□□	075 25-48	不衛生な環境に居住している認知症高齢者が、サービスの利用を拒否したため、本人の意向に従い、支援を中止することは適切である。	

066 ○ ［直面化］とは、クライエントが否認していることによって生じている話の矛盾点を指摘する技法をいう。［直面化］によってクライエントは自分の葛藤や矛盾に気づき、向き合うことができる。 重要 p.256

067 ○ 時間的制約があるなかで、面接を効果的に実施するためには、問題解決に向けて取り扱う話題を［的確に定める］ことが重要となる。

068 × ラポールとは、［信頼関係］のことである。異業種など、特定領域の専門家から助言・指導を受けることは［コンサルテーション］である。

069 ○ 日常生活圏域ごとに設置されている地域包括支援センターでは、主任介護支援専門員らが、居宅介護支援事業所の介護支援専門員の担当する支援困難事例への対応を［スーパーバイズ］したり、虐待への対応などを含めて多職種協働で支援に取り組んだりする仕組みが構築されている。

070 ○ 専門職が個別に得られる情報には限りがあるため、支援困難事例への対応では、専門職や関係機関が［連携して］支援することが重要である。

071 × 最初からごみを片付けることを目的に話をするのではなく、多くのものを残している理由、困っていることの有無、地域との関わりなどを確認し、独居高齢者の［状況を把握する］ことが重要である。

072 × 高齢者虐待を受けたと思われる高齢者を発見した者は、速やかに［市町村］へ通報する。その上で、関係機関からの情報収集や連携を図ることにより、事実確認を行う。

073 × 高齢者虐待防止法では、家族などの養護者による「介護・世話の放棄・放任」を［ネグレクト］としてとらえるが、高齢者自身が必要な支援を求めない場合を［セルフ・ネグレクト］と呼ぶ。 重要 p.258

074 ○ 支援を拒否している高齢者であっても、特定の［信頼できる人］からの助言や支援を受け入れる場合もあり、このようなキーパーソンを探し、支援につなげていく方法も有効である。

075 × クライエントがサービスの利用を拒否した場合には、すぐに支援を中止するのではなく、その要因を共感的な対話や観察から探り、信頼関係を構築することによって、必要な支援を［継続できる］ような環境整備を行っていく必要がある。

○○	**076** 24-47	経済的困窮を理由にクライエントがサービスの中止を希望したが、できる限りサービスを継続できるような支援方法を検討することは適切である。	
○○	**077** 23-47	近隣住民からの「一人暮らしの高齢者宅から異臭がする」との訴えに対し、まずその高齢者に施設への入所を勧めることは適切である。	
○○	**078** 25-48	「無断で家族に年金をすべて使われている」と高齢者からの訴えがあったが、家族間の問題であるため、「支援できない」と本人に伝えることは適切である。	
○○	**079** 24-47	同居している精神障害がある家族とクライエントとの関係が悪化したため、その家族が障害者福祉などの制度を利用できるよう支援することは適切である。	
○○	**080** 23-47	支援困難な高齢者へのアウトリーチによる対応には、支援のためのネットワークの構築が含まれる。	

② 社会資源の活用および関連諸制度

生活保護制度、成年後見制度は、よく問われるため確実に覚えておこう！障害者総合支援法や生活困窮者自立支援法、高齢者虐待防止法などについても基本的な内容を理解しよう。

○○	**081** 25-60	障害者総合支援法：対象とする障害者には、難病の者も含まれる。	
○○	**082** 25-60	障害者総合支援法：サービスの利用を希望する者は、都道府県に対して支給申請を行う。	
○○	**083** 25-60	障害者総合支援法：その支援には、自立支援給付と地域生活支援事業が含まれる。	

076 ○
クライエントがサービスの中止を希望した場合には、その要因を共感的な対話や観察から探り、信頼関係を構築することによって、必要な支援を［継続できる］ような環境整備を行っていく必要がある。

077 ×
最初から高齢者に施設への入所を勧めるのではなく、一人暮らしの高齢者に対して地域でできる支援を検討することも必要である。

078 ×
ソーシャルワークでは、クライエントと家族間の問題を調整することも必要である。家族の問題などに対しても、関係機関や専門職間の調整を行っていく。

079 ○
ソーシャルワークでは、クライエントと家族間の問題を調整することも必要である。家族の問題などに対しても、関係機関や専門職間の調整を行っていく。

080 ○
アウトリーチとは、自ら援助を求めないクライエントへの働きかけだけでなく、ニーズの掘り起こしや地域や関係機関への働きかけ、支援のための［ネットワーク］の構築も含んでいる。

出題実績

23回	24回	25回	26回
15	15	15	15

ワークブック2024
p.349~396
参照

081 ○
障害者総合支援法の対象となる障害者の範囲は、身体障害者、知的障害者、精神障害者（発達障害者を含む）、［難病］等の者（治療方法が確立していない疾病で一定の障害の程度にある者）である。

082 ×
障害福祉サービスの利用を希望する者は、［市町村］に対して支給申請を行う。

083 ○
障害者総合支援法による支援は、［自立支援給付］と［地域生活支援事業］で構成される。

□□	084 25-60	障害者総合支援法：自立支援医療とは、育成医療、更生医療及び精神通院医療である。	
□□	085 25-60	障害者総合支援法：補装具費の支給は、地域生活支援事業の一つである。	
□□	086 24-58	生活保護制度:生活保護制度は、市町村の責任と裁量の下で行われる。	
□□	087 24-58	生活保護制度:生活保護制度は、生活困窮に陥った原因にかかわらず、無差別平等に受けることができる。	
□□	088 26-60	生活保護制度：保護は、要保護者の年齢別、性別、健康状態等を考慮して行うものとする。	
□□	089 26-60	生活保護制度：実施機関は、都道府県知事、市長及び福祉事務所を管理する町村長である。	
□□	090 26-60	生活保護制度：生活保護費は、最低生活費に被保護者の収入額を加算して支給される。	
□□	091 26-60	生活保護制度：生活保護の申請は、要保護者、その扶養義務者又はその他の同居の親族が行うことができる。	
□□	092 25-58	生活保護制度：被保護者の収入として認定されるものには、地代や家賃等の財産収入が含まれる。	
□□	093 25-58	生活保護制度：要保護者が急迫した状況にあるときは、保護の申請がなくても、必要な保護を行うことができる。	
□□	094 23-58	生活保護制度：生活に困窮する外国人は、生活保護の取扱いに準じて必要な保護を受けることができる。	
□□	095 23-58	生活保護制度：福祉事務所で生活保護を担当する査察指導員と現業員は、社会福祉主事でなければならない。	

084 ○
自立支援医療とは、障害者総合支援法に基づく自立支援給付の一つで、医療費の自己負担額を軽減する公費負担医療制度であり、その支給対象は、［育成医療］、［更生医療］、［精神通院医療］である。

085 ×
補装具費は、障害者総合支援法に基づく［自立支援給付］の一つで、補装具の購入、借受け又は修理に要した費用について支給される。

086 ×
生活保護法第１条には、生活に困窮する国民の最低生活保障を［国］がその責任において行うという［国家責任］の原理が規定されている。

087 ○
生活保護法第２条には、生活困窮に陥った原因にかかわらず、生活に困窮しているかどうかという［経済的状態］のみに着目して、［無差別平等］に保護を受けることができることが規定されている。

088 ○
保護は、要保護者の［年齢別］、［性別］、［健康状態］等その個人又は世帯の実際の必要の相違を考慮して、有効かつ適切に行うものとされている。

089 ○
生活保護の実施機関は、［都道府県知事］、［市長］及び［福祉事務所を管理する町村長］である。

090 ×
生活保護は、厚生労働大臣が定める基準で計算される最低生活費と収入を比較して、収入が最低生活費に満たない場合に適用することとしており、最低生活費から収入を［差し引いた額］が保護費として支給される。

091 ○
生活保護の申請は、要保護者、その扶養義務者又はその他の同居の親族が行うことが［できる］。

092 ○
被保護者の収入として認定されるものには、就労による収入、年金などの社会保障給付、親族による援助などのほか、［地代や家賃等の財産収入］が含まれる。

093 ○
生活保護は要保護者、その扶養義務者又はその他の同居の親族の［申請］に基づいて開始する。ただし、要保護者が急迫した状況にあるときは、［保護の申請がなくても］、必要な保護を行うことができる。

094 ○
外国人は生活保護法の適用対象とならないが、当分の間、生活に困窮する外国人に対しては、一般国民に対する生活保護の決定実施の取扱いに準じて、［必要と認める保護を行う］こととされている。

095 ○
福祉事務所で生活保護の業務を担当する職員は、査察指導員と現業員（ケースワーカー）であり、［社会福祉主事］でなければならない。

096 25-58	生活保護制度：教育扶助は、原則として、現物給付によって行われる。
097 24-58	生活保護制度：医療扶助による医療の給付は、医療保護施設又は生活保護の指定医療機関に委託して行うことができる。
098 24-58	生活保護制度：住宅扶助は、原則として、金銭給付で行われる。
099 23-58	生活保護制度：葬祭扶助は、原則として、現物給付である。
100 26-60	生活保護制度：福祉用具の利用は、生活扶助の対象である。
101 24-58	生活保護制度：介護扶助には、要介護者に対する住宅改修は含まれない。
102 25-58	生活保護制度：介護施設入所者基本生活費は、介護扶助として給付される。
103 25-58	生活保護制度：介護扶助は、介護保険制度の保険給付の対象となる介護サービスと同等のサービスを、要保護者に対し保障する。
104 23-58	生活保護制度：すべての被保護者に対する要介護認定は、介護扶助の必要性を判断するため、生活保護制度で独自に行う。
105 23-58	生活保護制度：居宅介護支援事業所が生活保護受給者に対して居宅介護支援を行う場合には、介護保険法の指定のほかに、生活保護法による指定を受ける必要がある。
106 24-59	生活困窮者自立支援法：生活困窮者自立相談支援事業は、親に扶養されている成人の子も支援の対象としている。

096 ×
教育扶助は、原則として［金銭給付］である。教育扶助は、義務教育就学中の児童・生徒について、義務教育に伴って必要な学用品、実験実習見学、通学用品等の費用のための給付である。 重要 p.257

097 ○
医療扶助による医療の給付は、疾病や負傷による入院又は通院により治療を必要とする場合に、［医療保護施設］又は生活保護の［指定医療機関］に委託して行われ、［現物給付］を原則としている。 重要 p.257

098 ○
住宅扶助は、原則として［金銭給付］である。住宅扶助は、被保護世帯が借間・借家住まいをしている場合に、家賃、地代等に充てる費用として基準額の範囲内の額が支給され、住宅を維持するための補修費用も含まれる。 重要 p.257

099 ×
葬祭扶助は、原則として［金銭給付］である。葬祭扶助は、死体の運搬や火葬・埋葬、納骨その他葬祭に必要な費用の範囲内で行われる。 重要 p.257

100 ×
福祉用具の利用は、［介護扶助］の対象である。ほかには、居宅介護や施設介護、住宅改修等の介護サービスが［介護扶助］に含まれる。 重要 p.257

101 ×
介護扶助は、介護保険法に規定する［要介護者］・要支援者が対象であり、住宅改修が［含まれる］。 重要 p.257

102 ×
介護保険施設入所者の日常生活費については、［生活扶助］の介護施設入所者基本生活費として給付される。 重要 p.257

103 ○
介護扶助は、介護保険制度の対象となるサービスと［同等のサービス］を、被保護者に保障するものである。

104 ×
被保護者が介護保険の被保険者である場合は、一般の介護保険の被保険者と［同様に］［要介護認定］等を受け、要介護状態区分等に応じて保険給付及び介護扶助を受ける。また、介護保険の被保険者以外の者については、その要介護認定等を介護扶助の要否判定の一環として、生活保護制度で独自に行うこととしている。

105 ○
居宅介護支援事業所が生活保護受給者に対して居宅介護支援を行う場合には、介護保険法の指定のほかに、［生活保護法］による指定（指定介護機関）を受ける必要がある。

106 ○
生活困窮者自立相談支援事業は、親に扶養されている成人の子も支援の［対象である］。

107 24-59	生活困窮者自立支援法：都道府県、市及び福祉事務所を設置する町村は、生活困窮者自立相談支援事業を行うものとされている。	
108 24-59	生活困窮者自立支援法：生活困窮者自立相談支援事業は、社会福祉法人等に委託することはできない。	
109 24-59	生活困窮者自立支援法：生活困窮者自立相談支援事業の自立相談支援機関には、弁護士の配置が義務付けられている。	
110 24-59	生活困窮者自立支援法：生活困窮者一時生活支援事業は、任意事業である。	
111 26-59	高齢者虐待防止法：「高齢者」とは、75 歳以上の者をいう。	
112 23-60	高齢者虐待防止法：養護者による高齢者を衰弱させるような著しい減食は、高齢者虐待に当たる。	
113 26-59	高齢者虐待防止法：養護者が高齢者本人の財産を不当に処分することは、経済的虐待に該当する。	
114 26-59	高齢者虐待防止法：養護者が高齢者に対して著しく拒絶的な対応をすることは、心理的虐待に該当しない。	
115 26-59	高齢者虐待防止法：養介護施設には、介護老人保健施設も含まれる。	
116 23-60	高齢者虐待防止法：養介護施設には、地域包括支援センターは含まれない。	
117 23-60	高齢者虐待防止法：市町村又は市町村長は、虐待の通報又は届出があった場合には、高齢者を一時的に保護するために老人短期入所施設等に入所させることができる。	

107 ○	生活困窮者自立支援法において、[都道府県]、[市] 及び [福祉事務所を設置する町村] は、生活困窮者自立相談支援事業を行うものとされている。	重要 p.258
108 ×	生活困窮者自立相談支援事業の実施主体は、都道府県、市及び福祉事務所を設置する町村（以下「都道府県等」）とされているが、事業の事務の全部又は一部を社会福祉法人、NPO 法人などのほか、都道府県等が適当と認めるものに委託することが [できる]。	
109 ×	生活困窮者自立相談支援事業の自立相談支援機関には、[主任相談支援員]、[相談支援員] 及び [就労支援員] を配置することを基本としている。	
110 ○	生活困窮者一時生活支援事業は、[任意事業] である。生活困窮者一時生活支援事業とは、住居のない生活困窮者であって、所得が一定水準以下の者に対して、一定期間内に限り、宿泊場所の供与や衣食の供与等を実施するものである。	重要 p.258
111 ×	高齢者虐待防止法における「高齢者」とは、[65] 歳以上の者をいう。	重要 p.258
112 ○	高齢者虐待防止法の養護者による高齢者虐待の定義として、[ネグレクト] があり、高齢者を衰弱させるような [著しい減食] が含まれる。	重要 p.258
113 ○	経済的虐待とは、養護者又は高齢者の親族が当該高齢者の [財産を不当に処分する] こと、その他当該高齢者から不当に財産上の利益を得ることである。	重要 p.258
114 ×	心理的虐待とは、高齢者に対する著しい暴言又は [著しく拒絶的な対応] その他の高齢者に著しい心理的外傷を与える言動を行うことである。	重要 p.258
115 ○	養介護施設には、介護老人保健施設も [含まれる]。ほかに、介護老人福祉施設、介護医療院、地域密着型介護老人福祉施設、地域包括支援センターなどがある。	重要 p.259
116 ×	養介護施設には、地域包括支援センターは [含まれる]。	重要 p.259
117 ○	[市町村] 又は [市町村長] は、虐待の通報又は届出があった場合には、養護者による高齢者虐待により生命又は身体に重大な危険が生じているおそれがあると認められる高齢者を、一時的に保護するために老人短期入所施設等に [入所させる] ことができる。	

118 26-59	高齢者虐待防止法：都道府県知事は、毎年度、養介護施設従事者等による高齢者虐待の状況等について公表するものとする。
119 23-60	高齢者虐待防止法：養護者による高齢者虐待により高齢者の生命又は身体に重大な危険が生じているおそれがあると認める場合であっても、市町村の職員は、警察の許可なく高齢者の居所に立ち入ることはできない。
120 23-60	高齢者虐待防止法：都道府県は、養護者の負担軽減のため、養護者の相談、指導及び助言その他の必要な措置を講じなければならない。
121 24-60	成年後見制度：その理念の一つとして、成年被後見人等の自発的意思の尊重がある。
122 23-59	成年後見制度：市町村は、当該市町村における成年後見制度の利用の促進に関する施策についての基本的な計画を定めるよう努めることとされている。
123 26-58	成年後見制度：成年後見人の職務には、身上保護（身上監護）と財産管理が含まれる。
124 25-59	成年後見制度：成年後見制度の利用の促進に関する法律に定められた基本理念には、成年被後見人等の意思決定の支援と身上の保護が適切に行われるべきことが含まれる。
125 26-58	成年後見制度：法定後見制度は、本人の判断能力の程度に応じて、後見と補助の 2 類型に分かれている。
126 25-59	成年後見制度：任意後見制度では、判断能力を喪失した人に、保佐人や補助人をつけることができる。
127 26-58	成年後見制度：後見開始の申立は、本人の所在地を管轄する地方裁判所に対し行わなければならない。
128 25-59	成年後見制度：都道府県知事は、65 歳以上の者につき、その福祉を図るため特に必要があると認めるときは、後見開始の審判の請求をすることができる。

118 ○	都道府県知事は、毎年度、養介護施設従事者等による高齢者虐待の状況、高齢者虐待があった場合にとった措置などについて公表するものとされている。
119 ×	市町村長は、養護者による高齢者虐待により高齢者の生命又は身体に重大な危険が生じているおそれがあると認めるときは、地域包括支援センターの職員その他の高齢者の福祉に関する事務に従事する職員に、高齢者の居所への立ち入り、調査、質問をさせることが［できる］。
120 ×	［市町村］は、養護者の負担の軽減のため、養護者に対する相談、指導及び助言その他必要な措置を講ずるものとされている。
121 ○	成年後見制度の利用の促進に関する法律第３条には基本理念が規定されており、成年後見制度の理念の一つに［成年被後見人等の自発的意思の尊重］がある。
122 ○	成年後見制度の利用の促進に関する法律では、市町村は、当該市町村における成年後見制度の利用の促進に関する施策についての［基本的な計画］を定めるよう努めることが定められている。 重要 p.259
123 ○	具体的な成年後見人の職務は、主に［身上保護］（［身上監護］）と［財産管理］の二つに分かれる。 重要 p.259
124 ○	成年後見制度の利用の促進に関する法律では、基本理念として、［本人の意思決定の支援］、［身上保護の重視］等を定めている。 重要 p.259
125 ×	法定後見制度は、本人の判断能力の程度に応じて［後見］、［保佐］及び［補助］の３類型に分かれている。 重要 p.259
126 ×	任意後見制度とは、本人が［十分な判断能力があるうちに］、将来、認知症等により判断能力が不十分になったときのために、［任意後見人］になってくれる人と後見事務の内容をあらかじめ契約によって決めておく制度である。 重要 p.259
127 ×	後見開始の申立は、本人の住所地を管轄する［家庭裁判所］に対して行う。
128 ×	［市町村長］は、65歳以上の者につき、その福祉を図るため特に必要があると認めるときは、後見開始の審判の請求をすることができる。 重要 p.259

□□	**129** 25-59	成年後見制度：成年被後見人の法律行為は、原則として、取り消すことができる。
□□	**130** 24-60	成年後見制度：市町村長は、四親等内の親族がいる場合には、後見開始の審判の請求をすることはできない。
□□	**131** 24-60	成年後見制度：成年後見人は、家庭裁判所の許可を得ずに、成年被後見人の居住用不動産を処分することができる。
□□	**132** 24-60	成年後見制度：後見開始の審判は、本人も請求することができる。
□□	**133** 23-59	成年後見制度：本人以外の者の請求により補助開始の審判をするには、本人の同意が必要である。
□□	**134** 23-59	成年後見制度：後見開始の申立は、本人の所在地を管轄する地方裁判所に行う。
□□	**135** 23-59	成年後見制度：後見開始の審判は、事実上婚姻関係と同様の事情にある者も請求することができる。
□□	**136** 25-59	成年後見制度：本人と任意後見受任者の同意があれば、公正証書以外の方法でも任意後見契約が成立する。
□□	**137** 23-59	成年後見制度：任意後見人の配偶者、直系血族及び兄弟姉妹は、任意後見監督人となることができない。
□□	**138** 24-60	成年後見制度：親族も成年後見人になることができる。
□□	**139** 26-58	成年後見制度：成年後見制度の利用の促進に関する法律では、国の責務が定められている。
□□	**140** 26-58	成年後見制度：成年後見制度利用促進基本計画では、権利擁護支援の地域連携ネットワークづくりが必要とされている。

129 ○
成年被後見人が自ら行った契約等の法律行為について、本人にとって不利益なものは、原則として［取り消すことができる］。

130 ×
市町村長は、四親等内の親族がいる場合でも、65 歳以上の者につき、その福祉を図るため特に必要があると認めるときは、後見開始の審判の請求をすることが［できる］。 重要 p.259

131 ×
成年後見人は、成年被後見人（本人）の財産に関する法律行為を成年被後見人に代わって行うことができるが、成年被後見人の居住用の不動産を処分する場合には、［家庭裁判所］の許可を得なければならない。

132 ○
後見開始の審判を請求できる者は、［本人］、配偶者、四親等内の親族、検察官などである。 重要 p.259

133 ○
本人以外の者の請求により補助開始の審判をする場合、［本人の同意］が必要である。

134 ×
後見開始の申立は、本人の住所地を管轄する［家庭裁判所］に行う。

135 ×
後見開始の審判は、事実上婚姻関係と同様の事情にある者は請求することが［できない］。

136 ×
任意後見制度は、［公正証書］で任意後見契約をすることとなっており、［公正証書］以外の方式で契約をしても、任意後見契約として使用することは［できない］。

137 ○
任意後見受任者又は任意後見人の配偶者、直系血族及び兄弟姉妹は、任意後見監督人となることが［できない］。

138 ○
成年後見人の担い手として、［親族］による［親族後見人］のほかに、司法書士、弁護士、社会福祉士等の専門職後見人がいる。

139 ○
成年後見制度の利用の促進に関する法律では、制度の基本理念を定め、［国の責務］等を明らかにし、基本方針や基本となる事項を定めている。

140 ○
2022（令和４）年度からの第二期成年後見制度利用促進基本計画では、①成年後見制度等の見直しに向けた検討と総合的な権利擁護支援策の充実、②尊厳のある本人らしい生活を継続するための成年後見制度の運用改善等、③［権利擁護支援の地域連携ネットワークづくり］に取り組むこととしている。

2 確実におさえておこう！

① 訪問介護

毎年出題されている。「身体介護」と「生活援助」のサービスの内容や、「医行為でないもの」は問われやすいため、必ず覚えておこう！　基本的な人員基準や運営基準についても確認しておこう。

141 25-50	訪問介護計画の作成は、管理者の業務として位置付けられている。	
142 25-50	利用回数が少ない利用者であっても、訪問介護計画を作成しなければならない。	
143 24-50	訪問介護では、嚥下困難な利用者のための流動食の調理は、生活援助として算定できる。	
144 24-50	訪問介護では、専門的な判断や技術が必要でない場合における手足の爪切りは、身体介護として算定できる。	
145 24-50	訪問介護では、手助け及び見守りをしながら利用者と一緒に行う被服の補修は、身体介護として算定できる。	
146 26-50	訪問介護では、手助けや声かけ及び見守りしながら、利用者と一緒に行うシーツ交換は、身体介護として算定できる。	
147 26-50	訪問介護では、訪問介護員が車いす等での移動介助を行って店に行き、利用者本人が自ら品物を選べるようにする援助は、身体介護として算定できる。	
148 26-50	訪問介護では、安否確認を主たる目的とする訪問は、生活援助として算定できる。	

よくでる項目

（重要 p.○）は本書「重要ポイント」の参照ページを示しています。

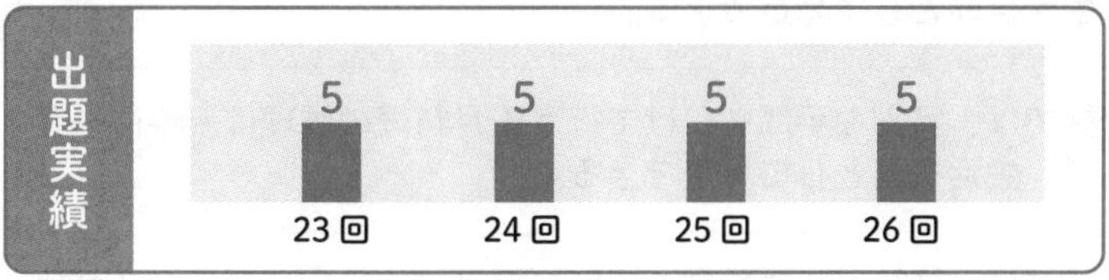

ワークブック2024 p.397~404 参照

141 ×
訪問介護計画の作成は、［サービス提供責任者］の業務として位置付けられている。

142 ○
訪問介護計画は、利用回数にかかわらず、すべての利用者に対して作成しなければならない。

143 ×
嚥《えん》下《げ》困難な利用者のための流動食の調理は、［身体介護］として算定できる。
重要 p.260

144 ○
整容（手足の爪切り、耳そうじ、髭の手入れ、髪の手入れ、簡単な化粧）は［身体介護］として算定できる。
重要 p.260

145 ○
訪問介護員が行う被服の補修（ボタン付け、破れの補修等）は［生活援助］となるが、手助け及び見守りをしながら利用者と一緒に行う被服の補修は、［身体介護］として算定できる。
重要 p.260

146 ○
手助けや声かけ及び見守りしながら、利用者と一緒に行うシーツ交換は、自立生活支援・重度化防止のための見守り的援助であり、［身体介護］として算定できる。
重要 p.260

147 ○
訪問介護員が車いす等での移動介助を行って店に行き、利用者本人が自ら品物を選べるようにする援助は、自立生活支援・重度化防止のための見守り的援助であり、［身体介護］として算定できる。
重要 p.260

148 ×
安否確認は、生活援助サービスを提供する際の事前準備等として行う行為であり、安否確認を主たる目的とする訪問は、生活援助として［算定できない］。

149	26-50	訪問介護では、夏服と冬服を入れ替えるなどの衣類の整理は、生活援助として算定できる。
150	24-50	訪問介護では、利用者とその家族が通院で使用している自家用車の洗車は、生活援助として算定できる。
151	24-50	訪問介護では、特別な手間をかけて行う正月料理の調理は、年に一度であれば、生活援助として算定できる。
152	26-50	訪問介護では、掃除の際に特別な手間をかけて行う床のワックスがけは、生活援助として算定できる。
153	23-52	利用者が保険給付の範囲外のサービス利用を希望した場合には、訪問介護員は、居宅介護支援事業者又は市町村に連絡するものとする。
154	23-52	介護支援専門員は、一定回数以上の生活援助中心型の訪問介護を居宅サービス計画に位置付ける場合には、その居宅サービス計画を市町村に届け出なければならない。
155	23-52	指定訪問介護事業所の管理者については、特段の資格は不要である。
156	23-52	訪問介護では、サービス提供責任者は、介護福祉士でなければならない。
157	23-52	指定訪問介護事業者は、利用申込者の要介護度が重いことを理由として、サービスの提供を拒むことができる。
158	25-50	訪問介護では、サービス提供責任者は、居宅介護支援事業者に対し、サービス提供に当たり把握した利用者の心身の状態及び生活の状況について必要な情報の提供を行うものとする。
159	25-50	指定訪問介護事業者は、利用者が不正な行為によって保険給付を受けたときは、遅滞なく、市町村に通知しなければならない。

149 ○

夏服と冬服を入れ替えるなどの衣類の整理は、本人の代行的なサービスとして位置付けることができ、［生活援助］として算定できる。
重要 p.260

150 ×

自家用車の洗車は、「直接本人の援助」に該当しない行為であり、生活援助として［算定できない］。
重要 p.260

151 ×

特別な手間をかけて行う調理は、「日常生活の援助」に該当しない行為であり、生活援助として［算定できない］。
重要 p.260

152 ×

床のワックスがけは、「日常生活の援助」に該当しない行為であり、生活援助として［算定できない］。
重要 p.260

153 ○

利用者が保険給付の範囲外のサービス利用を希望した場合には、訪問介護員は、［居宅介護支援事業者］又は［市町村］に連絡することとし、希望内容に応じて、生活支援サービス、ボランティアなどの活用を助言する。

154 ○

介護支援専門員は、統計的にみて通常の居宅サービス計画よりかけ離れた回数の訪問介護（生活援助中心型）を位置付ける場合には、居宅サービス計画に［必要な理由］を記載するとともに、当該居宅サービス計画を［市町村］に届け出なければならない。

155 ○

管理者は、職務に専従する常勤の者（管理上支障がない場合は他の職務との兼務可）であれば、特段の専門資格は［不要である］。

156 ×

サービス提供責任者は、介護福祉士以外にも実務者研修修了者、旧介護職員基礎研修修了者、旧ホームヘルパー 1 級課程修了者のいずれかの要件を満たしていればよい。

157 ×

指定訪問介護事業者は、［正当な理由］なくサービス提供を拒むことはできない。［正当な理由］がある場合とは、事業所の現員からは利用申込に応じきれない場合などであり、要介護度や所得の多寡を理由にサービスの提供を拒むことは［できない］。

158 ○

指定訪問介護事業所の［サービス提供責任者］は、居宅介護支援事業者に対し、サービス提供に当たり把握した利用者の服薬状況、口腔機能その他の利用者の心身の状態及び生活の状況に係る必要な情報の提供を行うものとする。

159 ○

指定訪問介護事業者は、利用者が偽りその他不正な行為によって保険給付を受けたとき（又は受けようとしたとき）は、遅滞なく、［市町村］に通知しなければならない。

□□	**160** 25-50	指定訪問介護事業者は、法定代理受領サービスに該当しないサービスの利用料の支払を受けた場合には、サービス提供証明書を交付しなくてよい。

② 訪問入浴介護

ここ数年連続して出題されている。人員基準や算定要件など基本的な内容をおさえておこう！　人員基準については、原則、看護職員と介護職員でサービス提供されることを確認しておこう。

□□	**161** 23-54	利用者宅に浴室があっても、訪問入浴介護を提供することができる。
□□	**162** 26-51	訪問入浴介護のサービスの提供方法等の説明には、入浴方法等の内容、作業手順、入浴後の留意点などが含まれる。
□□	**163** 26-51	指定訪問入浴介護事業者は、協力医療機関を事業の通常の実施地域内と実施地域外に、それぞれ定めなければならない。
□□	**164** 26-51	訪問入浴介護従業者として、看護職員又は介護職員のうち 1 人以上は、常勤でなければならない。
□□	**165** 26-51	指定訪問入浴介護事業者は、機能訓練指導員を配置しなければならない。
□□	**166** 26-51	訪問入浴介護では、サービスの提供の責任者は、看護職員でなければならない。
□□	**167** 25-52	指定訪問入浴介護事業所ごとに、医師を 1 人以上置かなければならない。
□□	**168** 25-52	訪問入浴介護では、管理者は、看護師又は准看護師でなければならない。

160	×	指定訪問介護事業者は、法定代理受領サービスに該当しないサービスの利用料の支払を受けた場合には、サービスの内容、費用の額その他必要と認められる事項を記載したサービス提供証明書を［交付しなければならない］。

出題実績

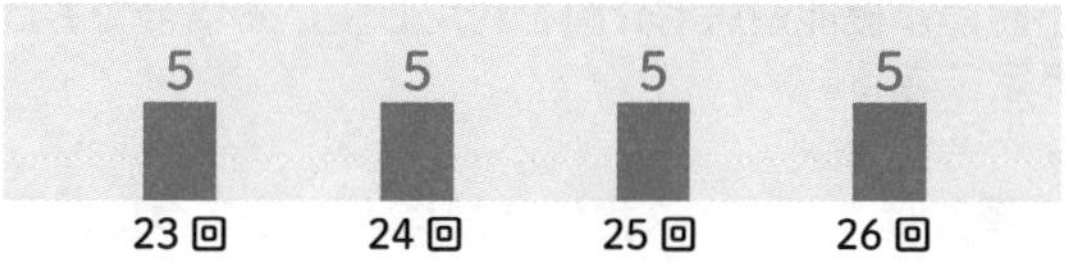

ワークブック2024
p.405~407
参照

161	○	自宅の浴室の有無にかかわらず、自宅にある浴室での入浴や地域の入浴施設の利用が困難な場合などに、訪問入浴介護を提供することが［できる］。
162	○	サービスの提供方法等の説明には、入浴方法等の内容、作業手順、入浴後の留意点などが［含まれる］。説明は利用者又はその家族に対し、理解しやすいように行う。
163	×	協力医療機関は、事業の通常の実施地域内にあることが［望ましい］ものであるが、実施地域内と実施地域外に、それぞれ定めなければならないとは規定されていない。
164	○	看護職員又は介護職員のうち［1］人以上は、［常勤］でなければならない。重要 p.261
165	×	訪問入浴介護の人員に関する基準で、資格要件・配置基準等に機能訓練指導員は［含まれていない］。重要 p.261
166	×	サービスの提供は、原則として看護職員１人、介護職員２人の計３人で実施するが、［そのうち１人］がサービスの提供の責任者を務める。重要 p.261
167	×	指定訪問入浴介護事業所ごとに、［看護職員］を１人以上、［介護職員］を２人以上、常勤専従の［管理者］（管理上支障がない場合は他の職務との兼務可）を１人以上置かなければならない。なお、医師の配置については［定められていない］。重要 p.261
168	×	指定訪問入浴介護事業所の管理者は、特段の専門資格は［不要である］。重要 p.261

169 25-52	サービス提供時に使用する浴槽は、指定訪問入浴介護事業者が備えなければならない。	
170 23-54	訪問入浴介護では、サービスの提供の責任者は、専らその職務に従事する常勤のものとする。	
171 25-52	利用者が小規模多機能型居宅介護を利用している場合でも、訪問入浴介護費を算定できる。	
172 24-52	訪問入浴介護費は、サービス提供時間によって 2 つに区分されている。	
173 24-52	訪問入浴介護では、利用者の肌に直接触れるタオル等は、個人専用のものを使うなど安全清潔なものを使用する。	
174 24-52	訪問入浴介護では、利用者の心身の状況から全身入浴が困難であって、利用者の希望により清拭のみを実施した場合には、全身入浴と同じ単位数を算定することができる。	
175 23-54	利用者が訪問入浴介護事業所と同一の建物に居住する場合でも、訪問入浴介護を提供することができる。	
176 23-54	利用者が短期入所生活介護を利用している間は、訪問入浴介護費は算定しない。	
177 25-52	指定訪問入浴介護事業者は、サービスの利用に当たっての留意事項を運営規程に定めておかなければならない。	
178 24-52	訪問入浴介護事業者は、利用者の選定により提供される特別な浴槽水等に係る費用を、通常の利用料以外の料金として受け取ることができる。	
179 24-52	訪問入浴介護は、利用者の身体の状況等に支障を生ずるおそれがない場合には、主治の医師の意見を確認した上で、看護職員に代えて介護職員のみで実施することができる。	
180 23-54	訪問入浴介護は、事業所数が少ないため、通常の事業の実施地域を定めなくてもよい。	

169 ○ 訪問入浴介護の提供に必要な浴槽等の設備及び備品等は、[指定訪問入浴介護事業者] が備えなければならない。

170 × サービスの提供の責任者について、常勤専従であることは [定められていない]。 重要 p.261

171 × 利用者が小規模多機能型居宅介護を利用している場合は、訪問入浴介護費を [算定できない]。

172 × 訪問入浴介護費は、サービス提供時間にかかわらず、[訪問 1 回当たり] で設定された所定単位数により算定されている。

173 ○ 訪問入浴介護のサービスの提供に当たり、皮膚に直に接するタオル等については、[利用者 1 人ごとに取り替える] か [個人専用のものを使用する] 等、安全清潔なものを使用することに留意することとされている。

174 × 利用者の心身の状況から全身入浴が困難な場合であって、利用者の希望により清拭又は部分浴（洗髪、陰部、足部等の洗浄）を実施したときは、所定の単位数の 100 分の [90]（[90] %）相当の単位数に減算される。

175 ○ 利用者が訪問入浴介護事業所と同一の建物に居住する場合でも、所定の率に相当する単位数を [減算] した介護報酬で訪問入浴介護を提供することが [できる]。

176 ○ 利用者が短期入所生活介護を利用している間は、訪問入浴介護費は [算定しない]。

177 ○ 指定訪問入浴介護事業者は、サービスの利用に当たっての留意事項を運営規程に定めておかなければならない。

178 ○ 訪問入浴介護事業者は、利用者の選定により提供される特別な浴槽水等（温泉等）に係る費用を、通常の利用料以外の料金として受け取ることが [できる]。

179 ○ 訪問入浴介護の提供は、1 回の訪問につき、原則として、看護職員 [1] 人と介護職員 [2] 人で行うが、入浴により利用者の身体の状況等に支障を生ずるおそれがないと認められる場合には、主治の医師の意見を確認した上で、介護職員 [3] 人で行うことができる。 重要 p.261

180 × 訪問入浴介護事業者は、運営規程として「通常の事業の実施地域」を定める必要が [ある]。

③ 通所介護

毎年、必ず出題される項目。通所介護の介護報酬は、事業所規模、サービス提供時間、要介護度によって異なり、各加算の算定要件も複雑であるため、丁寧にその内容を確認しながら、確実に覚えよう！

□□	**181** 25-51	利用者の社会的孤立感の解消を図ることは、指定通所介護の事業の基本方針に含まれている。	
□□	**182** 25-51	通所介護計画の目標及び内容については、利用者又は家族に説明を行うとともに、その実施状況や評価についても説明を行うものとする。	
□□	**183** 24-51	通所介護計画は、利用者が作成を希望しない場合には、作成しなくてもよい。	
□□	**184** 25-51	通所介護計画作成後に居宅サービス計画が作成された場合、その通所介護計画が居宅サービス計画に沿ったものであるか、確認する必要はない。	
□□	**185** 26-52	通所介護では、生活相談員の確保すべき勤務延時間数には、利用者の地域生活を支える取組のために必要な時間を含めることはできない。	
□□	**186** 26-52	通所介護では、管理者は、社会福祉主事任用資格を有するものでなければならない。	
□□	**187** 26-52	通所介護では、看護職員は、看護職員としての業務に従事していない時間帯において、機能訓練指導員として勤務することができる。	
□□	**188** 26-52	指定通所介護事業者は、非常災害に関し定期的に避難、救出その他必要な訓練を行わなければならない。	
□□	**189** 25-51	指定通所介護事業者は、指定通所介護事業所ごとに、経理を区分しなくてもよい。	

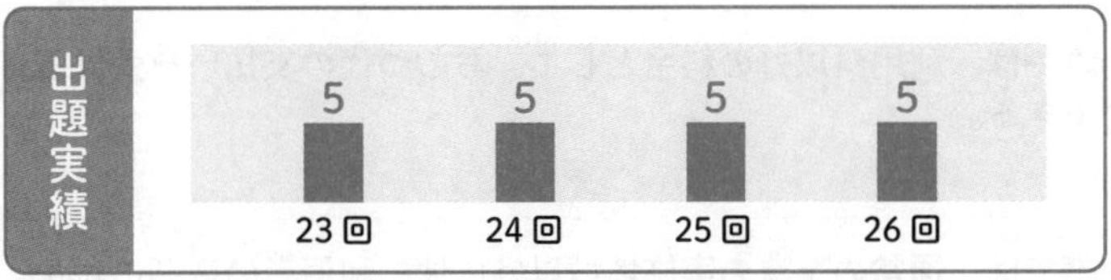

ワークブック2024 p.410~416参照

181 ○ 指定通所介護の事業の基本方針には、［利用者の社会的孤立感の解消］、［心身の機能の維持］、［利用者の家族の身体的及び精神的負担の軽減］を図ることが定められている。

182 ○ 通所介護計画は、その［目標］及び［内容］だけでなく、［実施状況］や［評価］についても、利用者又は家族に説明を行うものとする。

183 × 通所介護計画は、利用者の希望にかかわらず、［すべての利用者］に対して［作成しなければならない］。

184 × 通所介護計画は、居宅サービス計画に［沿って］作成されなければならない。通所介護計画を作成後に居宅サービス計画が作成された場合は、通所介護計画が居宅サービス計画に沿ったものであるか確認する必要が［ある］。

185 × 利用者の地域生活を支える取組のために必要な事業所外での時間も、生活相談員の確保すべき勤務延時間数に含めることが［できる］。

186 × 管理者は、特段の［専門資格は不要］である。

187 ○ 看護職員は、勤務時間を区別することにより、看護職員としての業務に従事していない時間帯において、機能訓練指導員として勤務することが［できる］。

188 ○ 指定通所介護事業者は、非常災害に際して必要な具体的計画の策定、関係機関への通報及び連携体制の整備、［避難］、［救出訓練］の実施等の対策について万全を期さなければならない。

189 × 指定通所介護事業者は、指定通所介護事業所ごとに経理を［区分しなければならない］。また、事業者は、事業の会計とその他の事業の会計を［区分しなければならない］。

□□	**190** 24-51	通所介護では、利用料以外の料金として、おむつ代の支払いを受けることができる。	
□□	**191** 23-53	通所介護では、通常の事業の実施地域以外に住む利用者の送迎にかかる費用は、利用料以外の料金として支払いを受けることができる。	
□□	**192** 26-52	外部のリハビリテーション専門職が指定通所介護事業所を訪問せず、テレビ電話を用いて利用者の状態を把握することは認められていない。	
□□	**193** 25-51	通所介護では、利用者は、利用日ごとに異なる提供時間数のサービスを受けることができる。	
□□	**194** 24-51	送迎に要する時間は、通所介護費算定の基準となる所要時間には含まれない。	
□□	**195** 24-51	通所介護では、利用者が当該事業所の設備を利用して宿泊する場合には、延長加算を算定できない。	
□□	**196** 24-51	通所介護では、災害等のやむを得ない事情により利用定員を超えてサービスを提供した場合には、所定単位数から減算される。	
□□	**197** 23-53	通所介護費は、事業所の規模によって 2 つに分けて設定されている。	
□□	**198** 23-53	通所介護費は、サービスの所要時間によって 3 つに分けて設定されている。	
□□	**199** 23-53	通所介護では、サービスの所要時間が同じ区分の利用者については、サービス提供開始時刻を同じにしなければならない。	
□□	**200** 23-53	送迎時に実施した居宅内での介助は、1 日 30 分以内を限度に、通所介護を行うのに要する時間に含めることができる。	

190 ○
通所介護事業者は、通常の事業の実施地域以外に居住する利用者を送迎する費用、通常の時間を超えるサービスの費用、食事の費用、おむつ代、日常生活費について、利用料以外の料金として支払いを受けることが［できる］。

191 ○
通所介護事業者は、通常の事業の実施地域以外に住む利用者の送迎にかかる費用について、利用料以外の料金として支払いを受けることが［できる］。

192 ×
テレビ電話や動画などを活用して、外部のリハビリテーション専門職が指定通所介護事業所の機能訓練指導員等と連携して利用者の状態を把握することは［認められている］。

193 ○
適切なアセスメントを経て居宅サービス計画及び通所介護計画に位置付けられた時間設定であれば、利用者は、利用日ごとに異なる提供時間数のサービスを受けることが［できる］。

194 ○
送迎に要する時間は、通所介護費算定の基準となる所要時間には［含まれない］。
重要 p.262

195 ○
利用者が当該事業所の設備を利用して宿泊する場合や、宿泊した翌日において当該事業所の通所介護の提供を受ける場合には、延長加算を［算定できない］。

196 ×
災害その他のやむを得ない事情による定員超過利用については、所定単位数の減算は［行われない］。

197 ×
通所介護費は、事業所の規模によって［通常規模型］、［大規模型（Ⅰ）］、［大規模型（Ⅱ）］の［3］つに分けて設定されている。
重要 p.261

198 ×
通所介護費は、サービスの所要時間によって［6］つに分けて設定されている。
重要 p.262

199 ×
サービスの所要時間が同じ区分の利用者であっても、サービス提供開始時刻を同じにする［必要はない］。

200 ○
送迎時に実施した居宅内での介助等（着替え、ベッド・車いすへの移乗、戸締り等）に要する時間は、一定の条件を満たした場合、1日［30］分以内を限度に、通所介護を行うのに要する時間に含めることが［できる］。
重要 p.262

④ 短期入所生活介護

毎年出題される項目のため、サービスの目的や基本的な内容は確実におさえたうえで、短期入所生活介護計画や人員基準についても確認しておこう！

201	26-53	指定短期入所生活介護は、利用者の家族の身体的及び精神的負担の軽減を図るものでなければならない。
202	25-53	短期入所生活介護は、家族の冠婚葬祭や出張を理由とした利用はできない。
203	26-53	指定短期入所生活介護事業所に介護支援専門員の資格を有する者がいる場合、その者が短期入所生活介護計画のとりまとめを行うことが望ましい。
204	24-53	短期入所生活介護計画は、居宅サービス計画を作成した介護支援専門員が作成しなければならない。
205	25-53	短期入所生活介護計画の作成は、既に居宅サービス計画が作成されている場合には、当該計画の内容に沿って作成されなければならない。
206	24-53	短期入所生活介護計画は、利用期間にかかわらず作成しなければならない。
207	24-53	短期入所生活介護計画の内容については、利用者及びその家族に説明を行えば、利用者の同意を得る必要はない。
208	25-53	短期入所生活介護では、一の居室の定員は、4 人以下でなければならない。
209	23-50	短期入所生活介護では、利用者 20 人未満の併設事業所の場合には、管理者は常勤でなくてもよい。
210	23-50	短期入所生活介護では、利用者 20 人未満の併設事業所の場合でも、生活相談員は常勤でなければならない。

出題実績

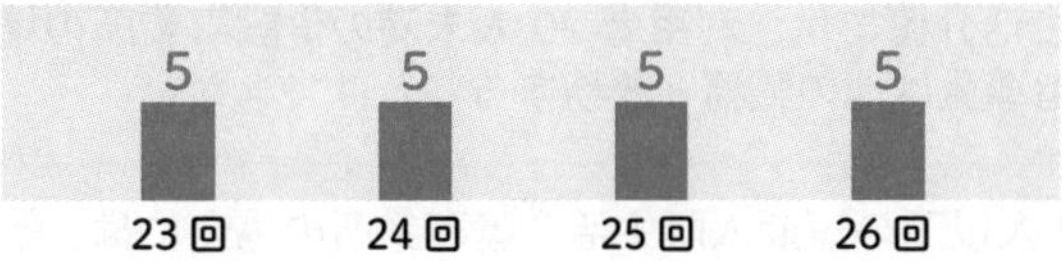

ワークブック2024
p.417~420
参照

201 ○ 指定短期入所生活介護は、利用者の心身の機能の維持並びに利用者の家族の［身体的及び精神的負担］の軽減を図るものでなければならない。 重要 p.262

202 × 短期入所生活介護は、利用者の心身の状況、若しくは利用者の家族の疾病、冠婚葬祭、出張等を理由とした利用が［できる］。 重要 p.262

203 ○ 短期入所生活介護計画のとりまとめは、介護の提供に係る計画等の作成経験者や、豊富な知識及び経験を有する者に行わせるものとし、事業所に［介護支援専門員］の資格を有する者がいる場合、その者が計画のとりまとめを行うことが望ましい。

204 × 短期入所生活介護計画は、指定短期入所生活介護事業所の［管理者］が作成しなければならない。 重要 p.262

205 ○ 短期入所生活介護計画は、既に居宅サービス計画が作成されている場合は、当該計画の内容に［沿って］作成されなければならない。 重要 p.262

206 × 短期入所生活介護計画は、おおむね［4］日以上連続して利用することが予定される場合に作成しなければならない。 重要 p.262

207 × 短期入所生活介護計画の内容については、利用者又はその家族に対して説明し、［利用者］の同意を得なければならない。

208 ○ 短期入所生活介護事業所の一の居室の定員は、［4］人以下でなければならない。

209 × 管理者は、利用定員にかかわらず［常勤専従］でなければならない。ただし、事業所の管理上支障がない場合は、他の職務と兼務することができる。

210 × 生活相談員は、1 人は［常勤］でなければならない。ただし、利用者 20 人未満の併設事業所の場合、［非常勤］でもよい。

211	23-50	短期入所生活介護では、利用者 20 人未満の併設事業所の場合でも、機能訓練指導員は他の職務と兼務することはできない。	
212	23-50	利用者 40 人以下の短期入所生活介護事業所の場合には、他の施設の栄養士との連携があり、利用者の処遇に支障がなければ、栄養士は配置しなくてもよい。	
213	23-50	短期入所生活介護では、食事の提供と機能訓練に支障のない広さを確保できる場合には、食堂と機能訓練室は同一の場所とすることができる。	
214	26-53	短期入所生活介護では、夕食時間は、午後 5 時以前が望ましい。	
215	26-53	食事の提供に関する業務は、指定短期入所生活介護事業者自らが行うことが望ましい。	
216	26-53	短期入所生活介護では、いかなる場合も、利用定員を超えてサービスを行うことは認められない。	
217	25-53	短期入所生活介護では、災害等のやむを得ない事情がある場合でも、利用定員を超えることは認められない。	
218	25-53	短期入所生活介護では、居宅サービス計画上、区分支給限度基準額の範囲内であれば、利用できる日数に制限はない。	
219	24-53	利用者が連続して 30 日を超えて指定短期入所生活介護を受けている場合には、30 日を超える日以降については短期入所生活介護費は算定できない。	
220	24-53	短期入所生活介護計画の記録は、その完結の日から 2 年間保存しなければならない。	

211	×	機能訓練指導員は、利用定員にかかわらず他の職務と兼務することが［できる］。
212	○	栄養士は、1人は配置しなければならないが、利用者［40］人以下の短期入所生活介護事業所の場合、他の施設の栄養士との連携があり、利用者の処遇に支障がなければ、配置しなくてもよい。
213	○	食事の提供と機能訓練に支障のない広さを確保できる場合は、食堂と機能訓練室は［同一の場所］とすることができる。
214	×	夕食時間は、午後［6］時以降とすることが望ましいが、早くても午後［5］時以降とする。
215	○	食事の提供に関する業務は、［指定短期入所生活介護事業者自ら］が行うことが望ましい。
216	×	災害等のやむを得ない事情がある場合、若しくは介護支援専門員が緊急に短期入所生活介護が必要と認めた場合には、利用者及び他の利用者の処遇に支障がなければ、利用定員を超えてサービスを行うことが［認められる］。
217	×	災害等のやむを得ない事情がある場合、若しくは介護支援専門員が緊急に短期入所生活介護が必要と認めた場合には、利用者及び他の利用者の処遇に支障がなければ、利用定員を超えてサービスを行うことが［認められる］。
218	×	利用者が連続して［30］日を超えて指定短期入所生活介護を受けている場合は、［30］日を超える日以降に受けた指定短期入所生活介護については、短期入所生活介護費は［算定できない］。自費利用を挟み同一事業所を連続［30］日を超えて利用する場合には、［30］日を超えた日から［減算］される。
219	○	利用者が連続して［30］日を超えて指定短期入所生活介護を受けている場合は、［30］日を超える日以降に受けた指定短期入所生活介護については、短期入所生活介護費は［算定できない］。
220	○	短期入所生活介護計画の記録は、その完結の日から［2］年間保存しなければならない。

⑤ 介護老人福祉施設

毎年必ず出題されている。多くは、基本方針、人員基準や運営基準などから出題されているため、しっかりと覚えよう！　入所対象は原則として要介護 3〜5 の被保険者であるが、例外があることもおさえておこう。

□□	**221** 25-57	指定介護老人福祉施設は、市町村長が指定する。	
□□	**222** 26-57	指定介護老人福祉施設は、可能な限り、居宅での生活への復帰を念頭に置いて、入所者がその有する能力に応じ自立した日常生活を営むことができるようにすることを目指さなければならない。	
□□	**223** 25-57	指定介護老人福祉施設は、明るく家庭的な雰囲気を有し、地域や家庭との結び付きを重視した運営を行うよう努めなければならない。	
□□	**224** 26-57	指定介護老人福祉施設には、常勤の生活相談員を配置しなければならない。	
□□	**225** 24-57	指定介護老人福祉施設では、介護支援専門員は、入所者の処遇に支障がない場合であっても、他の職務と兼務しない常勤の者でなければならない。	
□□	**226** 24-57	指定介護老人福祉施設では、管理者は、常勤の者でなければならないが、管理上支障がない場合には、同一敷地内にある他の事業所、施設等の職務に従事することができる。	
□□	**227** 23-57	指定介護老人福祉施設は、夜間には、常勤の介護職員が介護に従事しなくてもよい。	
□□	**228** 26-57	指定介護老人福祉施設では、食事の提供又は機能訓練に支障がない広さがあっても、食堂と機能訓練室を同一の場所とすることはできない。	
□□	**229** 26-57	指定介護老人福祉施設では、家庭的な雰囲気を保つため、廊下幅は 1.6m 以下としなければならない。	

出題実績

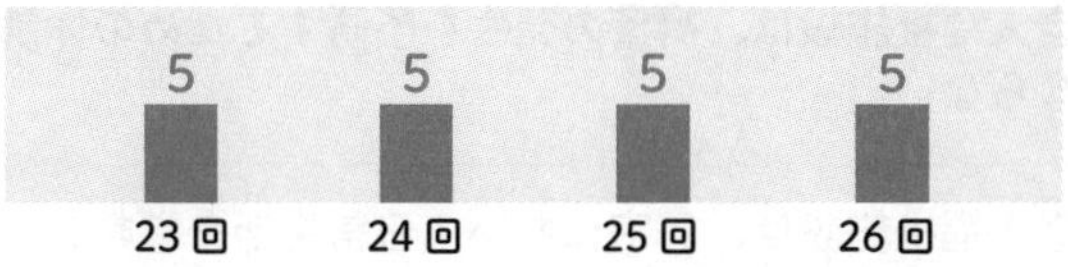

ワークブック2024
p.475~483
参照

221 ×
指定介護老人福祉施設は、介護福祉施設サービスを提供する施設として［都道府県知事］が指定する。

222 ○
指定介護老人福祉施設は、可能な限り、居宅における生活への復帰を念頭に置いて、入浴、排泄、食事等の介護等を行うことにより、入所者がその有する能力に応じ自立した日常生活を営むことができるようにすることを目指さなければならない。

223 ○
指定介護老人福祉施設の基本方針として、［明るく家庭的な雰囲気］を有し、［地域や家庭との結び付き］を重視した運営を行うよう努めなければならないとされている。

224 ○
生活相談員は［常勤］の者でなければならない。入所者の数が 100 人又はその端数を増すごとに 1 人以上配置することとされている。 重要 p.268

225 ×
介護支援専門員は、［常勤専従］の者を［1］人以上配置しなければならない（入所者の数が 100 人又はその端数を増すごとに 1 人を増やすこととされている）。ただし、入所者の処遇に支障がない場合は、他の職務と兼務することが［できる］。 重要 p.268

226 ○
管理者は、［常勤専従］の者を配置しなければならない。ただし、管理上支障がない場合は、同一敷地内にある他の事業所、施設等の職務に従事することが［できる］。 重要 p.268

227 ×
指定介護老人福祉施設は、夜間を含めて、常時［1］人以上の常勤の介護職員を介護に［従事させなければならない］。 重要 p.268

228 ×
食事の提供又は機能訓練を行う場合において、当該食事の提供又は機能訓練に支障がない広さを確保することができるときは、［同一の場所とすることができる］。

229 ×
指定介護老人福祉施設の設備に関する基準として、廊下幅は［1.8］m 以上とされている。

230	25-57	指定介護老人福祉施設は、褥瘡の発生を予防するための体制を整備しなければならない。
231	24-57	指定介護老人福祉施設は、居宅において日常生活を営むことができると認められる入所者に対し、円滑な退所のために必要な援助を行わなければならない。
232	23-57	指定介護老人福祉施設は、身体的拘束等の適正化のための指針を整備している場合には、その対策を検討する委員会は開催しなくてもよい。
233	23-57	指定介護老人福祉施設は、入所者が居宅での生活を営むことができるかどうかについて、生活相談員、介護職員、看護職員、介護支援専門員等の従業者間で協議しなくてはならない。
234	23-57	指定介護老人福祉施設は、施設サービスを受ける必要性が高いと認められる入所申込者を優先的に入所させるよう努めなければならない。
235	23-57	指定介護老人福祉施設では、サービス提供上必要と認められる場合であれば、1 の居室の定員を 2 人にすることができる。
236	26-57	指定介護老人福祉施設は、入所者が可能な限り離床して、食堂で食事を摂るよう支援しなければならない。
237	24-57	指定介護老人福祉施設は、入所者及びその家族から苦情を受け付けた場合でも、その内容等の記録は義務付けられていない。
238	25-57	指定介護老人福祉施設は、入所者の負担により、当該施設の従業者以外の者による介護を受けさせてはならない。
239	25-57	指定介護老人福祉施設は、入所者のためのレクリエーション行事を行うのであれば、教養娯楽設備等は備えなくてもよい。
240	24-57	指定介護老人福祉施設は、入所者が病院等に入院する際に、おおむね 3 月以内に退院することが明らかに見込まれる場合には、原則として、退院後再び当該施設に円滑に入所できるようにしなければならない。

230 ○
指定介護老人福祉施設は、入所者に褥瘡が発生しないよう適切な介護を行うとともに、その発生を予防するための体制を［整備しなければならない］。

231 ○
指定介護老人福祉施設は、居宅において日常生活を営むことができると認められる入所者に対し、本人やその家族の希望等を勘案して、［円滑な退所のために必要な援助］を行わなければならない。 重要 p.269

232 ×
指定介護老人福祉施設は、身体的拘束等の適正化を図るため、対策を検討する［委員会の開催］（テレビ電話装置等を活用して行うことができる）、指針の整備、定期的な従業者に対する研修の実施等の措置を講じなければならない。

233 ○
指定介護老人福祉施設は、入所者が居宅での日常生活を営むことができるかどうかについて、［生活相談員］、［介護職員］、［看護職員］、［介護支援専門員］等の従業者の間で［協議］し、定期的に検討しなければならない。 重要 p.269

234 ○
指定介護老人福祉施設は、入所を待っている申込者がいる場合には、介護の必要の程度及び家族等の状況を勘案し、入所して指定施設サービスを受ける必要性が［高い］と認められる者を［優先的］に入所させるよう努めなければならない。 重要 p.269

235 ○
1の居室の定員は［1］人とされているが、入所者へのサービス提供上必要と認められる場合は、［2］人とすることができる。

236 ○
指定介護老人福祉施設は、入所者が可能な限り離床して、［食堂］で食事を摂ることを支援しなければならない。

237 ×
指定介護老人福祉施設は、入所者及びその家族から苦情を受け付けた場合には、当該苦情の内容等を［記録しなければならない］。

238 ○
指定介護老人福祉施設は、入所者の負担により、当該施設の従業者以外の者による介護を［受けさせてはならない］。 重要 p.269

239 ×
指定介護老人福祉施設は、教養娯楽設備等を［備える］ほか、適宜入所者のためのレクリエーション行事を行わなければならない。

240 ○
指定介護老人福祉施設は、入所者が病院等に入院する際に、おおむね［3］月以内に退院することが明らかに見込まれる場合には、やむを得ない事情がある場合を除き、退院後再び当該施設に円滑に［入所できるようにしなければならない］。 重要 p.269

⑥ 小規模多機能型居宅介護

近年出題の多い項目である。利用者の状態に応じて、通い・訪問・宿泊を組み合わせて提供する。登録定員や人員基準、設備基準は必ず確認しておこう！

□□	**241** 25-55	小規模多機能型居宅介護の訪問サービスでは、身体介護の提供に限られる。	
□□	**242** 25-55	指定小規模多機能型居宅介護事業所の登録者に対しては、その事業所の介護支援専門員が、居宅サービス計画を作成しなければならない。	
□□	**243** 26-55	サテライト型ではない指定小規模多機能型居宅介護事業所の管理者は、介護支援専門員に小規模多機能型居宅介護計画の作成を担当させるものとする。	
□□	**244** 25-55	小規模多機能型居宅介護では、通いサービス、宿泊サービスごとに、1日当たりの同時にサービス提供を受ける利用定員の上限が定められている。	
□□	**245** 23-55	小規模多機能型居宅介護は、宿泊を中心として、利用者の様態や希望に応じて、随時訪問や通いを組み合わせてサービスを提供するものである。	
□□	**246** 23-55	利用者は、複数の小規模多機能型居宅介護事業所への登録を希望しても、1つの事業所にしか登録できない。	
□□	**247** 25-55	小規模多機能型居宅介護の宿泊サービスでは、利用者1人につき1月当たりの日数の上限が定められている。	
□□	**248** 23-55	小規模多機能型居宅介護では、従業者は、介護福祉士又は訪問介護員でなければならない。	
□□	**249** 23-55	小規模多機能型居宅介護の本体事業所とサテライト事業所の距離は、自動車等でおおむね20分以内の近距離でなければならない。	

出題実績	23回	24回	25回	26回
	5	0	5	5

ワークブック2024
p.454~459参照

241 ×
訪問サービスでは、入浴、排泄、食事等の介護のほか、生活援助や安否確認など、利用者の心身の状況や環境等に応じてサービスが提供される。

242 ○
指定小規模多機能型居宅介護事業所の介護支援専門員が、登録者の［居宅サービス計画］を作成することとされている。

243 ○
小規模多機能型居宅介護計画は、その事業所の［介護支援専門員］が、利用者の心身の状況、希望及びその置かれている環境を踏まえて、他の小規模多機能型居宅介護従業者と協議の上、作成するものとされている。

244 ○
指定小規模多機能型居宅介護事業所では、通いサービス、宿泊サービスごとに、1日当たりの同時にサービス提供を受ける利用定員の上限が［定められている］。

245 ×
小規模多機能型居宅介護は、［通いサービス］を中心として、［訪問サービス］、［宿泊サービス］を利用者の様態や希望に応じて柔軟に組み合わせて提供するものである。

246 ○
小規模多機能型居宅介護では、利用者と従業者がなじみの関係を築きながらサービスを提供するという観点から、利用者は［1］つの事業所にしか［登録できない］。

247 ×
宿泊サービスの利用日数に［規定はない］。

248 ×
従業者について、介護福祉士や訪問介護員の資格等は必ずしも［必要としない］が、介護等に対する知識、経験を有する者で、うち［1］人以上は［看護師］又は［准看護師］でなければならない。

249 ○
サテライト事業所は、本体事業所との密接な連携を図りつつ運営するものであるため、本体事業所との距離が自動車等でおおむね［20］分以内の［近距離でなければならない］。

250 26-55	養護老人ホームの入所者が、指定小規模多機能型居宅介護を利用することは想定されていない。	
251 26-55	小規模多機能型居宅介護では、登録定員は、12 人以下としなければならない。	
252 26-55	指定小規模多機能型居宅介護事業所は、住宅地又は住宅地と同程度に利用者の家族や地域住民との交流の機会が確保される地域にあるようにしなければならない。	
253 25-55	小規模多機能型居宅介護では、一の宿泊室の定員は、利用者の処遇上必要と認められる場合は、2 人とすることができる。	
254 26-55	小規模多機能型居宅介護では、おおむね 6 月に 1 回以上、運営推進会議に活動状況を報告し、評価を受けなければならない。	
255 23-55	小規模多機能型居宅介護では、運営推進会議は、当該事業所を指定する市町村が設置する。	

250	○	基礎的な生活支援を受けている養護老人ホームの入所者が、指定小規模多機能型居宅介護を利用することは［想定されていない］。
251	×	指定小規模多機能型居宅介護事業所の登録定員は、［29］人以下である。
252	○	事業所の立地は、利用者の家族との交流の機会の確保や地域住民との交流を図る観点から、住宅地又は住宅地と同程度に利用者の家族や地域住民との交流の機会が確保される地域にあるようにしなければならない。
253	○	一の宿泊室の定員は［1］人とされているが、利用者の処遇上必要と認められる場合は、［2］人とすることができる。
254	×	指定小規模多機能型居宅介護事業者は、おおむね［2］月に 1 回以上、運営推進会議に対し通いサービス及び宿泊サービスの提供回数等の活動状況を報告し、評価を受けなければならない。 重要 p.270～271
255	×	運営推進会議（テレビ電話装置等を活用して行うことができる。利用者又は家族が参加する場合は、その活用について同意を得なければならない）は、［小規模多機能型居宅介護事業者］が必要な要望や助言等を聴く機会として設置しなければならない。 重要 p.270～271

3 ＋1点をつかみとろう！

① 福祉用具

福祉用具貸与と特定福祉用具販売の対象となる種目や特徴は、詳細な内容まで出題されやすいため、しっかり覚えておこう！　また、福祉用具専門相談員の役割や、軽度者の例外規定についても確認しておこう。

256 25-54	福祉用具の使用目的は、利用者の自立した日常生活の支援であり、介護者の負担軽減ではない。	
257 25-54	福祉用具を貸与する際には、福祉用具専門相談員は、具体的なサービス内容等を記載した福祉用具貸与計画を作成しなければならない。	
258 23-51	特殊寝台からの起き上がりや移乗の際に用いる介助用ベルトは、福祉用具貸与の対象となる。	
259 25-54	取付工事の有無にかかわらず、手すりは福祉用具貸与の対象となる。	
260 23-51	エアマットレスなどの床ずれ防止用具は、福祉用具貸与の対象となる。	
261 23-51	移動用リフトのつり具の部分は、福祉用具貸与の対象となる。	
262 25-54	入浴用いすなどの入浴補助用具は、特定福祉用具販売の対象となる。	
263 23-51	浴槽内いすは、福祉用具貸与の対象となる。	
264 23-51	入浴用介助ベルトは、福祉用具貸与の対象となる。	

差がつく項目

（重要 p.○）は本書「重要ポイント」の参照ページを示しています。

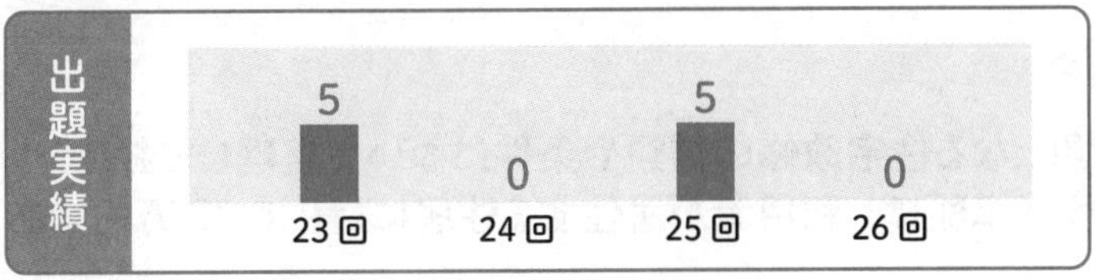

ワークブック 2024 p.427~432 参照

256 ×
福祉用具の使用目的には、利用者の自立した日常生活の支援だけでなく、介護者の［負担軽減］も含まれる。

257 ○
利用者に福祉用具を貸与する際には、［福祉用具専門相談員］は、福祉用具貸与の目標、当該目標を達成するための具体的なサービスの内容等を記載した福祉用具貸与計画を作成しなければならない。

258 ○
特殊寝台からの起き上がりや移乗の際に用いる介助用ベルトは、特殊寝台付属品として、［福祉用具貸与］の対象となる。 （重要 p.263）

259 ×
取付工事を伴う手すりは、［住宅改修］の対象となる。取付工事を伴わない手すりは、［福祉用具貸与］の対象となる。 （重要 p.263、p.267）

260 ○
床ずれ防止用具は、［福祉用具貸与］の対象となる。床ずれ防止用具には、エアマットと呼ばれる送風装置を備えたもの、体圧を分散するために、水、ゲル、シリコンなどさまざまな材質が入ったものがある。 （重要 p.263）

261 ×
移動用リフトは、［福祉用具貸与］の対象となるが、移動用リフトのつり具の部分は、［特定福祉用具販売］の対象となる。 （重要 p.263、p.265）

262 ○
入浴用いすなどの入浴補助用具は、［特定福祉用具販売］の対象となる。 （重要 p.265）

263 ×
浴槽内いすは、入浴補助用具として、［特定福祉用具販売］の対象となる。 （重要 p.265）

264 ×
入浴用介助ベルトは、入浴補助用具として、［特定福祉用具販売］の対象となる。 （重要 p.265）

265	25-54	複数の福祉用具を貸与する場合には、通常の貸与価格から減額して貸与することができる。

② 住宅改修

保険給付の対象となる住宅改修の種類や条件について整理しておこう！なお、支給限度基準額は、利用者が居住する住居に対して 20 万円である。

266	24-54	取り付けに際し工事の必要のない、便器を囲んで据え置いて使用する手すりは、住宅改修費の支給対象にはならない。
267	26-54	リフト等動力により段差を解消する機器を設置する工事は、住宅改修費の支給対象となる。
268	26-54	浴室内すのこを置くことによる段差の解消は、住宅改修費の支給対象となる。
269	24-54	引き戸への取替えにあわせて自動ドアを設置した場合は、自動ドアの動力部分の設置は、住宅改修費の支給対象にはならない。
270	24-54	畳敷から板製床材への変更は、住宅改修費の支給対象になる。
271	26-54	洋式便器等への便器の取替えには、既存の便器の位置や向きを変更する場合も含まれる。
272	26-54	手すりの取付けのための壁の下地補強は、住宅改修費の支給対象となる。
273	24-54	浴室の段差解消に伴う給排水設備工事は、住宅改修費の支給対象にはならない。

265 ○ 複数の福祉用具を貸与する場合、あらかじめ都道府県等に［減額］の規程を届け出ることにより、通常の貸与価格から［減額］して貸与することが可能である。

出題実績

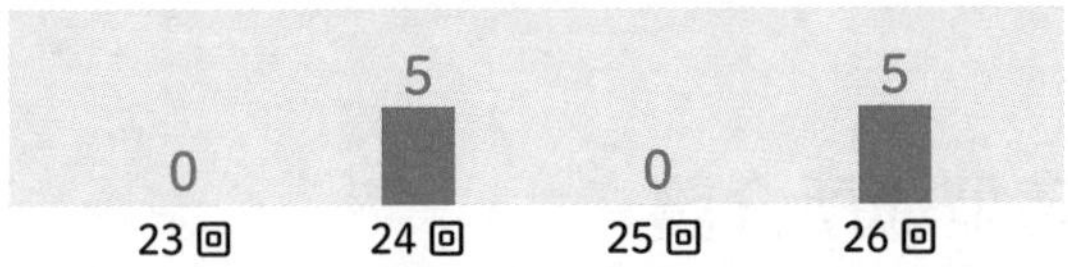

ワークブック2024
p.434~436
参照

266 ○ 取り付けに際し工事の必要がなく、据え置いて使用する手すりは、［福祉用具貸与］の支給対象となる。 重要 p.263、p.267

267 × 昇降機、リフト、段差解消機等動力により段差を解消する機器を設置する工事は、住宅改修費の［支給対象とならない］。 重要 p.267

268 × 浴室内すのこは、入浴補助用具として［特定福祉用具販売］の支給対象となる。 重要 p.265

269 ○ 開き戸を引き戸等に取り替えるといった扉全体の取替えのほか、扉の撤去、ドアノブの変更、戸車の設置等は住宅改修費の［支給対象となる］が、引き戸等への扉の取替えにあわせて自動ドアとした場合は、自動ドアの動力部分の設置は住宅改修費の［支給対象とならない］。 重要 p.267

270 ○ 畳敷から板製床材、ビニル系床材などへの変更は、住宅改修費の［支給対象となる］。 重要 p.267

271 ○ 既存の便器の位置や向きの変更は、住宅改修のうちの洋式便器等への便器の取替えに［含まれる］。 重要 p.267

272 ○ 手すりの取付けのための壁の下地補強は、住宅改修費の［支給対象となる］。 重要 p.267

273 × 浴室の床の段差解消（浴室の床のかさ上げ）に伴う給排水設備工事は、住宅改修費の［支給対象となる］。 重要 p.267

274 24-54	非水洗和式便器から水洗洋式便器に取り替える場合は、水洗化工事の費用も住宅改修費の支給対象になる。	
275 26-54	同一の住宅に複数の被保険者が居住する場合においては、住宅改修費の支給限度額の管理は被保険者ごとに行われる。	

③ 認知症対応型通所介護

対象となる利用者や運営基準等が近年出題されている。認知症の人の居宅での生活を支えるだけでなく、家族の負担軽減を図る目的があることもおさえておこう。

276 26-56	認知症の原因となる疾患が急性の状態にある者は、認知症対応型通所介護の対象とはならない。	
277 24-56	認知症対応型通所介護では、生活相談員が認知症対応型通所介護計画を作成する。	
278 24-56	若年性認知症の者は、要介護であっても認知症対応型通所介護の対象とならない。	
279 24-56	認知症対応型共同生活介護事業所の居間や食堂を活用して行うのは、併設型指定認知症対応型通所介護である。	
280 24-56	認知症対応型通所介護では、栄養改善サービスを提供することができる。	
281 26-56	共用型指定認知症対応型通所介護の利用定員は、1 施設 1 日当たり 12 人以下としなければならない。	
282 26-56	あん摩マッサージ指圧師は、単独型・併設型指定認知症対応型通所介護事業所の機能訓練指導員になることができる。	

274 ×	非水洗和式便器から水洗洋式便器に取り替える場合は、水洗化工事の費用は住宅改修費の［支給対象とならない］。	重要 p.267
275 ○	同一の住宅に複数の被保険者が居住する場合、住宅改修費の支給限度額の管理は［被保険者］ごとに行われる。	

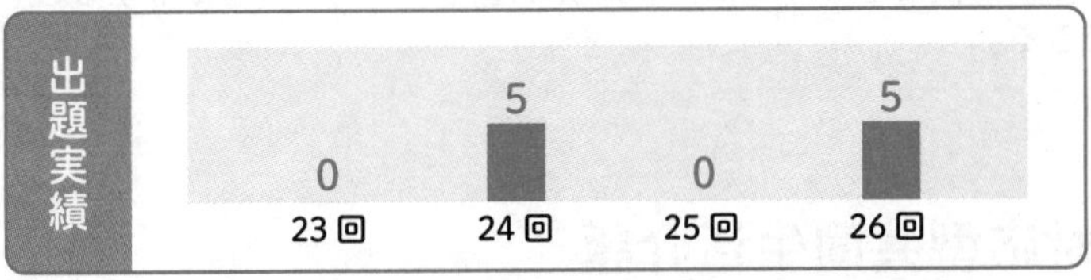

ワークブック 2024
p.448~453
参照

276 ○	認知症の原因疾患が急性の状態にある場合には、認知症対応型通所介護の［対象とはならない］。	
277 ×	認知症対応型通所介護事業所の［管理者］が、認知症対応型通所介護計画を作成する。	
278 ×	認知症対応型通所介護は、要介護者であって、認知症である者が対象であり、若年性認知症の者も要介護者であれば［対象となる］。	
279 ×	認知症対応型共同生活介護事業所の居間や食堂を活用して行うのは、［共用型］指定認知症対応型通所介護である。［併設型］指定認知症対応型通所介護は、特別養護老人ホーム等に併設されている事業所において行われるもののことである。	重要 p.261
280 ○	認知症対応型通所介護では、［栄養改善サービス］を提供することができる。	
281 ×	共用型指定認知症対応型通所介護の利用定員は、1 施設 1 日当たり［3］人以下としなければならない。	重要 p.261
282 ○	あん摩マッサージ指圧師、理学療法士、作業療法士、言語聴覚士、看護職員、柔道整復師、一定の実務経験を有するはり師及びきゅう師は、単独型・併設型指定認知症対応型通所介護事業所の［機能訓練指導員］になることができる。	

○○	**283** 26-56	単独型・併設型指定認知症対応型通所介護の場合、生活相談員、看護職員又は介護職員のうち 2 人以上は、常勤でなければならない。	
○○	**284** 26-56	認知症対応型通所介護では、サービスの提供方法等の説明には、利用日の行事及び日課等も含まれる。	
○○	**285** 24-56	認知症対応型通所介護計画に位置付けられ、効果的な機能訓練等のサービスが提供できる場合は、事業所の屋外でサービスを提供することができる。	

④ 認知症対応型共同生活介護

第 25 回試験、第 23 回試験で出題された。他のサービスと同様、人員基準や設備基準、運営基準について確認しておこう。なお、計画作成担当者は厚生労働大臣が定める研修を修了している者である。

○○	**286** 23-56	認知症対応型共同生活介護計画を作成した期間についても、居宅サービス計画を作成しなければならない。	
○○	**287** 25-56	認知症対応型共同生活介護では、居間及び食堂は、同一の場所とすることができる。	
○○	**288** 25-56	認知症対応型共同生活介護では、管理者は、認知症である者の介護に 3 年以上従事した経験を有する者であって、所定の研修を修了しているものでなければならない。	
○○	**289** 25-56	各認知症対応型共同生活介護事業所に設けることができる共同生活住居の数は、1 以上 5 以下である。	
○○	**290** 23-56	認知症対応型共同生活介護事業所の立地場所については、園芸や農作業を行いやすい自然の豊かな場所でなくてはならない。	
○○	**291** 23-56	認知症対応型共同生活介護では、1 つの共同生活住居の入居定員は、5 人以上 9 人以下である。	

283 ×

単独型・併設型指定認知症対応型通所介護の場合、生活相談員、看護職員又は介護職員のうち［1］人以上は、常勤でなければならない。

284 ○

サービスの提供方法等の説明には、認知症対応型通所介護計画の目標及び内容や［利用日の行事］及び［日課］等も含まれる。

285 ○

［事業所内］でサービスを提供することが原則であるが、認知症対応型通所介護計画に位置付けられ、効果的な機能訓練等のサービスが提供できる場合は、［事業所の屋外］でサービスを提供することができる。

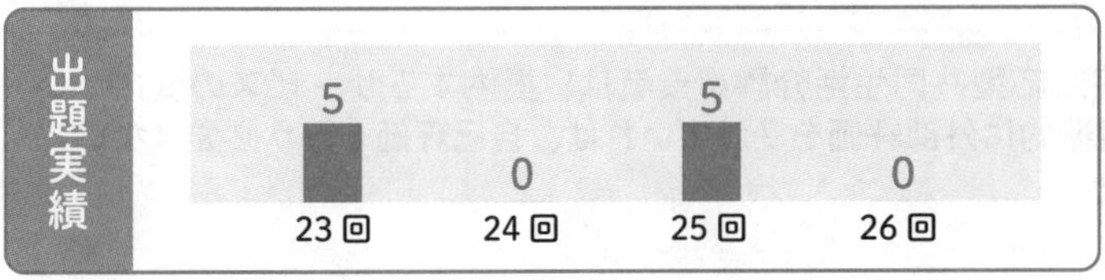

ワークブック 2024 p.460~463 参照

286 ×

認知症対応型共同生活介護計画を作成した期間について、居宅サービス計画の作成は［必要ない］。

287 ○

居間及び食堂は、［同一の場所］とすることができる。居間と食堂は同一の室内とする場合であっても、それぞれの機能が独立していることが望ましい。原則として、利用者と介護従業者が一堂に会するのに十分な広さを確保する。

288 ○

管理者は、常勤専従（支障がなければ兼務可）で、3 年以上認知症である者の介護に従事した経験を有し、厚生労働大臣が定める［認知症対応型サービス事業管理者研修を修了した者］でなければならない。

289 ×

各認知症対応型共同生活介護事業所に設けることができる共同生活住居の数は、1 以上［3］以下である。

290 ×

事業所の立地場所について、［利用者の家族］との［交流の機会］の確保、［地域住民］との［交流］を図る観点から、住宅地又は住宅地と同程度に［利用者の家族］や［地域住民］との［交流の機会］が確保される地域にあるようにしなければならない。

291 ○

1 つの共同生活住居の入居定員は、［5］人以上［9］人以下である。

292 23-56	2人以上の認知症対応型共同生活介護計画の作成担当者を配置する場合には、そのうち1人は、介護支援専門員でなくてはならない。 改変	
293 25-56	認知症対応型共同生活介護では、入居の際には、主治の医師の診断書等により申込者が認知症である者であることの確認をしなければならない。	
294 25-56	認知症対応型共同生活介護事業者は、利用者の食材料費、理美容代、おむつ代を負担しなければならない。	
295 23-56	認知症対応型共同生活介護事業者は、提供するサービスの質について、定期的に外部評価を受けていれば、自己評価を行う必要はない。	

⑤ 夜間対応型訪問介護

夜間対応型訪問介護は、夜間の定期巡回等によって、利用者が24時間安心して地域で暮らすことを目指すサービスである。具体的取扱方針や介護報酬などの基本的な内容を確認しておこう！

296 24-55	既に居宅サービス計画が作成されている場合でも、夜間対応型訪問介護計画を作成する必要がある。	
297 24-55	夜間対応型訪問介護のサービスの提供時間については、24時から8時までの間を最低限含む必要がある。	
298 24-55	夜間対応型訪問介護の対象者は、一人暮らしの高齢者又は高齢者のみの世帯や中重度の者に限られる。	
299 24-55	夜間対応型訪問介護では、オペレーターは、定期巡回サービスを行う訪問介護員等に同行し、地域を巡回しながら利用者からの通報に対応することができる。	

292	○	認知症対応型共同生活介護事業者は、［認知症対応型共同生活介護事業所］ごとに、一定の条件を満たした者を、［計画作成担当者］として専従で［1］人以上（支障がなければ兼務可）置かなければならない。そのうち［1］人以上は［介護支援専門員］でなければならない。 改変 制度改正等により、設問の表記を一部修正している。
293	○	認知症対応型共同生活介護の入居の際には、主治の医師の診断書等により申込者が認知症である者であることの［確認をしなければならない］。
294	×	利用者の食材料費、理美容代、おむつ代、その他日常生活においても通常必要となるものに係る費用は、［利用者］から徴収することができる。
295	×	認知症対応型共同生活介護事業者は、［自ら］その提供するサービスの質の［評価］を行うとともに、［定期的］に外部の者による評価又は運営推進会議における評価のいずれかの評価を受け、それらの結果を公表し、常にその改善を図らなければならない。

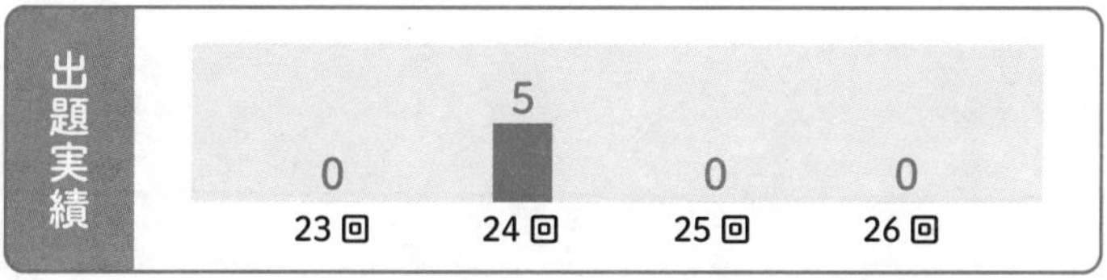

ワークブック2024
p.437~440
参照

296	○	既に居宅サービス計画が作成されている場合は、居宅サービス計画の内容に沿って夜間対応型訪問介護計画を作成する必要が［ある］。
297	×	夜間対応型訪問介護を提供する時間帯は、それぞれの事業所で設定されているが、［22］時から［6］時までの間を最低限含む必要がある。
298	×	対象者は、一人暮らしの高齢者又は高齢者のみの世帯や中重度の者が中心になると考えられるが、限定されるものではない。
299	○	オペレーターは事業所に常駐している必要はなく、定期巡回サービスを行う訪問介護員等に同行し、地域を巡回しながら利用者からの通報に対応することが［できる］。

○○ **300** 24-55

オペレーションセンターを設置している場合には、基本夜間対応型訪問介護費に加え、定期巡回サービス及び随時訪問サービスのそれぞれについて１回ごとに介護報酬を算定できる。

300 ○	オペレーションセンターを設置している場合には、基本夜間対応型訪問介護費に加えて、定期巡回サービス及び随時訪問サービスのそれぞれについて［1回］ごとに介護報酬を算定できる。

COLUMN

過去問を「一問一答」で3回繰り返し解く！

6月頃、職場の上司に「これを3回繰り返して解けばよい」と、本書を手渡されました。そのときは、「これだけで受かるわけがない……」と半信半疑でした。

その後、仕事に追われる日々が続き、思うように勉強ができないまま、あっという間に9月になってしまいました。「時間もないし、上司の言葉を信じるしかない！」と心に決め、実際に3回繰り返して解きました。3回目には、問題にも慣れて自分の不得意な内容がはっきりしてきました。あとは不得意なところを重点的に『基本テキスト』や他の参考書、資料などを参考にして繰り返し解きました。

私はこの勉強法で合格できました！！　(Y. A.)

● 編集元紹介

一般社団法人神奈川県介護支援専門員協会

2002年4月、介護支援専門員団体として全国ではじめてNPO法人格を取得。2017年には一般社団法人となり、介護支援専門員に関する調査研究の結果をふまえ、研修プログラムやケアマネジメント様式の開発、相談窓口の設置など介護支援専門員を支えるさまざまな活動を活発に行っている。また、各地域の介護支援専門員連絡組織の連携を支援している。介護支援専門員の資格があれば入会可能。

会員数：1,156名（2024年1月15日現在）

● 事務局

〒231-0023　横浜市中区山下町23番地　日土地山下町ビル9階
TEL：045(671)0284
FAX：045(671)0287
URL：https://www.care-manager.or.jp/

● 執筆者（五十音順）

青地　千晴　　そらいろケアプラン
天野　宏一　　特別養護老人ホーム サンホーム鶴間
荒井　良博　　医療法人社団一成会 たちばな台病院
今田　義昭　　居宅介護支援事業所 みずのと
小谷　実岐　　プレマ会 ケアプランセンター
佐藤　明　　居宅サービスセンター 泉正園
杉原　みどり　　アベニールカルドケアプランセンター
◎諏訪部　弘之　　医療法人社団湘風会 フィオーレ久里浜居宅介護支援室
髙砂　裕子　　南区医師会 居宅介護支援センター
冨永　由美子　　セントケア神奈川
濱田　栄子　　鶴嶺東地区地域包括支援センターさくら
松田　智之　　NPO法人秦野福祉会 ケアプラン銀河
水嶋　千佳　　医療法人社団晃進会 たま日吉台病院 居宅介護支援事業所

（◎：執筆代表）

■2024年介護保険制度改正について

本書発刊後に明らかになった、2024（令和6）年施行の介護保険制度改正の内容のうち、本書に関連するものについて、弊社ホームページにおいて順次紹介していきます。下記URLでご確認ください。
https://www.chuohoki.co.jp/foruser/manager/

■本書に関する訂正情報等について

弊社ホームページ（下記URL）にて随時お知らせいたします。
https://www.chuohoki.co.jp/foruser/manager/

■本書へのご質問について

下記のURLから「お問い合わせフォーム」にご入力ください。
https://www.chuohoki.co.jp/contact/

ケアマネジャー試験
過去問でる順一問一答2024

2024年2月25日　発行

編　集	一般社団法人神奈川県介護支援専門員協会
発行者	荘村明彦
発行所	中央法規出版株式会社 〒110-0016 東京都台東区台東3-29-1　中央法規ビル TEL 03-6387-3196 https://www.chuohoki.co.jp/
印刷・製本	株式会社太洋社
本文デザイン	株式会社ジャパンマテリアル
装幀デザイン	株式会社デジカル
装幀キャラクター	坂木浩子

ISBN978-4-8058-8966-4